Planung von Windenergieanlagen an Land

Regensburger Beiträge zum Staats- und Verwaltungsrecht

Herausgegeben von Gerrit Manssen

Band 29

PETER LANG

Ji-Youn Lee

Planung von Windenergieanlagen an Land

Unter besonderer Berücksichtigung raumplanerischer Steuerungsinstrumente und der bayerischen 10H-Abstandsregelung

PETER LANG

Bibliografische Information der Deutschen Nationalbibliothek
Die Deutsche Nationalbibliothek verzeichnet diese Publikation in der Deutschen Nationalbibliografie; detaillierte bibliografische Daten sind im Internet über http://dnb.d-nb.de abrufbar.

Zugl.: Regensburg, Univ., Diss., 2022

D 355
ISSN 1860-319X
ISBN 978-3-631-89753-9 (Print)
E-ISBN 978-3-631-89866-6 (E-Book)
E-ISBN 978-3-631-89867-3 (EPUB
DOI 10.3726/b20655

Peter Lang – Berlin · Bruxelles · Lausanne · New York · Oxford

Diese Publikation wurde begutachtet.

www.peterlang.com

Meinen Eltern

Vorwort

Die vorliegende Arbeit wurde im Wintersemester 2022/2023 von der Fakultät für Rechtswissenschaft an der Universität Regensburg als Dissertation angenommen. Sie wurde bis Juli 2022 erstellt und berücksichtigt bis dahin veröffentlichte Literatur und Rechtsprechung.

Ganz herzlicher Dank gebührt meinem Doktorvater Herrn Professor Dr. Gerrit Manssen für seine hervorragende Betreuung und umfassende Unterstützung bei der Entwicklung und Fertigstellung meiner Dissertation. Darüber hinaus möchte ich mich für die Beschleunigung des Promotionsverfahrens durch die rasche Erstellung des Erstgutachtens bedanken.

Des Weiteren danke ich Herrn Professor Dr. Jürgen Kühling für die rasche Erstellung des Zweitgutachtens.

Frau Professorin Dr. Im, Hyun bin ich zudem für ihren unschätzbaren Rat und auch sonst für ihren verständnisvollen und ermutigenden Zuspruch während des Entstehens dieser Arbeit sehr verbunden.

Nicht zuletzt gilt mein Dank Frau Steffi Sixdorf, die durch zahlreiche Gespräche sowie Korrekturen wesentlich zur Fertigstellung der Dissertation beigetragen hat.

Einen erheblichen Anteil an der Entstehung dieser Arbeit haben ferner meine Freunde und Mitglieder der koreanischen Kirchengemeinde Regensburg, die mich während des Studiums und der Promotionszeit begleitet und emotional unterstützt haben.

Den größten Dank schulde ich schließlich meiner Familie, vor allem meinen Eltern, die mich bei der Erstellung der Dissertation immer in vielfältiger Weise unterstützt und durch ihr großes Vertrauen sowie ihre finanzielle Unterstützung gefördert haben. Meinem Vater danke ich dafür, dass ich gerade in wichtigen Entscheidungen auf seinen wertvollen Rat und auch auf seine uneingeschränkte Hilfe zurückgreifen kann. Ihm ist die folgende Arbeit gewidmet.

Regensburg, Dezember 2022

Ji-Youn Lee

Inhaltsverzeichnis

Abkürzungsverzeichnis

Abs.	Absatz
a.F.	alte Fassung
ARL	Akademie für Raumforschung und Landesplanung
Art.	Artikel
BauGB	Baugesetzbuch
BBauGB	Bundesbaugesetzbuch
BauNVO	Baunutzungsverordnung
BauR	Baurecht
BauRegVO	Bauregelungsverordnung
Bay-	Bayerisch; Bayern
BayBO	Bayerische Bauordnung
BayVBl.	Bayerische Verwaltungsblätter
BayVGH	Bayerischer Verwaltungsgerichtshof
Beschl.	Beschluss
BGBl.	Bundesgesetzblatt
BImSchG	Bundesimmissionsschutzgesetz
BMU	Bundesministerium für Umwelt, Naturschutz, nukleare Sicherheit und Verbraucherschutz
BR-Drs.	Bundesratsdrucksache
BT-Drs.	Bundestagsdrucksache
Buchst.	Buchstabe
BVerfG	Bundesverfassungsgericht
BVerwG	Bundesverwaltungsgericht
BW	Baden-Württemberg
BWE	Bundesverband WindEnergie
bzw.	Beziehungsweise
C.A.R.M.E.N.	Centrales Agrar-Rohstoff Marketing- und Energie-Netzwerk
d.h.	das heißt
DÖV	Die Öffentliche Verwaltung (Zeitschrift)
DVBl.	Deutsches Verwaltungsblatt (Zeitschrift)
DEWI	Deutsches Windenergie-Institut
EEG	Erneuerbare-Energien-Gesetz

EG	Europäische Gemeinschaft
Entsch.	Entscheidung
EnWZ	Zeitschrift für das gesamte Recht der Energiewirtschaft (Zeitschrift)
e.V.	eingetragener Verein
EU	Europäische Union
f.	folgende
ff.	fortfolgende
FA Wind	Fachagentur Windenergie
gem.	gemäß
ggf.	gegebenenfalls
GG	Grundgesetz
GVBl.	Gesetzes- und Verordnungsblatt
GW	Gigawatt
Hrsg.	Herausgeber
Hs.	Halbsatz
i.S.d.	im Sinne der/des
IASS	Institute for Advanced Sustainability Studies
i.V.m.	in Verbindung mit
IzR	Informationen zur Raumentwicklung (Zeitschrift)
kW	Kilowatt
Lärmbekämpfung	Lärmbekämpfung – Zeitschrift für Akustik, Schallschutz und Schwingungstechnik (Zeitschrift)
LEntwG LSA	Landesentwicklungsgesetz Sachsen-Anhalt
LEP	Landesentwicklungsplan
LKV	Landes- und Kommunalverwaltung (Zeitschrift)
LPlG	Landesplanungsgesetz
LT-Drs.	Landtagsdrucksache
MW	Megawatt
n.F.	neue Fassung
NIMBY	Not in my backyard
NL-BzAR	Neue Landwirtschaft – Briefe zum Agrarrecht
Nr.	Nummer
NRW	Nordrhein-Westfalen
NuR	Natur und Recht (Zeitschrift)
NVwZ	Neue Zeitschrift für Verwaltungsrecht (Zeitschrift)

NVwZ-RR	Neue Zeitschrift für Verwaltungsrecht Rechtsprechungs-Report (Zeitschrift)
NWVBl	Nordrhein-Westfälische Verwaltungsblätter (Zeitschrift)
OVG	Oberverwaltungsgericht
RGBl.	Reichsgesetzblatt
Rn.	Randnummer
ROG	Raumordnungsgesetz
RP	Rheinland-Pfalz
RREP MS	Regionales Raumentwicklungsprogramm Mecklenburgische Seenplatte
Rspr.	Rechtsprechung
RuR	Raumforschung und Raumordnung (Zeitschrift)
S.	Seite
sog.	so genannte (-r, -s)
StromEG	Stromeinspeisegesetz
TA Lärm	Technische Anleitung zum Schutz gegen Lärm
ThürVBl.	Thüringer Verwaltungsblätter
u. a.	unter anderen
UPR	Umwelt- und Planungsrecht (Zeitschrift)
Urt.	Urteil
v.	von
VBlBW	Verwaltungsblätter für Baden-Württemberg (Zeitschrift)
VG	Verwaltungsgericht
VGH	Verwaltungsgerichtshof
Vgl.	Vergleiche
z. B.	zum Beispiel
ZfBR	Zeitschrift für deutsches und internationales Bau- und Vergaberecht (Zeitschrift)
ZfU	Zeitschrift für Umweltpolitik & Umweltrecht (Zeitschrift)
ZfWP	Zeitschrift für Wirtschaftspolitik (Zeitschrift)
ZNER	Zeitschrift für Neues Energierecht (Zeitschrift)
ZUR	Zeitschrift für Umweltrecht (Zeitschrift)
Z. Wirtsch.	Zeitschrift für Wirtschaftsgeographie (Zeitschrift)

A. Einleitung

I. Problemstellung

Für die Energieversorgung von Südkorea spielt die Atomenergie bis jetzt eine zentrale Rolle. Ungeachtet der Atomkatastrophe in Fukushima hat Südkorea, von Japan lediglich durch die 200 Kilometer breite Koreastraße getrennt, bis Anfang 2017 weiter an der Kernkraft festgehalten. Bis dahin sind in Südkorea insgesamt 25 Kernkraftwerke[1] in Betrieb, die etwa ein Drittel des südkoreanischen Strombedarfs abdecken. Jahrzehntelang wurde die Kernenergie staatlich gefördert. Doch künftig will die südkoreanische Regierung deutlich mehr sauberen Strom produzieren und plant eine Energiewende. Der Anteil regenerativer Energien soll von heute zwei bis 2030 auf 20 Prozent gesteigert werden.[2] Dies bedeutet, dass die Energiewende in Südkorea langsam aber sicher vorankommt. Es ist allerdings zu beachten, dass sich in der Vergangenheit gezeigt hat, dass sich die politischen Schwerpunkte nach jedem Regierungswechsel geändert haben. Es ist daher notwendig, Pläne und Richtlinien der Regierung Südkoreas – hier: im Bereich der Energiepolitik – zu fixieren und dementsprechend die konkreten Rahmenbedingungen gesetzlich festzulegen.

Im Rahmen der Energiewende kommt der Windkraft eine besondere Bedeutung zu, weil damit große Strommengen günstig produziert werden können.[3] Daraus folgernd ist der Windenergieausbau ein Schlüssel für eine erfolgreiche Umsetzung der Energiewende. Doch die Windenergie bringt folgende Vor- und Nachteile mit sich: Die Nutzung von Windrädern bietet zunächst Vorteile wie etwa die Ankurbelung regionaler Wirtschaftskraft, die Schaffung von Arbeitsplätzen und die Reduzierung der Energie-Importabhängigkeit. Aber es resultieren auch Nachteile daraus. Die Windkraftnutzung hat einen erhöhten Flächenverbrauch zur Folge. In einem dichtbesiedelten Land wie Südkorea kommt es so zu einer Flächennutzungskonkurrenz und zu Konflikten zwischen Planern und anderen Akteuren.

---

1 http://energyjustice.kr/zbxe/644920?ckattempt=1 (Aufruf am 15.06.2022).

2 https://www.etrans.or.kr/policy/04.php (Aufruf am 15.06.2022).

3 https://www.ise.fraunhofer.de/content/dam/ise/de/documents/publications/studies/DE2018_ISE_Studie_Stromgestehungskosten_Erneuerbare_Energien.pdf (Aufruf am 15.06.2022).

Ohne den Windausbau kann die koreanische Energiewende jedoch nicht gelingen. Es bedarf also großer Anstrengungen, die Herausforderung des Ausbaus von Windenergieanlagen zu bewältigen, wobei es vor allem um die Bewältigung von Konflikten zwischen lokalen und gesellschaftlichen Interessen geht. Denn für den raschen Umstieg auf saubere Energie ist generell eine große Akzeptanz vor Ort gefragt. Ob das von der koreanischen Regierung gewünschte Ausbauziel möglichst effizient erreicht wird, hängt also davon ab, wie sich die Interessen aller Betroffenen vereinbaren lassen. Aber dazu gibt es derzeit – wie oben erwähnt – keine konkreten Szenarien, unter welchen rechtlichen Rahmenbedingungen Südkoreas Klimaziel erreicht werden soll. In diesem Zusammenhang stellt Deutschland aus koreanischer Sicht eine beispiellose Erfolgsgeschichte dar.[4] Die Erfolgsgeschichte aber auch die Probleme sollen in dieser Arbeit untersucht werden, um daraus wertvolle Lehren und Hinweise für die koreanische Entwicklung zu gewinnen.

Der atomare Unfall von Tschernobyl im Jahr 1986 hat in Deutschland eine Debatte um die Risiken der Kernenergie ausgelöst und damit einen Wendepunkt der Umweltpolitik markiert.[5] 25 Jahre danach wurde in Folge des Reaktorunglücks von Fukushima der Atomausstieg beschlossen. Diese Katastrophe war gleichzeitig für die damalige Regierung der Anlass, die deutsche Energiewende einzuleiten. Ihre bisherigen Erfolge sind maßgeblich auf klare Ausbauziele[6], aber auch auf die Verbesserung der rechtlichen Rahmenbedingungen u. a. für den Windausbau zurückzuführen. Die Basis für die Erfolgsgeschichte konnte außerdem durch die technische Weiterentwicklung von Windkraftanlagen geschaffen werden.

Bereits 1996 wurde eine Privilegierung der Windenergieanlagen nach § 35 Abs. 1 Nr. 5 BauGB eingeführt.[7] Zugleich ermöglicht der Planvorbehalt des § 35 Abs. 3 S. 3 BauGB Planungsträgern, die Nutzung der Windenergie durch Darstellung im Flächennutzungs- und Raumordnungsplan auf bestimmte Standorte zu konzentrieren und dadurch andere Standorte auszuschließen. Die planerische Steuerung nimmt also eine besonders wichtige Rolle im Interessenausgleich

---

4 *Manssen*, BayVBl. 2005, 485 (485).

5 Dies zeigte sich nicht zuletzt mit dem im Jahr 1990 erlassene Stromeinspeisungsgesetz, das eine finanzielle Förderung der Nutzung der erneuerbaren Energien vorsah (BGBl. I S. 2633).

6 Nach § 1 Abs. 2 EEG 2021 verfolgt das Erneuerbare-Energien-Gesetz das Ziel, den Anteil erneuerbarer Energien am Stromverbrauch auf mindestens 65 % im Jahr 2030 zu steigern und danach kontinuierlich weiter zu erhöhen.

7 BT-Drs. 13/4978, S. 1 ff.

und zur Vermeidung von Konflikten ein. Da zudem in den nächsten Jahren bundesweit ein deutlicher Zuwachs der Windenergie erreicht werden soll, ist auch das Planungsbedürfnis gewachsen.[8] Doch hier ist zu beachten, dass moderne heute verfügbare Windräder eine Gesamthöhe von mehr als 200 Meter aufweisen und daher mächtige Bauwerke darstellen.[9] Sie bringen folgende Probleme mit sich: Derartige Anlagen können sich nachteilig auf Natur und Landschaft auswirken und die Lebensqualität der in ihrer Nähe lebenden Anwohner beeinträchtigen. Hinzu kommt, dass Wohnungsgrundstücke in der Nähe von Windenergieanlagen Wertverluste erleiden, die nach geltender deutscher Rechtslage nicht ausgeglichen werden.[10] Das Bedürfnis nach einer planerischen Steuerung wird daher durch moderne Anlagen häufig noch verstärkt.[11] Vor diesem Hintergrund ist dann die Erkenntnis gereift, dass die Steuerung von raumbedeutsamen Windenergieanlagen durch die Raumordnungsplanung sinnvoller ist als durch die Flächennutzungsplanung.

Doch in den letzten Jahren wurde die Standortsteuerung der Windkraftnutzung durch die Regionalplanung mit verschiedenen Herausforderungen konfrontiert. Hierzu zählen u. a. gerichtliche Entscheidungen, die zur Aufhebung regionalplanerischer Festlegungen geführt haben.[12] Auf der Grundlage dieser neuen Rechtsprechung wurden die Anforderungen an die Steuerung der Windenergienutzung weiterentwickelt. Dies hat zur Folge, dass die planerische Steuerung mittlerweile relativ kompliziert worden ist. Durch die Föderalismusreform wurde darüber hinaus das Raumordnungsrecht in die konkurrierende Gesetzgebung mit Abweichungsbefugnis der Länder gem. Art. 74 Abs. 1 Nr. 31 GG i.V.m. Art. 72 Abs. 3 S. 1 Nr. 4 GG überführt.[13] Das Raumordnungsgesetz, das am 1. April 2009 in Kraft getreten ist, hat zunächst einen Mindeststandard an möglichen Arten von Gebietsfestlegungen geschaffen.[14] Dadurch wurde die landesrechtliche Möglichkeit, reine Ausschlussgebiete festzulegen, erweitert.[15]

---

8 *Scheidler*, ZfBR 2009, 750 (751); *Manssen*, BayVBl. 2005, 485 (485).

9 *Hendler*, Planerische Steuerung und Genehmigung der Errichtung von Windenergieanlangen, S. 173.

10 *Hendler*, Planerische Steuerung und Genehmigung der Errichtung von Windenergieanlangen, S. 173.

11 *Scheidler*, ZfBR 2009, 750 (751).

12 BVerwG, Urt. v. 15.09.2009, ZfBR 2010, 65 (66); BVerwG, Urt. v. 13.12.2012, NVwZ 2013, 519 (521).

13 BT-Drs. 16/10292 S. 18.

14 *Krappel/Freiherr*, ZfBR 2012, 65 (71).

15 *Krappel/Freiherr*, ZfBR 2012, 65 (66).

Davon haben bereits einzelne Bundesländer Gebrauch gemacht. So wurde etwa das Gesetz zur Raumordnung und Landesplanung des Freistaates Bayern unter Nutzung der Abweichungsbefugnis vom Bundesrecht novelliert und somit als Vollregelung kodifiziert; dabei wurden raumordnerische Bedürfnisse und Besonderheiten Bayerns berücksichtigt.[16] Die Landesplanung wird hier als staatliche Aufgabe aufgefasst und die Regionalplanung als Teil der Landesplanung wird somit ebenfalls als Aufgabe des Staates gesehen. Um die effektive Steuerung von Windenergieanlagen zu verbessern, sollte normalerweise ohnehin der kommunale Einfluss verkleinert werden.[17] In diesem Zusammenhang soll eine Reihe zentraler Fragen vor allem des Raumordnungs- und Landesplanungsrechts untersucht werden.

Die alte Öffnungsklausel in § 249 Abs. 3 S. 1 BauGB 2014 ermächtigte die Länder, größere Abstände zwischen Windrädern und Wohnnutzungen festzulegen.[18] Diese galt bis zum 31. Dezember 2015; aber nur Bayern hat davon Gebrauch gemacht – mit dem Ziel, die Akzeptanz der Anlagen vor Ort zu erhöhen.[19] Mit der BauGB-Novelle-2020 ist allerdings die zuvor genannte Ermächtigung der Länder so geändert worden, dass die Neuregelung des § 249 Abs. 3 S. 1 und 2 BauGB den Bundesländern ermöglicht, durch landesgesetzliche Regelungen Mindestabstände bis zu 1.000 Meter – zeitlich unbeschränkt – festzulegen.[20] Dadurch soll eine Akzeptanzsteigerung in der Bevölkerung geschaffen werden. Gleichwohl gilt das bayerische Gesetz, das auf der Grundlage der alten Länderöffnungsklausel erlassen wurde, – auch nach § 249 Abs. 3 S. 4 BauGB n.F. – weiter fort. Für Windenergieanlagen in Bayern gilt noch immer die 10H-Abstandsregelung, also die 10-fache Höhe der Anlagen. So beträgt etwa bei der Anlagenhöhe von 200 Metern der Mindestabstand 2.000 Meter. Nach Kenntnis der Bundesregierung gibt es aber keinen Zusammenhang zwischen der ländereigenen Festlegung erhöhter Abstände und einer höheren Akzeptanz.[21] Bisher

---

16 LT-Drs. 16/10945, S. 16.

17 Nach *Manssen*, BayVBl. 2005, 485 (488), müssten bei der planerischen Standortsteuerung von Windrädern „*ähnlich wie bei der Planung von Abfallentsorgungsanlagen oder dem Bau von Verkehrswegen die staatlichen Stellen auf eine stärkere Berücksichtigung ihrer Interessen bedacht sein*".

18 LT-Drs. 17/2137, S. 2 ff.

19 Eine erhöhte Akzeptanz hängt sowohl von der Entfernung der jeweiligen Windenergieanlage als auch von der Gesamthöhe ab. Auch wurden unterschiedliche topografische Verhältnisse angeführt (BT-Drs. 18/1310, S. 6).

20 BGBl. I S. 1728.

21 BT-Drs. 19/3053, S. 1.

erschwert die bayerische Sonderregel, die sog. 10H-Abstandsregel, den Ausbau von Windrädern im Freistaat. Im Zuge des beschleunigten Windkraftausbaus treten daher in Bayern deutlich mehr Konflikte auf als in anderen Bundesländern. Deshalb wird die 10H-Regelung derzeit reformiert.

Im Übrigen wurde das Raumordnungsgesetz zuletzt im Jahr 2017 umfassend novelliert. In Bezug auf das Bayerische Landesplanungsgesetz handelt es sich dabei meines Erachtens vor allem um rein redaktionelle Änderungen des ROG, jedoch bedarf es auch hier einer Erklärung.

II. Ziel und Gang der Untersuchung

Die Privilegierung für Windenergieanlagen nach § 35 Abs. 1 Nr. 5 BauGB hat als planungsrechtliche Grundlage den Windkraftausbau in Deutschland ermöglicht und somit maßgeblich zu dessen Erfolg beigetragen. Diese Regelung ist also für die deutsche Energiewende ein effektives Instrument. Doch trotz dieser Erkenntnis stellt sich die Frage, ob sie dafür auch effizient ist.[22] Damals bei der Einführung der Privilegierungsregelung war für den Gesetzgeber klar: Wenn Vorhaben zur Nutzung der Windkraft im Außenbereich „pauschal" privilegiert werden, dann entsteht dadurch erhebliches städtebauliches Konfliktpotenzial.[23] Deshalb hat der Gesetzgeber die Privilegierung der Windenergie mit dem Planvorbehalt in § 35 Abs. 3 S. 3 BauGB verbunden. Er schafft so eine Möglichkeit, unter Berücksichtigung einer Vielzahl von Belangen Standorte von Windkraftanlagen zu steuern. Da bei Außenbereichsvorhaben insbesondere für moderne hohe Anlagen häufig Konflikte hinter der schwankenden Akzeptanz vor Ort stehen, kommt der Raumordnungsplanung heute die größere Bedeutung zu.

Die Möglichkeit zur planerischen Standortsteuerung durch die Regionalplanung wurde zwar mehr als zwei Jahrzehnte hinreichend untersucht. Aber sie ist immer noch ein viel diskutiertes Thema, weil die Umsetzung der Energiewende sowohl in Bayern als auch in ganz Deutschland effizient und effektiv gestaltet werden soll und dadurch die Ausbauziele möglichst zeitnah erreicht werden sollen. Daher steht in dieser Arbeit die Fragestellung im Fokus, ob die

22 Am 04.10.2017 wurde beim Petitionsausschuss des Deutschen Bundestages die Petition 74043 „Raumordnung und Bauplanung – Abschaffung der bauplanerischen Privilegierung von Windkraftanlagen" gestartet (https://epetitionen.bundestag.de/petitionen/_2017/_10/_04/Petition_74043/forum/Beitrag_563138.$$$.batchsize.10.tab.2.html#alle_antworten (Aufruf am 13.11.2018)).

23 https://www.umweltbundesamt.de/sites/default/files/medien/publikation/long/3241.pdf (Aufruf am 15.06.2022).

Raumordnungs- und Regionalplanung zur Standortsteuerung noch geeignete Instrumente zur effektiven und effizienten Lösung lokaler Interessenkonflikte beim Windkraftausbau sind. Dabei soll die Entwicklungsrichtung der hohen Anforderungen an die Steuerung der Windenergie nach § 35 Abs. 3 S. 3 BauGB nochmals analysiert und dabei verschiedene Schwierigkeiten beschrieben werden. Daneben ist ein Blick auf die Unterscheidung von Zielen und Grundsätzen der Raumordnung zu werfen, aber auch auf rechtliche Eigenschaft und Wirkung von Raumordnungsgebieten. Zugleich lassen sich hier planungsbezogene Änderungen der ROG-Novelle 2017 ergänzen.

In der vorliegenden Untersuchung wird außerdem dargestellt, wie die Ausweisung von Flächen für die Windenergienutzung durch die Regionalplanung gesteuert wird – insbesondere unter Berücksichtigung des Freistaats Bayern, in dem die Flächenplanung mit Hilfe von in Art. 14 Abs. 2 BayLplG genannten Gebietstypen gilt. Dabei soll insbesondere untersucht werden, wie die alte Länderöffnungsklausel des § 249 Abs. 3 BauGB in Bayern umgesetzt wurde, und wie sich die bayerische Umsetzung auf die Standortsteuerung auswirkt. Die Erfolgsgeschichte der deutschen Windenergie basiert zudem auf zahlreichen Maßnahmen zur Realisierung von Energiekonzepten. Dazu gehören auch Strategien zur Förderung der Akzeptanz von Windrädern vor Ort. Bei der planerischen Standortsteuerung für die Windkraftanlagen entstehen jedoch immer noch Konflikte durch mangelndes Verständnis auf lokaler Ebene. Vor allem die Akzeptanz wird eine immer stärkere Voraussetzung für die Wirksamkeit des Rechts im Allgemeinen und der Verwaltungsentscheidung im Besonderen darstellen. In dieser Arbeit soll daher untersucht werden, welche akzeptanzbezogenen Schwierigkeiten bei der Nutzung und dem Ausbau der Windenergie bestehen, aber auch wie sich insbesondere die Länderöffnungsklausel und ihre Umsetzung in Bayern auf die Akzeptanz vor Ort auswirkt.

Die vorliegende Untersuchung fokussiert die zwei Bereiche Windenergievorhaben in Raumordnungs- und Regionalplanung. Im Einzelnen: In Kapitel B werden zunächst die Grundlagen zur Windkraftplanung näher betrachtet. Im ersten Schritt werden Geschichte, Entwicklung und Status Quo der Windenergie in Deutschland erörtert. Bis jetzt wurde die Windkraftnutzung in hohem Tempo und erheblichem Umfang ausgebaut. Dafür wurde insbesondere die räumliche Steuerung von Standorten für Windräder angewendet. Deshalb erfolgt eine allgemeine Betrachtung ihrer Möglichkeiten und Grenzen, wobei der Fokus auf dem Bereich der Raumordnungsplanung liegt.

Daran anknüpfend soll in Kapitel C die raumordnungsplanerische Steuerung von Standorten für Windenergieanlagen genauer und im Detail untersucht werden. Grundlage für die Untersuchung bilden Analysen zum Rechtsrahmen des

Steuerungsinstruments Raumordnungsplan unter Berücksichtigung von Rechtsprechung und Literatur. Das Thema Planung von Windrädern wurde zwar in den letzten Jahren schon vielfach bearbeitet. Da jedoch der Ablauf eines solchen Planungsvorgangs von der Rechtsprechung weiterentwickelt wurde und wird, ist nach wie vor umstritten, wie die Planung von Windkraftanlagen dargestellt werden soll. Daher soll diese Frage hier diskutiert werden. Diesbezüglich bedarf es auch der Erörterung planungsbezogener Änderungen der ROG-Novelle 2017. Es handelt sich hierbei um die Unterscheidung von Zielen und Grundsätzen der Raumordnung und um die rechtlichen Eigenschaften und Wirkungen von den typisiert aufgeführten Raumordnungsgebieten.

Auf der Grundlage der dazu gefundenen Ergebnisse sollen in Kapitel D Auswirkungen der Landesplanungsgesetze auf die raumordnerische Steuerung der Windenergienutzung bearbeitet werden. Im Fokus steht hier die Rechtslage in Bayern. Um mögliche Gebietsfestlegungen im bayerischen Regionalplan zu verstehen, stellt sich zunächst die Frage, was Föderalismus und dessen Reform in Bezug auf Bundes- und Landesrecht überhaupt bedeuten. In diesem Zusammenhang soll die räumliche Entwicklung für die Regionalplanung in Bayern untersucht werden. Außerdem hat allein der Freistaat Bayern von der durch § 249 Abs. 3 S. 1 BauGB a.F. eingeräumten Gesetzgebungsbefugnis Gebrauch gemacht. Daraus folgernd ist ein Mindestabstand für Windenergieanlagen in Art. 82 Abs. 1 und 2 BayBO aufgenommen worden. Entsprechend der Zielsetzung der Länderöffnungsklausel soll die bayerische Abstandsregelung mehr Akzeptanz in der Bevölkerung garantieren. Aber in der Praxis ist dies nicht notwendigerweise der Fall. Deshalb soll es in diesem Zusammenhang geklärt werden, wie sich ein hoher Abstand auf die Akzeptanz für die Nutzung und den Ausbau der Windenergie auswirkt. Ebenso erfolgt die Erörterung von Fragen zum Verhältnis zur kommunalen Planungshoheit und zu Auswirkungen auf die Regionalplanung.

Die jeweils gefundenen Ergebnisse werden zunächst in Thesen zusammengefasst. In Kapitel E werden schließlich die Schlussfolgerungen gezogen.

B. Planungsrechtliche Grundlagen

I. Windenergienutzung in Deutschland

1. Entwicklung der Windenergienutzung in Deutschland

Seit den frühen 1990er Jahren ist die Entwicklung erneuerbarer Energien von großer internationaler, besonders aber europäischer Bedeutung.[1] Daraus folgernd nahm und nimmt die nachhaltige Nutzung von Energieressourcen, zu denen vor allem Solarenergie, Windenergie, Wasserkraft und Biomasse zählen, stark zu. Deutschland gilt dabei bereits seit den 1990er Jahren als eines der Vorreiterländer für erneuerbare Energien auf der ganzen Welt, was nicht zuletzt auf die Förderung durch das Stromeinspeisungsgesetz[2] sowie seinen Nachfolger aus dem Jahr 2000, das Erneuerbare-Energien-Gesetz,[3] zurückzuführen

---

1 Ab den späten 1970er Jahren wurde schon erkannt, dass Mensch und Natur vom Klimawandel weltweit bedroht sind. 1992 wurde daher die Rio-Konferenz für Umwelt und Entwicklung einberufen, wobei erstmals das wichtige Leitbild internationaler Klimaschutzpolitik verankert wurde. Es zielt darauf ab, Lösungen für drängende Weltprobleme insbesondere von Klimaschäden oder Naturkatastrophen zu finden. Davon wurde die nachhaltige Entwicklung der Energieversorgung stark beeinflusst und somit der Anteil erneuerbarer Energien an der Stromversorgung deutlich erhöht (https://www.bmz.de/de/ministerium/ziele/2030_agenda/historie/rio_plus20/umweltgipfel/index.html (Aufruf am 09.02.2019)).

2 BGBl. I S. 2633; BT-Drs. 11/7816, S. 3: Infolge der atomaren Katastrophe von Tschernobyl im Jahr 1986 und ihrer Nachwirkungen trat das StromEG zum 1. Januar 1991 in Kraft und galt bis zum Jahr 1998 als eine der wichtigsten Maßnahmen zur Entwicklung der erneuerbaren Energien in Deutschland. Darin ist eine Vergütung des in das öffentliche Netz eingespeisten Stroms vorgesehen, die mindestens 75 bzw. 90 Prozent des Durchschnittserlöses der Elektrizitätsversorgungsunternehmen aus der Stromabgabe an Letztverbraucher beträgt.

3 Das wichtigste Förderinstrument für die Entwicklung der erneuerbaren Energien in Deutschland ist das EEG, das zum 1. April 2000 in Kraft getreten ist (BGBl. I S. 305). Demnach wurde ein fester Vergütungssatz pro eingespeiste Kilowattstunde gezahlt. Aber die Festvergütung war jährlich degressiv angelegt: Für neue Anlagen sank sie um jeweils 1,5 Prozent pro Jahr. Nach mehreren Reformen des EEG ist die aktuelle Fassung am 1. Januar 2017 in Kraft getreten (BGBl. I S. 1066), die zuletzt vom 17. Dezember 2018 teilweise geändert wurde (BGBl. I S. 2549). Mit ihr werden zum einen Stromnetze zur Nutzung erneuerbarer Energien ausgebaut. Zum anderen wird die Vergütung des erneuerbaren Stroms nicht wie bis dahin staatlich festgelegt, sondern über Ausschreibungen ermittelt. Die bisher gesetzlich festgelegten Vergütungssätze gelten nur noch

ist.[4] Ausgehend davon wurde und wird die Nutzung der erneuerbaren Energien stark ausgebaut und damit die erfolgreiche Energiewende in Deutschland gestaltet.

Im Rahmen der Energiewende kommt der Windenergie eine besondere Bedeutung zu, weil damit große Strommengen günstig produziert werden können. Im folgenden Abschnitt wird daher die Entwicklung der Windkraftnutzung in Deutschland und auch weltweit betrachtet.

a) Windenergie in Deutschland

Seit der Einführung der gesetzlich festgelegten Vergütung für das erneuerbare Strom 1991 hat sich die Windenergie in Deutschland rasant entwickelt. Damit wurde ein großer Beitrag der erneuerbaren Energien im Strombereich geleistet. Im Zeitraum von 1992 bis 2010 ist die Zahl der Windenergieanlagen von 1.211 mit einer Leistung von rund 183 Megawatt auf 21.585 Anlagen mit rund 27.000 MW installierter Leistung angestiegen.[5]

Besonders stark war der Anstieg in den letzten acht Jahren nach dem Reaktorunfall von Fukushima 2011. In diesem Zeitraum hat sich die Gesamtleistung im Bereich Windenergie nahezu verdoppelt.[6] 2019 hat die Windenergie an Land insgesamt rund 54.000 MW Stromleistung produziert und somit den zweitgrößten Anteil an der deutschen Stromerzeugung gestellt.[7] Dabei lag sie vor Atomenergie und Steinkohle, aber noch hinter Braunkohle.[8]

Außerdem ist in den vergangenen Jahren auch die technische Entwicklung von Windkraftanlagen rasant vorangeschritten.[9] Seit dem Jahr 2003, als die Leistung pro Anlage weniger als 1 MW war, ist sie Ende des Jahres 2021 auf 3,978 MW

---

für kleine Neuanlagen unter 750 kW oder für Biomasseanlagen von 150 kW (https://www.bmwi.de/Redaktion/DE/Downloads/E/eeg-2017-fragen-und-antworten.pdf?__blob=publicationFile&v=14 (Aufruf am 20.02.2019)).

4 *Hendler*, Planerische Steuerung und Genehmigung der Errichtung von Windenergieanlagen in Deutschland, S. 171.

5 Bestandzahlen 1992 und 2010 entnommen aus: *Keuper*, in: DEWI-Magazin, Nr. 2, S. 50; *Ender*, in: DEWI-Magazin, Nr. 38, S. 36.

6 *FA Wind*, Überblick Windenergie an Land, S. 1.

7 *Deutsche WindGuard*, Status des Windenergieausbaus an Land 2019, S. 3; *FA Wind*, Überblick Windenergie an Land, S. 1.

8 https://www.ise.fraunhofer.de/content/dam/ise/de/documents/news/2019/Stromerzeugung_2018_3.pdf (Aufruf am 04.05.2020).

9 Siehe unten B. Kapitel I. 2.

angestiegen; das sind 17 Prozent mehr als im Vorjahr.[10] Damit wird die Windenergie zu einer wichtigen Stromquelle bei der deutschen Energiewende.

Am meisten Strom aus Windenergie wird in Deutschland in Niedersachsen erzeugt. Da dort durch Nordseeküste und Tiefebene gute Windverhältnisse herrschen, ist der niedersächsische Anlagenbestand am größten, er umfasst etwa ein Viertel aller deutschen Windräder.[11] Das nördliche Bundesland Schleswig-Holstein und die Bundesländer in der Mitte Deutschlands Brandenburg und Nordrhein-Westfalen tragen auch stark zur gesamten deutschen Stromerzeugung durch Windenergie bei.[12] Im Süden ist der Bestand und die installierte Leistung demgegenüber geringer; aber weil das südliche Bundesland Bayern mit Abstand das größte Windenergiepotenzial aufweist, lohnt es sich dennoch, weiter auf die Stromerzeugung aus Windkraftanlagen zu setzen.[13] Aber auch in den anderen süddeutschen Ländern besteht noch großes Flächenpotenzial für den Ausbau der Windkraft an Land. So sind rund 14 Prozent der Gesamtfläche Deutschlands für die Windenergienutzung geeignet, davon entfallen 31 Prozent auf die süddeutschen Länder.[14]

b) *Windenergie weltweit*

Der Trend zum Ausbau der Windenergie setzt sich weltweit fort. Bis Ende 2007 hatte Deutschland eine deutliche Spitzenposition bei der Windkraftnutzung inne, wobei 2007 eine Leistung von rund 22 Gigawatt erzeugt wurde.[15] Aber in den Jahren danach ist in China die Windenergie so kräftig gewachsen, dass das Land seit 2010 den ersten Platz im Windenergie-Ranking belegt.[16] 2020 hat sich China zum ersten Land mit einer Gesamtkapazität von rund 288 GW entwickelt.[17] Zum gleichen Zeitpunkt steht Deutschland mit insgesamt 63 GW

---

10 *Ender*, in: DEWI-Magazin, Nr. 24, S. 6; *Deutsche WindGuard*, Status des Windenergieausbaus an Land 2021, S. 6.

11 *Deutsche WindGuard*, Status des Windenergieausbaus an Land 2019, S. 7.

12 *Deutsche WindGuard*, Status des Windenergieausbaus an Land 2019, S. 7.

13 https://www.foederal-erneuerbar.de/auf-einen-blick-detailseite/items/windenergie-in-deutschland-und-seinen-bundeslaendern (Aufruf am 04.05.2020).

14 *Lütkehus/Salecker/Adlunger*, Potenzial der Windenergie an Land, S. 35.

15 https://www.volker-quaschning.de/datserv/windinst/index.php (Aufruf am 15.06.2022).

16 https://www.volker-quaschning.de/datserv/windinst/index.php (Aufruf am 15.06.2022).

17 https://www.wind-energie.de/themen/zahlen-und-fakten/international/ (Aufruf am 15.06.2022).

installierter Leistung nur noch auf dem dritten Platz hinter den USA mit ca. 122 GW und vor Indien mit mehr als 37 GW.[18] Andere wichtige Länder Europas leiten trotz der im Vergleich zu anderen Staaten relativ niedrigen Leistung noch einen großen Beitrag zur internationalen Stromversorgung aus Windkraft.[19]

Die weltweite Leistung durch die Windenergie hat 2015 erstmals die durch die Kernenergie überholt.[20] Dabei zeigt sich deutlich das starke Wachstum der Windkraft. Diese Tendenz ist zwar weiter steigend, allerdings ist ihr Tempo regional unterschiedlich. Generell wird der heutige Strombedarf vor allem in einzelnen Ländern in Europa, China, Indien und den USA durch die Windenergie fast komplett gedeckt. In anderen Ländern Asiens hat dagegen die Nutzung dieser Ressource nur eine geringe Rolle eingenommen. Doch seit einigen Jahren lässt sich beobachten, dass dieser Trend sich verändert. Einige Staaten haben bereits damit begonnen, ihre großen Windpotenziale zu erschließen. So plant beispielsweise Südkorea, dass sich die Stromerzeugung aus Windenergieanlagen bis zum Jahr 2030 vervielfachen und von etwa 1,2 GW auf knapp 18 GW ansteigen wird.[21] Wenn das Potenzial für die Windkraftnutzung in den asiatischen Ländern ausgeschöpft werden würde, könnte der weltweite Energiebedarf gedeckt werden.

2. Entwicklung der Technik von Windenergieanlagen

Ebenso rasant wie die Entwicklung der Windenergienutzung hat sich in den letzten Jahrzehnten die Technik von Windenergieanlagen entwickelt und damit auch ihre Größe und Leistungsfähigkeit. Auch in Deutschland zeigt sich der Trend zu immer größeren Anlagen.

Mitte der 1980er Jahre haben die damaligen Windenergieanlagen mit einem Rotordurchmesser von 20 Meter und einer Nabenhöhe von 40 Meter eine Nennleistung von 80 kW bereitgestellt.[22] Seit Mitte der 1990er Jahre, als die

---

18 https://www.wind-energie.de/themen/zahlen-und-fakten/international/ (Aufruf am 15.06.2022).

19 https://www.wind-energie.de/themen/zahlen-und-fakten/international/ (Aufruf am 15.06.2022).

20 https://www.volker-quaschning.de/datserv/windinst/index.php (Aufruf am 15.06.2022).

21 https://www.gtai.de/gtai-de/trade/branchen/branche-kompakt/suedkorea/branche-kompakt-suedkorea-baut-windkraftkapazitaeten-massiv-aus-16358 (Aufruf am 10.06.2020).

22 https://www.wind-energie.de/themen/anlagentechnik/funktionsweise/ (Aufruf am 07.03.2019).

Stromerzeugung aus Windkraft staatlich gefördert wurde, hat sich die Nennleistung der derartigen Anlagen vervielfacht, aber auch der Rotordurchmesser und die Nabenhöhe haben sich etwa verdoppelt.[23] Im Lauf der Zeit hat sich das Größenwachstum von Windkraftanlagen noch weiter fortgesetzt, was Anfang der 2000er Jahre zur Entwicklung der Megawattklasse geführt hat.[24] Die heutigen Anlagen haben eine durchschnittliche Nennleistung von fast 4 MW, gleichzeitig vergrößerte sich der Rotordurchmesser auf 133 Meter, und auch die Nabenhöhe auf 140 Meter.[25] Durch die zunehmende Größe hat sich das nutzbare Potenzial für die Windenergie am stärksten verbessert. Die technische Weiterentwicklung ermöglichte und ermöglicht also einen weiteren Ausbau der Windenergie.

Die größeren modernen Windkraftanlagen drehen sich zudem langsamer als ältere Anlagen, so dass ihre optischen und akustischen Auswirkungen vermieden werden könnten.[26] Aber die Frage der Schall- und Schattenimmissionen wird trotz der erheblichen Verbesserung im Verhältnis zu früheren Anlagen immer noch kontrovers diskutiert. Ein weiterer Nachteil der größeren Anlagen ist vor allem ein Problem der lokalen Akzeptanz.

II. Konfliktpotenziale bei der Planung von Windenergieanlagen

Eine deutliche Mehrheit der Menschen in Deutschland steht der Nutzung und dem Ausbau der Windenergie an Land außerordentlich positiv gegenüber.[27] Aber weil lokale Konflikte um Windenergieanlagen von Umständen des Einzelfalls abhängen, können die Akzeptanzwerte beträchtlich schwanken. Das vorliegende Kapitel beschäftigt sich daher zunächst mit Themen von typischen Konflikten. Daneben werden andere mögliche Ursachen insbesondere für fehlende Akzeptanz vor Ort untersucht.

---

23 https://www.wind-energie.de/themen/anlagentechnik/funktionsweise/ (Aufruf am 07.03.2019).

24 *Rehfeldt/Stand*, in: DEWI-Magazin, Nr. 18, S. 58 ff.

25 *Deutsche WindGuard*, Status des Windenergieausbaus an Land 2021, S. 6.

26 https://www.wind-energie.de/themen/anlagentechnik/konstruktiver-aufbau/maschinenhaus/ (Aufruf am 21.03.2019).

27 *FA Wind*, Umfrage zur Akzeptanz der Windenergie an Land – Herbst 2018, S. 5.

1. Typische Konfliktpotenziale

In Bezug zur Nutzung der Windenergie sind typische Konfliktfaktoren als öffentliche Belange insbesondere im Rahmen des § 35 Abs. 3 S. 1 Nr. 3, 5 und 8 BauGB aufgezählt: Schädliche Umwelteinwirkungen, Beeinträchtigungen von Natur und Landschaft sowie Störung bei Funkstellen.[28] Die Aufzählung der öffentlichen Belange ist jedoch nicht abschließend, so dass weitere Untersuchungen für einen erfolgreichen Ausbau der Windenergie erforderlich sind.

Im folgenden Abschnitt sollen daher zunächst eine Übersicht der öffentlichen Belange, die für die Windenergienutzung besonders konfliktrelevant sind, und auch sonstige im Außenbereich relevante Konfliktfaktoren näher untersucht werden.

a) Immissionsschutz

Ein öffentlicher Belang in § 35 Abs. 3 S. 1 Nr. 3 BauGB steht einem privilegierten Vorhaben entgegen, wenn es u. a. „schädliche Umwelteinwirkungen“ hervorrufen kann. Schädliche Umwelteinwirkungen sind nach § 3 Abs. 1 BImSchG solche Immissionen, *„die nach Art, Ausmaß oder Dauer geeignet sind, Gefahren, erhebliche Nachteile oder Belästigungen für die Allgemeinheit oder die Nachbarschaft hervorzurufen“*.[29] Immissionen im Sinne dieser Verordnung stellen gem. § 3 Abs. 2 BImSchG Luftverunreinigungen, Geräusche, Erschütterungen, Strahlen, Wärme, Licht und ähnliche Umwelteinwirkungen, die auf Menschen, Tiere und Pflanzen, den Boden, das Wasser, die Atmosphäre sowie Kultur- und sonstige Sachgüter einwirken, dar.[30]

Ein bedeutendes Konfliktfeld sind in Bezug auf Immissionen insbesondere von Windenergieanlagen Lärmimmissionen, die nach der Veränderung der Landschaft die zweitstärkste Störungsquelle darstellt – stärker noch als Immissionen durch Schattenwurf.[31] Die folgenden Untersuchungen beschränken sich somit auf Schallimmissionen und den Schattenwurf.

---

28 *Spitz*, Planung von Standorten für Windkraftanlagen, S. 40.

29 BVerwG, Urt. v. 26.03.2014, 4 B 3.14 – juris Rn. 6; BVerwG, Urt. v. 29.08.2007, 4 C 2.07 – juris Rn. 14; BVerwG, Urt. v. 02.08.2005, 4 B 41.05 – juris Rn. 3; BVerwG, Urt. v. 25.02.1977, 4 C 22.75 – juris Rn. 22; *Mitschang/Reidt*, in: Battis/Krautzberger/Löhr, BauGB Kommentar, § 35 Rn. 78; *Rieger*, in: Schrödter (Hrsg.), BauGB Kommentar, § 35 Rn. 120.

30 *Rieger*, in: Schrödter (Hrsg.), BauGB Kommentar, § 35 Rn. 120.

31 *von Seht*, RuR 1-2/2003, 43 (46); *Hentschel*, Umweltschutz bei Errichtung und Betrieb von Windkraftanlagen, S. 83; *Pohl/Faul/Mausfeld*, Belästigung durch periodischen Schattenwurf von Windenergieanlagen, S. 29; *Pohl/Gabriel/Hübner*, Un-

aa) Schallimmissionen

(1) Lärmentstehung

Windenergieanlagen produzieren mechanische und aerodynamische Geräusche. Lärmemissionen können zum einen durch mechanische Komponenten, wie durch das Getriebe oder den Generator ausgelöst werden.[32] Zum anderen kann ein Anteil der Geräuschentstehung bei derartigen Anlagen von aerodynamischen Quellen, die in der Hauptsache die drehenden Rotorblätter betreffen, hervorgerufen werden. Die Rotationsgeschwindigkeit des Rotors ist dabei abhängig von der Windstärke und somit erhöht sich die aerodynamische Lärmentwicklung mit zunehmender Windgeschwindigkeit.[33] In diesem Zusammenhang können jedoch die Geräusche durch die Drosselung der Rotordrehzahlen vermindert werden.[34]

(2) Lärmimmissionen

Lärm durch Windenergieanlagen bleibt trotz der technischen Weiterentwicklung immer noch bestehen. Die von modernen Anlagen ausgehenden Geräusche sind zudem in einer Entfernung von bis zu 1.500 Metern zu hören und werden dementsprechend in geringer Entfernung als besonders belastend empfunden.[35] Daher müssen die Anlagen einen ausreichenden Schallschutz ge-

---

tersuchung der Beeinträchtigung von Anwohnern durch Geräuschemissionen von Windenergieanlagen, S. 8.

32 Anders dagegen: *Tigges/Berghaus/Niedersberg*, NVwZ 1999, 1317 (1318), wonach die mechanisch verursachten Geräusche bei modernen Windenergieanlagen nicht mehr auftreten.

33 *von Mutius*, DVBl. 1992, 1469 (1471).

34 Im Hinblick auf die Schallreduzierung gibt es technische Steuerungsmöglichkeiten, die den durch Windenergieanlagen verursachten Lärm begrenzen können: Es handelt sich um Pitch- und stall-gesteuerte Anlagen. Bei der sog. Pitch-Steuerung werden die Rotorblätter aus dem Wind gedreht, sobald eine festgelegte Windgeschwindigkeit überschritten wird. Dies führt bei zunehmendem Wind nicht zu höheren Geräuschemissionen. Demgegenüber erfolgt die Leistungsbegrenzung bei stall-gesteuerten Anlagen durch Strömungsabriss am Rotorblatt. Bei diesen Anlagen tritt eine deutlich erhöhte Lärmemission mit noch stärkerem Wind auf (*Hinsch*, ZUR 2008, 567 (568 f.); *Neddermann/DEWI*, Schallimmissionen von Windenergieanlagen, S. 9); *Schröter*, Die Zulässigkeit von Bauvorhaben im Außenbereich, S. 364; *Hentschel*, Umweltschutz bei Errichtung und Betrieb von Windkraftanlagen, S. 387).

35 *Stüer/Vildomec*, BauR 1998, 427 (437); *Schröter*, Die Zulässigkeit von Bauvorhaben im Außenbereich, S. 363; *Hentschel*, Umweltschutz bei Errichtung und Betrieb von Windkraftanlagen, S. 84.

währleisten. Insofern ist in erster Linie der Schutz der Anwohner zu beachten. In einer Geräuschprognose einer Anlage darf deshalb in der Regel nicht die abstrakte Schallberechnung der Hersteller oder Betreiber zugrunde gelegt werden; erforderlich ist vielmehr eine einzelfallbezogene Lärmbewertung in der konkreten Situation der Betroffenen.[36]

Im Hinblick auf Geräuschimmissionen ist grundsätzlich zu berücksichtigen, wann eine Belästigung, die eine gesundheitliche Beeinträchtigung wie etwa Schlaflosigkeit, Kopfschmerzen und Konzentrationsstörungen verursacht, als erheblich anzusehen ist. Es kommt hier darauf an, ob eine Lärmbelastung für den normalen Durchschnittsmenschen das zumutbare Maß überschreitet.[37] Anderenfalls erfolgt die Bestimmung der Erheblichkeitsschwelle vielfach durch Gesetz, Rechtsverordnung oder normkonkretisierende Verwaltungsvorschrift.[38] Bei der Ermittlung von Grenzwerten für Lärmimmissionen ist allerdings *„eine simple Erkenntnis"* zu beachten: Das Geräuschproblem entsteht nicht durch eine Unruhesituation, sondern durch Anlagen, bei denen Geräusche nur dann auftreten, wenn der Wind weht.[39] Bei stärkerem Wind steigert sich die Bewegung der Rotorblätter und somit verstärkt sich das Empfinden von Belästigung.[40] Insofern stehen der Wind und der Lärm einer Anlage eng im Zusammenhang mit der Geräuschbelastung.[41] Die Windgeschwindigkeit stellt also einen großen Einflussfaktor auf die von einer Anlage ausgehenden Geräusche dar.[42]

Der von Windenergieanlagen erzeugte tatsächliche Lärm wird den in der Technischen Anleitung zum Schutz gegen Lärm genannten Immissionsrichtwerten

---

36 *Ramtke*, Die Rechtsprobleme des Ausbaus der Windenergienutzung in Deutschland, S. 50.

37 BVerwG, Urt. v. 23.09.1999, NVwZ 2000, 1050 (1053); BVerwG, Urt. v. 07.10.1983, 7 C 44.81 – juris Rn. 19.

38 *Rieger*, in: Schrödter (Hrsg.), BauGB Kommentar, § 35 Rn. 121.

39 *von Mutius*, DVBl. 1992, 1469 (1471).

40 *von Mutius*, DVBl. 1992, 1469 (1471); *Hinsch*, ZUR 2008, 567 (568); *Hentschel*, Umweltschutz bei Errichtung und Betrieb von Windkraftanlagen, S. 84.

41 Bei zunehmender Windgeschwindigkeit ist jedoch keine weitere Steigerung der Schallemissionen einer Anlage zu erwarten, was ebenfalls auf die technische Entwicklung zurückzuführen ist. Dabei ist grundsätzlich zu beachten, dass die Hintergrundgeräusche, wie Rauschen von Wind oder Blättern, ab einer festgelegten Windgeschwindigkeit den Lärm einer Anlage überdecken können (*Neddermann/DEWI*, Schallimmissionen von Windenergieanlagen, S. 8; *von Mutius*, DVBl. 1992, 1469 (1471); *Ramtke*, Die Rechtsprobleme des Ausbaus der Windenergienutzung in Deutschland, S. 51).

42 *Ohms*, DVBl. 2003, 958 (960); *Ramtke*, Die Rechtsprobleme des Ausbaus der Windenergienutzung in Deutschland, S. 51.

gegenübergestellt. Die TA Lärm legt in Abhängigkeit von bauplanungsrechtlichen Gebietstypen in der Baunutzungsverordnung unterschiedliche Richtwerte für die Tageszeit und Nachtzeit fest. Daraus ergibt sich, ab welchem Lärmpegel schädliche Umwelteinwirkungen durch die Geräusche entstehen.[43] Hierbei müssen die Grenzwerte der Lärmimmissionen für den Tag und die Nacht eingehalten werden und darunter insbesondere die nächtlichen Richtwerte, da die Geräusche einer Anlage die Tagesrichtwerte in der Praxis nicht überschreiten.[44] Dennoch kann es in diesem Zusammenhang zu Beschwerden kommen, weil die Bestimmung des Schallpegels teilweise nicht genau erfolgt.[45]

Für den Außenbereich werden keine Immissionsrichtwerte in der TA Lärm festgelegt. Nach der Rechtsprechung ist jedoch für ein ausreichendes Schutzniveau eines Wohngebiets im Außenbereich auf die in der TA Lärm für Mischgebiete und Dorfgebiete genannten Grenzwerte als Anhaltspunkt zurückzugreifen.[46] Dadurch erfolgt auch die Beurteilung der Geräuschimmissionen von Windkraftanlagen, die meist im Außenbereich errichtet werden.[47] In Fällen, in denen derartige Anlagen auf ein Wohngebiet einwirken, sind diese Immissionswerte insbesondere für die Nacht zu reduzieren.[48] Dafür gilt der Grundsatz der „Mittelwert"-Rechtsprechung, jedoch darf dieser Wert nicht vom arithmetischen Mittel berechnet werden.[49] In diesem Zusammenhang sind vielmehr zur Bestimmung der Zumutbarkeit die Umstände des Einzelfalls zu berücksichtigen.[50]

Als weiterer Einflussfaktor auf Lärmimmissionen ist der Abstand zur Wohnbebauung zu nennen. Der erforderliche Abstand ergibt sich außer in Bayern nicht aus pauschalen Verweisen, sondern aus einer Betrachtung der jeweiligen

43 *Hinsch*, ZUR 2008, 567 (570); *Rieger*, in: Schrödter (Hrsg.), BauGB Kommentar, § 35 Rn. 78.

44 *Hinsch*, ZUR 2008, 567 (570); *Hentschel*, Umweltschutz bei Errichtung und Betrieb von Windkraftanlagen, S. 403.

45 *Minning*, Rechtsfragen und Standortsteuerung von Windenergieanlagen an Land, S. 47.

46 OVG Greifswald, Beschl. v. 08.03.1999, 3 M 85.98 – juris Rn. 27; anders: *Sparwasser/von Komorowski*, VBlBW 2000, 348 (354), wonach unklar ist, *„ob der TA Lärm generell nur Anhaltspunkte entnehmen will und sie nur als norminterpretierende Verwaltungsvorschrift begreift"*.

47 *Rieger*, in: Schrödter (Hrsg.), BauGB Kommentar, § 35 Rn. 78; *Hinsch*, ZUR 2008, 567 (570).

48 *Hinsch*, ZUR 2008, 567 (570).

49 BVerwG, Beschl. v. 12.09.2007, 7 B 24.07 – juris Rn. 4 f.

50 BVerwG, Beschl. v. 12.09.2007, 7 B 24.07 – juris Rn. 8.

Situation vor Ort.[51] Dadurch soll die durch eine Anlage hervorgerufene Lärmbelästigung vermieden werden.[52] Vor diesem Hintergrund gilt in der Regel ein Abstand von 500–800 Metern als ausreichend.[53] Aber unabhängig davon wird auch eine Entfernung zu Wohnhäusern von weniger als 500 Metern zugelassen, beispielsweise wenn eine Anlage geräuschärmer betrieben wird. Wenn eine höhere Schallimmission durch eine Anlage auftritt, soll der Abstand ebenso erheblich vergrößert werden können.[54]

Aktuell wird jedoch auf unterschiedlichen politischen Ebenen über pauschale Mindestabstände zur Wohnbebauung diskutiert, um eine stärkere Akzeptanz für den Ausbau der Windenergie sicherzustellen.[55] Nur in Bayern gibt es derzeit eine feste Abstandsregelung[56], aber auch in anderen Ländern wie in Nordrhein-Westfalen oder Brandenburg soll vielerorts ein Mindestabstand eingeführt werden. Aus Sicht des Umweltbundesamts sind jedoch pauschalisierende Abstandsregeln ungeeignet, um die Akzeptanz zu steigern; sie gefährden sogar den Ausbau der Windenergie massiv.[57] Anstelle verpflichtender Abstände wäre es sinnvoll, standortspezifische Gegebenheiten mit besonderem Fokus auf den Schutz der Anwohner vor Lärm und anderen Beeinträchtigungen im näheren Umfeld zu berücksichtigen.[58]

---

51 *Schröter*, Die Zulässigkeit von Bauvorhaben im Außenbereich, S. 367; *Raschke*, ZfBR 2013, 632 (636).

52 *Albrecht/Zschiegner*, NVwZ 2015, 1093 (1095).

53 *Albrecht/Zschiegner*, NVwZ 2015, 1093 (1095); *Raschke*, ZfBR 2013, 632 (634); *Robert Koch-Instituts*, Infraschall und tieffrequenter Schall – ein Thema für den umweltbezogenen Gesundheitsschutz in Deutschland?, S. 1587.

54 *Hendler*, Planerische Steuerung und Genehmigung der Errichtung von Windenergieanlagen in Deutschland, S. 177; *Ramtke*, Die Rechtsprobleme des Ausbaus der Windenergienutzung in Deutschland, S. 50; *Schröter*, Die Zulässigkeit von Bauvorhaben im Außenbereich, S. 367.

55 https://www.umweltbundesamt.de/sites/default/files/medien/1410/publikationen/2019-03-20_ppmindestabstaende-windenergieanlagen.pdf (Aufruf am 23.09.2019).

56 Siehe zur pauschalen Abstandsregelung nur in Bayern unten D. Kapitel III.

57 *Plappert/Rudolph/Vollmer*, Auswirkungen von Mindestabständen zwischen Windenergieanlagen und Siedlungen, S. 21.

58 https://www.umweltbundesamt.de/themen/mindestabstaende-bei-windenergieanla gen-schaden-der (Aufruf am 23.09.2019).

(3) Problematik der Infraschallimmissionen

In Bezug auf Immissionen von Windenergieanlagen wird die Problematik des Infraschalls vermehrt diskutiert. Die Anlagen können grundsätzlich Geräusche im gesamten Frequenzbereich verursachen. Dabei handelt es sich insbesondere um Infraschall im nicht hörbaren Frequenzbereich unter 20 Hertz.[59] Die Geräusche im niederfrequenten Bereich werden als Grund für gesundheitliche Probleme wie beispielsweise Kopfschmerzen, Schlafstörungen und Angstgefühle gesehen.[60]

Die Ansichten und Forschungsergebnisse in diesem Bereich erweisen sich jedoch als höchst kontrovers und inkonsistent, weil es keine gesicherten wissenschaftlichen Erkenntnisse über derartige Infraschallwirkungen gibt.[61] So zeigte beispielsweise die Machbarkeitsstudie zur Wirkung von Infraschall des Umweltbundesamtes, dass der von Windenergieanlagen erzeugte Infraschall, der unter der menschlichen Wahrnehmungsschwelle liegt, völlig harmlos ist.[62] Aus verschiedenen Untersuchungen folgte ebenfalls, dass Infraschallimmissionen in einem entsprechenden Abstand nicht wahrnehmbar sind und daher zu keinen Belastungen führen.[63] Daraus ist allerdings nicht grundsätzlich zu schließen, dass der Infraschall kein Problem ist, weil sich im Einzelfall andere Einschätzungen ergeben können.[64] So zeigt sich in den letzten Jahren eine deutliche

---

59 *Piorr*, Zeitschrift für Lärmbekämpfung 1999, 117 (120); *Bunk/Hoffmeier*, Lärmbekämpfung 2007, 114 (114); *Klug*, in: DEWI-Magazin Nr. 20, S. 6.

60 *Stüer/Vildomec*, BauR 1998, 427 (438); *Piorr*, Zeitschrift für Lärmbekämpfung 1999, 117 (120).

61 *Weidemann/Krappel*, DÖV 2011, 19 (20); *Hinsch*, ZUR 2008, 567 (569).

62 *Krahé/Schreckenberg/Ebner/Eulitz/Möhler*, Machbarkeitsstudie zu Wirkungen von Infraschall, S. 14; ähnlich: Eine Untersuchung des kanadischen Gesundheitsministeriums kommt zu dem Schluss, dass Schallwellen, die von Windenergieanlagen ausgehen, außer- und innerhalb des hörbaren Frequenzbereichs keine Auswirkungen auf das Schlafverhalten haben (https://www.ncbi.nlm.nih.gov/pmc/articles/PMC5187661/ (Aufruf am 03.10.2019)).

63 *Hammerl/Fichtner*, Langzeit-Geräuschimmissionsmessung an der 1 MW-Windenergieanlage, S. 86: Es zeigte sich, dass der Infraschallpegel bei einem Abstand von 250 Metern zu Windkraftanlagen mit 1 MW installierter Leistung unter der Wahrnehmungsschwelle liegt und dann unstreitig bleibt; siehe auch: http://www4.lubw.baden-wuerttemberg.de/servlet/is/257896/tieffrequente_geraeusche_inkl_in-fraschall.pdf?command=downloadContent&filename=tieffrequente_geraeusche_inkl_infraschall.pdf (Aufruf am 12.10.2019).

64 *Hentschel*, Umweltschutz bei Errichtung und Betrieb von Windkraftanlagen, S. 411.

Zunahme von diesbezüglichen Beschwerdefällen über Infraschallbelastung und demzufolge gewinnt dieses Thema zunehmend an Bedeutung.[65]

Aber trotz Beachtung dieses Konfliktfeldes betont die bisherige Rechtsprechung auch, dass mögliche negative Effekte von Infraschall, zu denen noch wissenschaftliche Nachweise fehlen, nur hypothetische Gesundheitsgefahren darstellen und somit keine unzumutbare Belästigung.[66] Dabei unterliegt der Staat keiner Vorsorgepflicht aus Art. 2 Abs. 1 GG, und im Übrigen hat auch der Gesetzgeber keine Pflicht zur Einführung der Grenzwerte für Immissionen.[67]

In der Rechtsprechung spielt derzeit das Thema Infraschallbelastung dennoch eine Rolle.[68] Es kommt wegen Forschungsdefiziten und dem Fehlen von geltenden Grenzwerten zu einer unbefriedigenden Situation und somit zu Schwierigkeiten bei der Konfliktlösung.[69] In diesem Zusammenhang ist daher zu berücksichtigen, dass noch weiterer Forschungsbedarf besteht, weil die derzeitigen Instrumente zur Zulassung und Planung von Windenergieanlagen nur schwerlich zur Befriedung dieser Konflikte beitragen können.

bb) Schattenimmissionen

Neben dem von Windenergieanlagen ausgehenden Lärm wird der Schattenwurf derartiger Anlagen als belästigend empfunden, was sich in der Studie bestätigen lässt.[70] Bei Sonnenschein kann der sich drehende Rotor einer Windenergieanlage periodischen Schattenwurf hervorrufen, der zu einer erheblichen Beeinträchtigung i.S.d. Bundesimmissionsschutzgesetz führt.[71] Dabei geht es nicht

---

65 *Krahé/Schreckenberg/Ebner/Eulitz/Möhler*, Machbarkeitsstudie zu Wirkungen von Infraschall, S. 87; *Feldmann/Jakob*, Tieffrequenter Wohnlärm – Ursachen, Auswirkungen und Minderungsmöglichkeiten, S. 97.

66 *Weidemann/Krappel*, DÖV 2011, 19 (20); OVG Schleswig-Holstein, Urt. v. 31.07.2015, ZNER 2015, 613 (615); BVerwG, Urt. v. 09.03.2011, ZfBR 2011, 573 (574).

67 BayVGH, Beschl. v. 28.09.2017, 22 CS 17.1506 – juris Rn. 25; BVerfG, Beschl. v. 28.02.2002, 1 BvR 1676.01 – juris Rn. 12; BVerwG, Urt. v. 09.03.2011, ZfBR 2011, 573 (574).

68 VGH München, Beschl. v. 10.08.2015, 22 ZB 15.1113 – juris Rn. 24.

69 *Krahé/Schreckenberg/Ebner/Eulitz/Möhler*, Machbarkeitsstudie zu Wirkungen von Infraschall, S. 64 f.; *Kindler*, Zur Steuerungskraft der Raumordnungsplanung, S. 60.

70 *Pohl/Faul/Mausfeld*, Belästigung durch periodischen Schattenwurf von Windenergieanlagen, S. 69; *Hübner/Pohl*, Akzeptanz und Umweltverträglichkeit der Hinderniskennzeichnung von Windenergieanlagen, S. 1 f.

71 *Weidemann/Krappel*, DÖV 2011, 19 (20); *Ohms*, DVBl. 2003, 958 (962); *Stüer/Vildomec*, BauR 1998, 427 (439); anders dagegen: OVG Lüneburg, Beschl. v. 15.03.2004, ZNER 2004, 311 (313): „*Allein die Tatsache, dass der Schattenwurf von einer technischen*

um den bloßen Schatten der gesamten Windkraftanlage, sondern nur um eine qualitative Veränderung der Lichtverhältnisse, die – je nach der Rotorgeschwindigkeit – von einem schnellen Licht-Schattenwechsel ausgeht und damit auf betroffene Grundstücke einwirkt.[72] Diese Effekte können auch durch die Fenster eines Wohnhauses wahrgenommen werden. Aber für die Beurteilung dieser Immission gibt es weder gesetzliche noch bislang gesicherte wissenschaftliche Grenzwerte.[73] Es ist deshalb stets eine wertende Betrachtung unter Berücksichtigung aller Umstände im Einzelfall notwendig.[74]

Um eine erhebliche Belastung durch Schlagschatten zu vermeiden, sind als konservative Faustformel die Werte, die von der Rechtsprechung übernommen wurden, anzuwenden.[75] Danach soll die theoretisch mögliche Beschattungsdauer nicht mehr als 30 Stunden im Jahr und nicht mehr als 30 Minuten am Tag überschreiten. Aber diese Formel darf keine rechtssatzartige Anwendung finden, da die Intensität des von der Jahres- und Tageszeit abhängigen Schattenwurfs mit zunehmender Entfernung abnimmt.[76] So zeigte beispielsweise die

---

Quelle ausgeht und er mittelbare Folge menschlichen Verhaltens ist, macht ihn nicht zu einer ähnlichen Umwelteinwirkung. Wie das Gericht zudem darlegt, sind die Wirkungen von Schattenwurf auf Menschen nicht abschließend geklärt“.

72 *Rieger*, in: Schrödter (Hrsg.), BauGB Kommentar, § 35 Rn. 81; *Hentschel*, Umweltschutz bei Errichtung und Betrieb von Windkraftanlagen, S. 413 f.; *Ohms*, DVBl. 2003, 958 (962); *Stüer/Vildomec*, BauR 1998, 427 (439).

73 OVG Lüneburg, Beschl. v. 15.03.2004, ZNER 2004, 311 (311).

74 OVG Lüneburg, Beschl. v. 18.05.2007, 12 LB 8.07 – juris Rn. 55; OVG Lüneburg, Beschl. v. 15.03.2004, ZNER 2004, 311 (314): Im Rahmen der Betrachtung im Einzelfall sind demnach insbesondere die Schutzwürdigkeit des Immissionsortes, der Abstand zu einer Windenergieanlage und die Einwirkungszeiten des Schattenwurfs, die mit den Nutzungszeiten des betroffenen Gebäudes zu vergleichen sind, zu beachten.

75 *Weidemann/Krappel*, DÖV 2011, 19 (20); *Ohms*, DVBl. 2003, 958 (962); OVG Lüneburg, Beschl. v. 18.05.2007, 12 LB 8.07 – juris Rn. 55; OVG Lüneburg, Beschl. v. 15.03.2004, ZNER 2004, 311 (313); OVG Greifswald, Beschl. v. 08.03.1999, NVwZ 1999, 1238 (1239); siehe außerdem: *Hentschel*, Umweltschutz bei Errichtung und Betrieb von Windkraftanlagen, S. 416.

76 *Rieger*, in: Schrödter (Hrsg.), BauGB Kommentar, § 35 Rn. 81; OVG Lüneburg, Beschl. v. 18.05.2007, 12 LB 8.07 – juris Rn. 55; OVG Lüneburg, Beschl. v. 15.03.2004, ZNER 2004, 311 (314); OVG Greifswald, Beschl. v. 08.03.1999, NVwZ 1999, 1238 (1240); anders dagegen: *Hübner/Pohl*, Mehr Abstand – mehr Akzeptanz?, S. 17, wonach es zu dem Ergebnis kommt, dass sich die starke Beeinträchtigung durch Windkraftanlagen nicht kontinuierlich mit dem Abstand verringert. Demzufolge ist diese Belästigung nicht mit dem Abstand zu erklären.

Rechtsprechung, dass bei einem Abstand von 725 Metern der schattenwerfenden Windenergieanlage eine Einwirkungsdauer von 35 Minuten, die damit den oben genannten Richtwert übertrifft, noch zumutbar ist. Ab einer Entfernung von 1.300 Metern soll kein Schattenproblem mehr auftreten.[77]

Für die Bewertung des bewegten Schattenwurfs gilt ebenfalls die tatsächliche, reale Schattendauer.[78] Weil im Rahmen einer Einzelfallbewertung[79] die meteorologisch wahrscheinliche Beschattungszeiten geringer sind, als die astronomisch maximal mögliche, ist die zulässige Beschattungsdauer auf insgesamt acht Stunden im Jahr zu begrenzen. Diese zeitliche Beschränkung ist durch eine Abschaltautomatik, die die Schattenintensität berücksichtigt, zu gewährleisten.[80]

Zu berücksichtigen ist ferner, dass die räumliche Auswirkung durch den laufenden Schatten von der Größe von Windkraftanlagen abhängig ist. Da bei stetig wachsender Höhe die Rotorfläche zunimmt, ergeben sich größere Schattenreichweiten, die daher zu erheblichen Beeinträchtigungen führen können.[81]

b) Schutz von Natur und Landschaft

Eine Beeinträchtigung von in § 35 Abs. 3 S. 1 Nr. 5 BauGB aufgeführten Belangen des Natur- und Landschaftsschutzes wird auch als Konfliktfeld im Zusammenhang mit dem Windenergieausbau berücksichtigt. Dabei wird insbesondere das Thema Landschaftsbild häufig – zumindest unter Auswertung der Literatur – in den Vordergrund gerückt, da eine für den Menschen relevante Landschaftszerstörung durch Windkraftanlagen für lange Zeit bestehen bleibt.[82] Diese kann

77 OVG Lüneburg, Beschl. v. 15.03.2004, ZNER 2004, 311 (314).

78 OVG Greifswald, Beschl. v. 08.03.1999, NVwZ 1999, 1238 (1240): „*Auf welche der astronomischen oder meteorologischen Zeiten der Erlass abstellt, lässt sich ihm nicht hinreichend klar entnehmen*"; siehe auch OVG Lüneburg, Beschl. v. 15.03.2004, ZNER 2004, 311 (311).

79 *Ohms*, DVBl. 2003, 958 (962), wonach die Verkürzung der tatsächlichen jährlichen Dauer des Schattenwurfs insbesondere aufgrund der Wetterbedingungen z. B. Wolken und Windrichtung vorgenommen wird.

80 *Weidemann/Krappel*, DÖV 2011, 19 (21); OVG Lüneburg, Beschl. v. 15.03.2004, ZNER 2004, 311 (313); OVG Lüneburg, Beschl. v. 22.08.2003, NVwZ-RR 2004, 23 (24); *Ohms*, DVBl. 2003, 958 (962).

81 *Hentschel*, Umweltschutz bei Errichtung und Betrieb von Windkraftanlagen, S. 414.

82 *Spitz*, Planung von Standorten für Windkraftanlagen, S. 43; *Ramtke*, Die Rechtsprobleme des Ausbaus der Windenergienutzung in Deutschland, S. 62; *Quambusch*, BauR 2003, 635 (635); *Gradt/Broekel/Gareis/Litmeyer*, Z. Wirtsch. 2018, 1 (2); *Nohl*, Beeinträchtigungen des Landschaftsbildes durch mastenartige Eingriffe, S. 3.

beispielsweise die touristische Attraktivität der Region oder den Wert von umliegenden Grundstücken mindern.[83] Aber hier muss zunächst entschieden werden, ob eine qualifizierte Beeinträchtigung im Sinne einer Verunstaltung des Landschaftsbildes vorliegt. Dies ist deshalb notwendig, weil außerhalb von den förmlich unter Landschaftsschutz gestellten Flächen eine Beeinträchtigung des Landschaftsbildes allein noch nicht zur Unzulässigkeit eines Vorhabens i.S.d. § 35 Abs. 3 S. 1 Nr. 5 BauGB führen kann.[84]

Eine Verunstaltung liegt nach der Rechtsprechung nur dann vor, wenn *„das Bauvorhaben dem Landschaftsbild in ästhetischer Hinsicht grob unangemessen ist und auch von einem für ästhetische Eindrücke offenen Betrachter als belastend empfunden wird"*.[85] Allerdings kann eine derartige Verunstaltung nicht aus der optischen Gewöhnungsbedürftigkeit der technischen Neuartigkeit von Windenergieanlagen abgeleitet werden.[86] Entscheidend für das Vorliegen einer Störung des Landschaftsbildes ist vielmehr, dass der landschaftliche Gesamteindruck erheblich gestört wird.[87] Aber aus der Verschiedenheit der Landschaftsbilder folgt, dass die Überschreitung der Schwelle zur Verunstaltung von den konkreten Umständen der jeweiligen Situation abhängt.[88] Ebenso spielt dabei das subjektive Empfinden des Einzelnen eine entscheidende Rolle;[89] wie

---

83 *C.A.R.M.E.N. e.V.*, Akzeptanz für Erneuerbare Energien, S. 27; *Nohl*, Beeinträchtigungen des Landschaftsbildes durch mastenartige Eingriffe, S. 15.

84 *Feldhaus/Tegeder*, TA Lärm Kommentar, S. 417.

85 BayVGH, Urt. v. 09.08.2007, 25 B 05.1341 – juris Rn. 27; BVerwG, Beschl. v. 18.03.2003, 4 B 7.03 – juris Rn. 4; BVerwG, Urt. v. 15.10.2001, 4 B 69.01 – juris Rn. 5; BVerwG, Urt. v. 15.05.1997, 4 C 23.95 – juris Rn. 19; *Rieger*, in: Schrödter (Hrsg.), BauGB Kommentar, § 35 Rn. 85.

86 *von Mutius*, DVBl. 1992, 1469 (1476); *Feldhaus/Tegeder*, TA Lärm Kommentar, S. 417; *Kollmann*, Die Behandlung von Anlagen der Außenwerbung im öffentlichen Baurecht, S. 306; OVG Nordrhein-Westfalen, Urt. v. 28.02.2008, 10 A 1060.06 - juris Rn. 70; BVerwG, Beschl. v. 18.03.2003, 4 B 7.03 - juris Rn. 5; BVerwG, Urt. v. 18.02.1983, 4 C 18.81 - juris Rn. 26.

87 *von Mutius*, DVBl. 1992, 1469 (1476); *Mitschang/Reidt*; in: Battis/Krautzberger/Lohr, BauGB Kommentar, § 35 Rn. 83.

88 *Kollmann*, Die Behandlung von Anlagen der Außenwerbung im öffentlichen Baurecht, S. 306; *Minning*, Rechtsfragen und Standortsteuerung von Windenergieanlagen an Land, S. 60; *Weidemann/Krappel*, DÖV 2011, 19 (23); BayVGH, Urt. v. 09.08.2007, 25 B 05.1341 - juris Rn. 27; BVerwG, Beschl. v. 15.10.2001, 4 B 69.01 - juris Rn. 6.

89 *Hennemann*, Bewertung von Eingriffen in Natur und Landschaft zur Ermittlung, S. 85; *Weidemann/Krappel*, DÖV 2011, 19 (23); *Feldhaus/Tegeder*, TA Lärm Kommentar, S. 417.

Wahrnehmungsunterschiede zwischen Anwohnern und Touristen, was vor allem auf zeitliche Aufenthaltsdauer und Aufenthaltsmotivation zurückzuführen ist.[90] So zeigte eine Umfrage, die Ende 2000 bis Anfang 2001 in Thüringen stattfand, sehr deutlich, dass die landschaftsästhetische Wirkung von Windkraftanlagen aus Sicht der befragten Anwohner negativer bewertet wird, als aus Sicht der Befragten, die nicht bei derartigen Anlagen wohnen.[91] Es stellte sich vor allem heraus, dass über 75 Prozent der befragten Touristen eine neutrale bis positive Einstellung gegenüber der Windenergie haben. Demzufolge stehen Touristen in der Regel dem Thema Windräder positiver gegenüber als Anwohner.[92] Des Weiteren kommen die bisherigen Untersuchungen ebenfalls zu dem Ergebnis, dass die Anlagen von Touristen, die an einer entsprechenden Umfrage teilnehmen, im Durchschnitt nicht als ästhetisch störend in der Landschaft empfunden werden.[93] Es verbietet sich aber trotzdem, einen Zusammenhang zwischen Windkraftanlagen und Tourismus als pauschal positiv anzusehen. Wie unterschiedlich die touristische Wahrnehmung derartiger Anlagen ausfällt, muss vielmehr im Einzelfall geprüft werden.[94]

Die Anwohner fürchten nicht selten, dass ein Wertverlust der umliegenden Grundstücke auf den Bau von Windrädern zurückgeführt werden kann.[95] So zeigt z. B. die Eigentümergemeinschaft Haus und Grund, dass Grundstücke nahe

---

90 *Gradt/Broekel/Gareis/Litmeyer*, Z. Wirtsch. 2018, 1 (2).

91 *Weise/Allendorf/Koch*, Naturschutz und Landschaftsplanung 2002, S. 242.

92 *Hennemann*, Bewertung von Eingriffen in Natur und Landschaft zur Ermittlung, S. 86.

93 *Ratzbor*, Windenergie in Landschaft und Natur, S. 10 ff.; ähnlich anscheinend in: http://docplayer.org/41171524-Wandern-und-windkraftanlagen-auswertung-einer-langzeit-onlineumfrage-im-zeitraum-2013-bis-2015.html (Aufruf am 20.02.2020): Eine Studie von 2013 bis 2015 unter der Leitung von Prof. Dr. Heinz-Dieter Quack, Ostfalia Hochschule, belegte, dass 70 Prozent der befragten Wanderer Windkraftanlagen in der Landschaft wahrnehmen und nur 45 Prozent davon sich gestört fühlen; https://docplayer.org/18580626-Studie-windkraft-und-tourismus-2003-bis-2009.html (Aufruf am 10.02.2020): Aus einer Umfrage vom SOKO-Institut zum Thema Windkraft und Tourismus ging 2009 hervor, dass sich etwa 70 Prozent der befragten Touristen durch Windräder nicht gestört fühlen.

94 *Minning*, Rechtsfragen und Standortsteuerung von Windenergieanlagen an Land, S. 65.

95 *Kindler*, Zur Steuerungskraft der Raumordnungsplanung, S. 67; https://www.carmen-ev.de/files/informationen/Brosch%C3%BCren/Akzeptanz_f%C3%BCr_die_Windenergie.pdf (Aufruf am 11.02.2020); *Strohmaier*, Lokale Akzeptanz von europarechtlichen Vorgaben im Bereich der Erneuerbaren Energien, S. 17; *Ramtke*, Die Rechtsprobleme des Ausbaus der Windenergienutzung in Deutschland, S. 21.

von den Anlagen Wertverluste von 30 Prozent erleiden können.[96] Dies kann im Ausnahmefall auch bis zur Unverkäuflichkeit oder Unvermietbarkeit führen. Aber bei einer Schweiz-Studie zeigte sich, dass Windkraftanlagen einen geringen Einfluss auf eine Wertminderung haben.[97] Folglich ist je nach Situation zu entscheiden, ob erheblich nachteilige Effekte auf den Grundstückswert auftreten.[98]

c) Störung von Rundfunk und Mobilfunk

Mit der BauGB-Novelle 2004[99] wurde die Funktionsfähigkeit von Funkstellen und Radaranlagen als öffentlicher Belang des § 35 Abs. 3 S. 1 Nr. 8 BauGB eingeführt, mit der Folge, dass eine Beeinträchtigung eines solchen Belangs zur Unzulässigkeit eines Vorhabens im Außenbereich führt. So können z. B. durch die Errichtung und den Betrieb von Windenergieanlagen – vor allem durch ihre Höhe oder die Drehbewegung ihrer Rotoren – der terrestrische Rundfunk und der Mobilfunk gestört werden und damit Konflikte diesbezüglich nicht ausgeschlossen werden.[100] Eine Störung von Rundfunk und Mobilfunk könnte daher nach dem in § 35 Abs. 3 S. 1 Nr. 8 BauGB normierten öffentlichen Belang beurteilt werden,[101] weil es in dieser Hinsicht keine fachgesetzlichen

---

96 https://www.haus-und-grund-sh.de/presse_131.html (Aufruf am 11.02.2020).

97 *Hübner/Pohl*, Mehr Abstand – mehr Akzeptanz?, S. 19; *Hübner/Löffler*, Wirkungen von Windkraftanlagen auf Anwohner in der Schweiz, S. 40 f.

98 *Kindler*, Zur Steuerungskraft der Raumordnungsplanung, S. 67; BT-Drs. 16/2234, S. 5.

99 BGBl. I S. 1359.

100 *Gatz*, DVBl. 2017, 461 (465); *Kindler*, Zur Steuerungskraft der Raumordnungsplanung, S. 91; *Schröter*, Die Zulässigkeit von Bauvorhaben im Außenbereich, S. 645.

101 *Schröter*, Die Zulässigkeit von Bauvorhaben im Außenbereich, S. 644 f.; *Agatz*, Windenergie-Handbuch, S. 163; *Kindler*, Zur Steuerungskraft der Raumordnungsplanung, S. 91 f.; aber *Söfker*, in: BauGB Kommentar, Stand: 01.10.2019, § 35 Rn. 110a, wonach feste Funkstellen, aber auch mobile Funkstellen von § 35 Abs. 3 S. 1 Nr. 8 BauGB erfasst werden, die *„öffentlichen oder privaten, zivilen oder militärischen Zwecken dienen"* können. Demgegenüber werden sonstige mobile Funkstellen wie Mobiltelefone und Autotelefone nicht umfasst, weil aufgrund ihres In-Bewegung-Seins davon auszugehen ist, dass ein Bauvorhaben nur kurze Zeit ihre Funktionsfähigkeit stört; anders: *Mitschang/Reidt*, in: Battis/Krautzberger/Löhr, BauGB Kommentar, § 35 Rn. 98; *Gatz*, Windenergieanlagen 2013, S. 142 f., die eine Radaranlage insbesondere der Bundeswehr als in § 35 Abs. 3 S. 1 Nr. 8 BauGB genannter Belang darstellen; ebenso: OVG Koblenz, Beschl. v. 27.02.2018, EnWZ 2018, 238 (238); ähnlich OVG Nordrhein-Westfalen, Urt. v. 18.08.2009, 8 A 613.08 – juris Rn. 30, wonach die Regelung allein zu der Gewährleistung der Flugsicherung und Luftverteidigung beiträgt.

Anforderungen an die Zulassung von Windenergieanlagen im Außenbereich gibt.[102]

Durch die Entstehungsgeschichte des § 35 Abs. 3 S. 1 Nr. 8 BauGB wird jedoch deutlich, dass der Gesetzgeber dabei nur einen engen Anwendungsbereich beabsichtigt, da sonst die Beteiligung von unterschiedlichen Behörden und Stellen erhebliche Erschwernisse im Genehmigungsverfahren zur Folge haben könnte.[103] Vor diesem Hintergrund hat die Rechtsprechung entschieden, dass eine Störung des Rundfunkempfangs und Mobilfunks nicht unter den oben genannten Belang fällt,[104] weil *„es hier nicht um die Abwehr von Gefahren geht, deren Gewicht den im Gesetzgebungsverfahren in den Blick genommenen öffentlichen Belangen – hier: militärische Belange sowie Flugsicherheit – vergleichbar ist"*.[105] Dabei wurde auch festgestellt, dass diese Beeinträchtigung weder schädliche Umwelteinwirkung i.S.d. § 35 Abs. 3 S. 1 Nr. 3 BauGB sowie § 3 Abs. 1 und 2 BImSchG noch sonstige Gefahren des § 5 Abs. 1 Nr. 1 BImSchG darstellt.[106]

Der Begriff Funkstelle i.S.d. § 35 Abs. 3 S. 1 Nr. 8 BauGB wird nach dem Wortlaut dieser Vorschrift nicht näher erläutert.[107] Der Gesetzgeber hat eindeutig geregelt, dass ein Windvorhaben im Außenbereich zu einer Störung der Funkverbindung führen kann.[108] Insoweit ist also zu bedenken, dass er zwar nicht alle Arten von Telekommunikationsanlagen schützen wollte, jedoch solche Anlagen, die dem Herstellen einer Funkverbindung mit einer Funkstelle dienen.[109] Daher können Rundfunkanlagen und Mobilfunkanlagen unter diese Norm fallen, weil bei ihnen die Übertragung mit einer Funktechnik erfolgt.[110] Dies lässt – jedenfalls

---

102 *Agatz*, Windenergie-Handbuch, S. 163.

103 BayVGH, Urt. v. 23.11.2011, 14 BV 10.1811 – juris Rn. 52; OVG Nordrhein-Westfalen, Urt. v. 18.08.2009, 8 A 613.08 – juris Rn. 145; BR-Drs. 756/1/03, S. 42 f.

104 OVG Nordrhein-Westfalen, Urt. v. 18.08.2009, 8 A 613.08 – juris Rn. 142; ähnlich auch in: BayVGH, Urt. v. 23.11.2011, 14 BV 10.1811 – juris Rn. 54; anders OVG Nordrhein-Westfalen, Beschl. v. 27.08.2014, 8 B 550.14 – juris Rn. 17, das sich mit einer Störung des Mobilfunks auseinandergesetzt hat, da offengelassen wird, ob es diese Beeinträchtigung unter § 35 Abs. 3 S. 1 Nr. 8 BauGB fassen lässt.

105 OVG Nordrhein-Westfalen, Urt. v. 18.08.2009, 8 A 613.08 – juris Rn. 151; ebenso: OVG Nordrhein-Westfalen, Beschl. v. 27.08.2014, 8 B 550.14 – juris Rn. 19.

106 OVG Nordrhein-Westfalen, Urt. v. 18.08.2009, 8 A 613.08 – juris Rn. 153; OVG Rheinland-Pfalz, Beschl. v. 24.06.2004, 8 A 10809,04 – juris Rn. 3 f.

107 *Fritz/Frey*, ZUR 2016, 144 (146).

108 BT-Drs. 15/2250, S. 82.

109 *Schröter*, Die Zulässigkeit von Bauvorhaben im Außenbereich, S. 644 f.

110 *Schröter*, Die Zulässigkeit von Bauvorhaben im Außenbereich, S. 644.

aus der Gesetzesbegründung des § 35 Abs. 3 S. 1 Nr. 8 BauGB – darauf schließen, dass eine Störung derartiger Anlagen der Windenergienutzung im Außenbereich entgegenstehen kann, allerdings nicht automatisch.[111] Dabei muss letztlich eine gerechte Abwägung stattfinden, ob diese Störung zur Unzulässigkeit solcher Vorhaben führt.[112] Anderenfalls sind Beeinträchtigungen einzelner Funkarten als öffentlicher Belang nur dann zu verstehen, wenn es sich nicht um eine nur sicherheitsrechtliche Gefährdungslage handelt, sondern um eine städtebaulich relevante Störung.[113] Aber unabhängig davon ist damit zu rechnen, dass der zunehmende digitale Rundfunk und Mobilfunk zu einer weiteren Abnahme der Zahl möglicher Konflikte mit Windkraftanlagen führen wird.[114]

d) Sonstiger Konfliktfaktor: „Optisch bedrängende" Wirkung

Durch eine Windenergieanlage wird wegen der steten Drehbewegung des Rotors ein sog. „Drehschwindel" verursacht und somit „optischer Stress", der etwa zu Konzentrationsproblemen führen kann.[115] Durch die Größe einer solchen Anlage kann darüber hinaus ein Nachbargebäude optisch erdrückt werden.[116] Immer häufiger ist daher im Rahmen des Genehmigungsverfahrens zu prüfen, ob von dem sich drehenden Rotor eine „optisch bedrängende" Wirkung auf benachbarte Grundstücke ausgeht und damit gegen das Gebot der Rücksichtnahme aus § 35 Abs. 3 S. 1 BauGB verstoßen wird.

Aber hinsichtlich der optischen Bedrängung durch die Anlagen liegt nicht nur kein wissenschaftlicher Erkenntnisstand vor, sondern auch keine Handreichung für die Verwaltung.[117] Der Begriff einer derartigen Wirkung entstammt vielmehr der Rechtsprechung und dementsprechend auch das Rücksichtnahmegebot für

---

111 BT-Drs. 15/2250, S. 55; *Fritz/Frey*, ZUR 2016, 144 (147).

112 *Kindler*, Zur Steuerungskraft der Raumordnungsplanung, S. 91 f.; *Fritz/Frey*, ZUR 2016, 144 (147).

113 BayVGH, Urt. v. 23.11.2011, 14 BV 10.1811 – juris Rn. 53 f.; *Kindler*, Zur Steuerungskraft der Raumordnungsplanung, S. 91 f.

114 *Kindler*, Zur Steuerungskraft der Raumordnungsplanung, S. 92.

115 *Stüer/Vildomec*, BauR 1998, 427 (439); *Schröter*, Die Zulässigkeit von Bauvorhaben im Außenbereich, S. 371.

116 BVerwG, Urt. v. 23.05.1986, 4 C 34.85 – juris Rn. 3 ff.; BVerwG, Urt. v. 13.03.1981, 4 C 1.78 – juris Rn. 38; *Schröter*, Die Zulässigkeit von Bauvorhaben im Außenbereich, S. 371.

117 *Kindler*, Zur Steuerungskraft der Raumordnungsplanung, S. 62 f.

eine optisch bedrängende Wirkung.[118] Zu beachten ist jedoch, dass es sich dabei allein um eine psychische Beeinträchtigung durch die Größe der Anlagen und die Drehbewegung ihrer Rotorblätter handelt.[119] Ob diese Wirkung anzunehmen ist, entscheidet sich deshalb immer nach allen Umständen des Einzelfalls. Als grobe Faustformel zur Beurteilung hat die Rechtsprechung Abstandswerte definiert: Demnach geht das Oberverwaltungsgericht NRW davon aus, dass von Windkraftanlagen bei der Entfernung von mehr als dem dreifachen ihrer Gesamthöhe eher keine optisch bedrängende Wirkung ausgeht, aber bei der Entfernung der geringer als zweifachen Höhe der Anlagen eine derartige Wirkung entsteht.[120] Beim Abstand zwischen den beiden Maßen bedürfe es einer intensiven Prüfung des Einzelfalls.[121] Das Bundesverwaltungsgericht hat aber klargestellt, dass es ernstlich zweifelhaft ist, ob diese pauschalen Abstandswerte im Rahmen des Gebots der Rücksichtnahme angewendet werden.[122] Es betont vielmehr, dass stets eine Einzelfallprüfung durchzuführen ist: Dabei sind zahlreiche Kriterien wie Höhe und Standort der Windenergieanlagen, Größe des Rotordurchmessers, Blickwinkel, Hauptwindrichtung, Lage der Aufenthaltsräume und deren Fenster zur Anlage zu berücksichtigen.[123]

2. Insbesondere: Mangelnde Akzeptanz für den Ausbau der Windenergie

Für eine erfolgreiche Energiewende spielt die Akzeptanz erneuerbarer Energien in der deutschen Bevölkerung eine wichtige Rolle. So hat dieses Thema insbesondere auf lokaler Ebene bei der Errichtung von Windenergieanlagen in den letzten Jahren zunehmend an Bedeutung gewonnen. Dementsprechend sollten Einflussfaktoren auf die lokale Akzeptanz der Windkraft berücksichtigt werden, weil diese besonders im negativen Sinne einer ablehnenden Haltung zu einer derartigen Anlage vor Ort verstanden werden können.[124] Diese Haltung wird oft

---

118 BayVGH, Beschl. v. 16.01.2014, 22 ZB 13.2608 – juris Rn. 10; BVerwG, Beschl. v. 11.12.2006, 4 B 72.06 – juris Rn. 3; OVG Nordrhein-Westfalen, Urt. v. 09.08.2006, 8 A 3726.05 – juris Rn. 63; OVG Koblenz, Urt. v. 12.06.2003, ZNER 2003, 340 (340).

119 BVerwG, Beschl. v. 11.12.2006, 4 B 72.06 – juris Rn. 7; OVG Nordrhein-Westfalen, Urt. v. 09.08.2006, 8 A 3726.05 – juris Rn. 35.

120 OVG Nordrhein-Westfalen, Urt. v. 09.08.2006, 8 A 3726.05 – juris Rn. 90 ff.

121 OVG Nordrhein-Westfalen, Urt. v. 09.08.2006, 8 A 3726.05 – juris Rn. 93.

122 BVerwG, Beschl. v. 11.12.2006, 4 B 72.06 – juris Rn. 11 ff.

123 BVerwG, Beschl. v. 11.12.2006, 4 B 72.06 – juris Rn. 15.

124 *Frisch/Sokic*, Lokale Akzeptanz und Windenergie, S. 12.

als sog. NIMBY-Phänomen,[125] das dem deutschen Sankt-Florians-Prinzip entspricht,[126] bezeichnet, wonach zwar das Befürworten von Windrädern im Allgemeinen, aber gleichzeitiges Ablehnen von Anlagen vor der eigenen Haustür im Besonderen erklärt wird.[127]

Es ist jedenfalls deutlich, dass ein Großteil der deutschen Bevölkerung laut Umfragen die Nutzung und den Ausbau der Windenergie an Land unterstützt.[128] Trotz dieser breiten gesellschaftlichen Akzeptanz kann ein solches Vorhaben auf mangelnde Akzeptanz vor Ort treffen.[129] Denn eine hohe allgemeine Zustimmung für den Ausbau erneuerbarer Energien führt nicht automatisch zu einer individuellen Zustimmung.[130] Fraglich ist jedoch, ob bei der Betrachtung lokalen Widerstands gegen Windkraftprojekte die NIMBY-Haltung pauschal als Hintergrund festgelegt werden kann. Studien zufolge wurde nur selten festgestellt, dass diese Haltung der bestimmende Einflussfaktor auf die Akzeptanz der Windenergie war.[131] Vielmehr zeigte sich anhand der Ergebnisse der Frage zur Akzeptanz von Windrädern im Wohnumfeld, dass die Zustimmungswerte in der Bevölkerung, die schon Erfahrung mit Windkraftanlagen haben, hoch sind und sich seit Jahren auf einem konstant hohen Niveau bewegen.[132] Die Umfrage ergab aber gleichzeitig, dass unklar ist, ob diese positive Tendenz weiter bleibt, weil die Akzeptanzwerte für Windvorhaben vor Ort – aus spezifischen lokalen

---

125 Englisches Akronym für „Not In My Backyard".

126 *Lehmann/Reetz*, Zukunftsenergien: Strategien einer neuen Energiepolitik, S. 215.

127 *Schmalz*, Akzeptanz von Großprojekten, S. 200; *Wunderlich*, Akzeptanz und Bürgerbeteiligung für Erneuerbare Energien, S. 9.

128 *FA Wind*, Umfrage zur Akzeptanz der Windenergie an Land – Herbst 2019, S. 3: 82 Prozent aller Befragten erachten die Nutzung und den Ausbau der Windenergie an Land als wichtig oder als sehr wichtig; mit dem Ergebnis auch *FA Wind*, Umfrage zur Akzeptanz der Windenergie an Land – Herbst 2018, S. 5; ähnlich *Wunderlich*, Akzeptanz und Bürgerbeteiligung für Erneuerbare Energien, S. 5 f., wonach 93 Prozent der Befragten den Ausbau erneuerbarer Energien für wichtig oder sehr bzw. außerordentlich wichtig halten.

129 Vgl. *Jahnke/Liebe/Dobers*, ZfU 4/2015, 367 (367).

130 *Wunderlich*, Akzeptanz und Bürgerbeteiligung für Erneuerbare Energien, S. 4.

131 *Wunderlich*, Akzeptanz und Bürgerbeteiligung für Erneuerbare Energien, S. 12.

132 *FA Wind*, Umfrage zur Akzeptanz der Windenergie an Land - Herbst 2018, S. 9, wonach 78 Prozent der Befragten mit Windenergieanlagen vor Ort eher oder voll und ganz einverstanden sind.

Gründen – in verschiedenen Regionen sehr stark schwanken können.[133] Folglich machen individuelle Faktoren, die auf lokale Widerstände zurückzuführen sind, eine differenzierte Betrachtung notwendig. Dieses Verständnis ermöglicht potenzielle Lösungen für die mangelnde Akzeptanz und somit zugleich eine Stabilisierung der lokalen Gesellschaft.[134]

III. Planerische Steuerung der Windenergienutzung als Instrument der Konfliktlösung

1. Windenergieanlagen als privilegierte Vorhaben im Außenbereich

§ 3 BauRegVO aus dem Jahr 1936[135] lag der Gedanke zugrunde, dass der Außenbereich grundsätzlich von baulichen Anlagen freigehalten werden soll.[136] Diese Regelung ist ebenfalls maßgeblich für die Beurteilung, ob dort Bauvorhaben bis zum Inkrafttreten des § 35 BBauG bzw. seines Nachfolgers in § 35 BauGB planungsrechtlich errichtet wurden. § 35 BauGB zielt demzufolge darauf ab, das Gebot größtmöglicher Schonung des Außenbereichs zu berücksichtigen.[137] Außenbereichsvorhaben sind insofern nur unter engen Voraussetzungen zulässig; mithin sind solche Vorhaben von Gesetzes wegen nur privilegiert, wenn nicht überwiegende öffentliche Belange des § 35 Abs. 3 BauGB entgegenstehen und eine ausreichende Erschließung gesichert ist.

Der Ausbau erneuerbarer Energien und insbesondere der Windenergie an Land, die einen wichtigen positiven Beitrag zum Klimaschutz leisten kann, war ohne eine Beseitigung der baurechtlichen Hindernisse nicht möglich.[138] Seit dem BauGB-Änderungsgesetz 1996[139] zählen daher Windkraftanlagen zu

---

133 *FA Wind*, Umfrage zur Akzeptanz der Windenergie an Land – Herbst 2018, S. 9; vgl. *IASS*, Soziales Nachhaltigkeitsbarometer der Energie- und Verkehrswende 2021, S. 2 f.

134 *Wunderlich*, Akzeptanz und Bürgerbeteiligung für Erneuerbare Energien, S. 12; *Schmalz*, Akzeptanz von Großprojekten, S. 7 f.

135 RGBl. I S. 104; *Kümper*, Nachrichten-ARL 2/2017, 9 (9), wonach „*§ 35 BauGB seinen Vorläufer in § 3 BauRegVO hat, der erstmals für das gesamte damalige Reichsgebiet eine Regelung zur Zulässigkeit von Bauvorhaben im Außenbereich traf*".

136 BVerwG, Urt. v. 04.11.1966, 4 C 39.65 – juris Rn. 10; *Anlauf*, NL-BzAR 6/2007, 218 (219); *Kümper*, Nachrichten-ARL 2/2017, 9 (9).

137 BVerwG, Urt. v. 03.11.1972, 4 C 9.70 – juris Rn. 19.

138 BT-Drs. 13/4978, S. 6.

139 BGBl I S. 1189.

privilegierten Außenbereichsvorhaben im Rahmen von § 35 Abs. 1 BauGB. Der Privilegierungsbestand des § 35 Abs. 1 Nr. 5 BauGB umfasst derartige Anlagen allgemein und gilt mithin für den gesamten Außenbereich.[140] Gleichzeitig kann sich allerdings die Außenbereichsprivilegierung auf solche Standorte beschränken, die durch Darstellungen eines Flächennutzungsplans oder durch Festlegungen eines Raumordnungsplans ausgewiesen werden.[141] Diese Ausweisungen von Flächen für die Windenergie haben als öffentlicher Belang Bedeutung, der regelmäßig der Errichtung von Windrädern an anderer Stelle entgegensteht. Folglich sind Vorhaben der Windkraft im Außenbereich außerhalb der dargestellten Standorte in der Regel unzulässig, weil ihnen öffentliche Belange entgegenstehen; auf solche Vorhaben bezieht sich der sog. Planvorbehalt des § 35 Abs. 3 S. 3 BauGB.

Der durch die BauGB-Novelle 2011[142] eingeführte § 249 BauGB soll das Repowering[143] von alten Windrädern absichern und zugleich hierfür das Baurecht im Flächennutzungsplan und im Bebauungsplan ermöglichen. Im Jahr 2014 ist zudem die sog. Öffnungsklausel nach dem neuen § 249 Abs. 3 BauGB in Kraft getreten, welche den Ländern bis Ende 2015 ermöglichte, die Privilegierung des § 35 Abs. 1 Nr. 5 BauGB einzuschränken.[144] Damit kann ein Mindestabstand zur Wohnbebauung als Voraussetzung für die privilegierte Zulässigkeit von Windenergieanlagen festgelegt werden. Davon hat nur der Freistaat Bayern Gebrauch gemacht, und somit gilt in anderen Ländern die neue Abstandsregelung nicht.

2. Möglichkeiten und Grenzen der Windenergiesteuerung durch die Raumordnungsplanung

In Regionen mit einem hohen Antragsdruck für Windkraftanlagen im Außenbereich als privilegierte Vorhaben gem. § 35 Abs. 1 BauGB bedarf es eines Planungsinstruments, um eine unkontrollierte Ausbreitung von solchen Anlagen

---

140 *Gatz*, DVBl. 2009, 737 (737), wonach § 35 Abs. 1 Nr. 5 BauGB nur für solche Anlagen gilt, die den größeren Teil der Stromproduktion in das öffentliche Stromnetz einspeisen.

141 BT-Drs. 13/4978, S. 7; BT-Drs. 13/1736, S. 3; BVerwG, Urt. v. 24.01.2008, 4 CN 2.07 – juris Rn. 10; BVerwG, Beschl. v. 03.06.1998, 4 B 6.98 – juris Rn. 7; BVerwG, Urt. v. 22.05.1987, 4 C 57.84 – juris Rn. 26; *Söfker*, in: BauGB Kommentar, Stand: 01.10.2019, § 35 Rn. 123.

142 BGBl. I S. 1509.

143 Siehe zum Repowering von Windenergieanlagen unten C. Kapitel IV.

144 BGBl. I S. 954.

zu verhindern und zugleich ihre Errichtung zu bündeln.[145] Der Gesetzgeber hat – als Korrektiv für eine bauliche Erweiterung der gesetzlichen Privilegierung – eine Möglichkeit der planerischen Steuerung geschaffen.[146] Die Möglichkeit wird als Darstellungsprivileg des § 35 Abs. 3 S. 3 BauGB, aber auch als Planvorbehalt bezeichnet:

Das Darstellungsprivileg gewährt den Trägern der Raumordnung und den Gemeinden ein Steuerungsinstrument gegenüber privilegierten Bauvorhaben i.S.d. § 35 Abs. 1 Nr. 2 bis 6 BauGB,[147] mit der Rechtsfolge der beabsichtigten Freihaltung des übrigen Planungsraums der Außenbereichsvorhaben, wozu auch – wie bereits dargestellt – Windenergieanlagen gehören.[148] So dürfen die Anlagen nicht errichtet werden, soweit hierfür auf den beiden Planungsebenen von Raumordnungsplanung einerseits und Flächennutzungsplanung andererseits eine Ausweisung an anderer Stelle getroffen wurde. Eine solche Planung kann so die Errichtung von Windrädern auf bestimmte Flächen konzentrieren und damit für alle anderen Bereiche des Plangebietes im Regelfall ausschließen. Durch diese Planung von Konzentrationszonen mit Ausschlusswirkung wird also eine grundsätzliche Zuweisung für die durch den Gesetzgeber privilegierten Vorhaben in den Außenbereich relativiert.[149]

Aus der Privilegierung gem. § 35 Abs. 1 Nr. 5 BauGB und dem Planvorbehalts nach § 35 Abs. 3 S. 3 BauGB ergibt sich daher eine planerische Steuerungsmöglichkeit für die Träger der Raumordnung für Windkraftanlagen. Dadurch wird eine sog. Konzentrationsplanung ermöglicht; hier soll diese Planung sich – anders

---

145 BT-Drs. 13/4978, S. 7; *Gatz*, DVBl. 2017, 461 (461); *Kümper*, ZfBR 2015, 224 (228); *Scheidler*, NWVBl. 2009, 409 (410); *Scheidler*, ZfBR 2009, 750 (751); *Schmidt*, DVBl. 1998, 669 (673); *Stüer/Vildomec*, BauR 1998, 427 (430); *Schröter*, Die Zulässigkeit von Bauvorhaben im Außenbereich, S. 845.

146 BT-Drs. 13/4978, S. 7; *Kümper*, ZfBR 2015, 224 (229); *Scheidler*, NWVBl. 2009, 409 (409 f.); *Stüer/Stüer*, NuR 2004, 341 (342); *Schröter*, Die Zulässigkeit von Bauvorhaben im Außenbereich, S. 845; *Ramtke*, Die Rechtsprobleme des Ausbaus der Windenergienutzung in Deutschland, S. 63.

147 BT-Drs. 13/4978, S. 7, wonach landwirtschaftliche Vorhaben des § 35 Abs. 1 Nr. 1 BauGB nicht vom Planvorbehalt gem. § 35 Abs. 3 S. 3 BauGB erfasst werden.

148 BT-Drs. 13/4978, S. 7; *Gatz*, DVBl. 2017, 461 (461); *Kümper*, ZfBR 2015, 224 (228); *Scheidler*, ZfBR 2009, 750 (751); *Scheidler*, NWVBl. 2009, 409 (410); *Manssen*, BayVBl. 2005, 485 (485); *Söfker*, in: BauGB Kommentar, Stand: 01.10.2019, § 35 Rn. 123.

149 *Schröter*, Die Zulässigkeit von Bauvorhaben im Außenbereich, S. 845 ff.; *Stüer/Stüer*, NuR 2004, 341 (342).

als die Planung mittels eines Flächennutzungsplans[150] – lediglich auf raumbedeutsame Vorhaben beschränken[151], obwohl in § 35 Abs. 3 S. 3 BauGB nicht ausdrücklich von der Raumbedeutsamkeit eines Vorhabens die Rede ist.[152] Davon ist nicht nur wegen des systematischen Zusammenhangs mit § 35 Abs. 3 S. 2 BauGB auszugehen, sondern auch wegen der „*Eigenart raumordnerischer Ziele, die nach der Definition in § 3 Abs. 1 Nr. 2 ROG verbindliche Vorgaben, zur Entwicklung, Ordnung und Sicherung des Raums sind*".[153] Aber fraglich ist, wann eine Anlage als raumbedeutsam i.S.d. § 3 Abs. 1 Nr. 6 ROG angesehen werden kann; diese Frage richtet sich nach einer Einzelfallbeurteilung.[154] Klargestellt ist jedenfalls, dass sich eine raumordnerische Ausschlusswirkung nur auf raumbedeutsame Windenergieanlagen bezieht.[155] Auch hierfür sind die Umstände des konkreten Einzelfalls maßgebend.

Im Raumordnungsgesetz stehen verschiedene Steuerungsinstrumente zur Verfügung: Ziele, Grundsätze und sonstige Erfordernisse der Raumordnung, die nach Maßgabe des § 4 ROG unterschiedliche Bindungswirkungen auslösen.[156]

---

150 *Mitschang*, ZfBR 2003, 431 (433), bei dem die Konzentrationszonenplanung auf der Ebene des Flächennutzungsplans Vorhaben mit, aber auch ohne Raumbedeutsamkeit erfassen kann.

151 Anders dagegen: *Kümper*, UPR 2019, 161 (168 ff.); *von Nicolai*, ZUR 2004, 74 (79 f.); *Spoerr*, DVBl. 2001, 90 (92); *Berendes*, ZfBR 1997, 21 (23).

152 *Mitschang/Reidt*, in: Battis/Krautzberger/Löhr, BauGB Kommentar, § 35 Rn. 121; *Söfker*, in: BauGB Kommentar, Stand: 01.10.2019, § 35 Rn. 126; *Kindler/Lau*, NVwZ 2011, 1414 (1415); *Bovet*, ZUR 2010, 9 (14); *Scheidler*, ZfBR 2009, 750 (752); *Reidt*, ZfBR 2004, 430 (433); *Mitschang*, ZfBR 2003, 431 (433); *Schmidt*, DVBl. 1998, 669 (674); *Schröter*, Die Zulässigkeit von Bauvorhaben im Außenbereich, S. 928.

153 BVerwG, Beschl. v. 02.08.2002, 4 B 36.02 – juris Rn. 6; BVerwG, Urt. v. 13.03.2003, 4 C 4.02 – juris Rn. 10; *Kindler/Lau*, NVwZ 2011, 1414 (1415); *Bovet*, ZUR 2010, 9 (14); *Scheidler*, ZfBR 2009, 750 (753); *Scheidler*, NWVBl. 2009, 409 (410); *Reidt*, ZfBR 2004, 430 (433); *Mitschang*, ZfBR 2003, 431 (433); *Runkel*, in: Spannowsky/Runkel/Goppel, ROG Kommentar, § 3 Rn. 102; *Schröter*, Die Zulässigkeit von Bauvorhaben im Außenbereich, S. 848, 928 f.

154 BVerwG, Beschl. v. 02.08.2002, 4 B 36.02 – juris Rn. 6; BVerwG, Urt. v. 13.03.2003, 4 C 4.02 – juris Rn. 11; *Söfker*, in: BauGB Kommentar, Stand: 01.10.2019, § 35 Rn. 128; *Reidt*, ZfBR 2004, 430 (433); *Mitschang*, ZfBR 2003, 431 (433).

155 *Reidt*, ZfBR 2004, 430 (433); *Mitschang*, ZfBR 2003, 431 (433).

156 *Scheidler*, NWVBl. 2009, 409 (410); *Scheidler*, ZfBR 2009, 750 (752); *Bovet/Köck*, NuR 2008, 529 (531); *Hentschel*, Umweltschutz bei Errichtung und Betrieb von Windkraftanlagen, S. 188 f.; *Goppel*, in: Spannowsky/Runkel/Goppel, ROG Kommentar, § 4 Rn. 3.

Für die räumliche Steuerung der Errichtung von raumbedeutsamen Windrädern sind solche Festlegungen in Raumordnungsplänen, die Ziele oder Grundsätze der Raumordnung sind, von besonderer Bedeutung. Lediglich Raumordnungsziele können jedoch die Steuerungswirkung im Rahmen des § 35 Abs. 3 S. 2 und 3 BauGB entfalten; sie sind damit bei der Entscheidung über die Zulassung von Windvorhaben im Außenbereich strikt zu beachten.[157] Grundsätze der Raumordnung sind demgegenüber für die in § 35 BauGB vorgesehenen Bindungswirkungen nicht ausreichend.[158]

Mit den in § 7 Abs. 3 ROG aufgeführten Gebietstypen erfolgt des Weiteren die Steuerung für raumbedeutsame Funktionen oder Nutzungen auf der Ebene der Raumordnungsplanung. So können z. B. für die Windenergie die Raumordnungsgebieten nach dem Raumordnungsgesetz festgelegt werden: Vorrang-, Vorbehalts-, Eignungs- und Eignungsgebiete für den Meeresbereich[159], sowie Vorranggebiete mit der Wirkung von Eignungsgebieten. Allerdings kann nicht jede dieser Raumkategorien die Ausschlusswirkung in diesem Sinn herbeiführen, dass sich Windkraftanlagen im Außenbereich nur innerhalb eines bestimmten Gebietes konzentrieren, außerhalb dieses Gebietes dagegen nicht.[160] Daran anknüpfend stellt sich jedoch die grundsätzliche Frage, welche Gebietstypen die Qualität eines Ziels der Raumordnung haben. In diesem Zusammenhang kommt nur die Ausweisung von Vorrang- und Eignungsgebieten in Betracht.[161]

---

157 *Schröter*, Die Zulässigkeit von Bauvorhaben im Außenbereich, S. 721 ff.; *Hentschel*, Umweltschutz bei Errichtung und Betrieb von Windkraftanlagen, S. 189; *Manssen*, BayVBl. 2005, 485 (486); *Reidt*, ZfBR 2004, 430 (434); *Stüer/Vildomec*, BauR 1998, 427 (433); *Schmidt*, DVBl. 1998, 669 (669); BT-Drs. 13/6392, S. 82, wonach der Gesetzgeber nach § 35 Abs. 3 S. 3 BauGB eine Zielbeachtungspflicht auch bei raumbedeutsamen Vorhaben Privater angeordnet hat.

158 *Hentschel*, Umweltschutz bei Errichtung und Betrieb von Windkraftanlagen, S. 189.

159 BGBl. I S. 1245: In der ROG-Novelle 2017 hat der Bundesgesetzgeber die Festlegung von Eignungsgebieten für den Meeresbereich angefügt. Aber im Folgenden wird nicht näher auf diese Kategorie eingegangen, da es bei der vorliegenden Arbeit nur um die Windkraftnutzung an Land geht.

160 *Söfker*, in: BauGB Kommentar, Stand: 01.10.2019, § 35 Rn. 127; *Scheidler*, ZfBR 2009, 750 (752); *Scheidler*, NWVBl. 2009, 409 (410).

161 BT-Drs. 13/6392, S. 84, wonach entsprechend § 7 Abs. 1 S. 3 ROG 1998 die raumordnerische Festlegung von Vorrang- und Eignungsgebieten als Ziele der Raumordnung angesehen werden konnte; siehe dazu auch: *Mitschang/Reidt*, in: Battis/Krautzberger/Löhr, BauGB Kommentar, § 35 Rn. 120; *Schmitz/Haselmann*, NVwZ 2015, 846 (850); *Haselmann*, ZfBR 2014, 529 (534); *Scheidler*, ZfBR 2009, 750 (752); *Bienek/Krautzberger*, UPR 2008, 81 (89); aber auch BVerwG, Urt. v. 13.03.2003, 4 C 4.02 – juris

Für die Steuerungswirkung des § 35 Abs. 3 S. 3 BauGB bedarf es eines schlüssigen Planungskonzepts, das dem planungsrechtlichen Abwägungsgebot genügt;[162] dies gilt grundsätzlich in gleicher Weise für die Planung auf der Ebene der Raumordnung oder der Gemeinde.[163] Die Abwägung soll sich – insbesondere in einem Raumordnungsplan – auf den gesamten Planungsraum beziehen.[164] Bei der planerischen Entscheidung kommt es darauf an, von welchen Erwägungen die positive Standortzuweisung getragen wird, und welche Gründe vorliegen, wenn der übrige Raum z. B. von Anlagen der Windkraft freigehalten werden soll.[165]

Zu beachten ist hierbei jedoch, dass die derartigen Vorhaben unter dem Deckmantel der Steuerung nicht verhindert werden können.[166] Die Vorschrift nach § 35 Abs. 3 S. 3 BauGB hat nämlich den Kompromisscharakter zwischen der privilegierten Zulässigkeit von Außenbereichsvorhaben und dem Schutz des Außenbereichs vor übermäßiger Bebauung.[167] Eine rein negative Verhinderungsplanung darf also nicht betrieben werden;[168] gleiches gilt dies für eine auf eine verkappte Verhinderungsplanung hinauslaufende Feigenblattplanung.[169] Im Ergebnis muss vielmehr der bestimmten privilegierten Nutzung – z. B. der Windenergienutzung – in einem Maße substanziell Raum geschaffen werden,

---

Rn. 43: Vorbehaltsgebiete sind nicht mit der Ausschlusswirkung an anderer Stelle im Plangebiet verbunden, während Vorrang- und Eignungsgebiete diese Wirkung genießen.

162 BVerwG, Urt. v. 13.03.2003, 4 C 4.02 – juris Rn. 15; BVerwG, Urt. v. 11.04.2013, 4 CN 2.12 –juris Rn. 5; Hess. VGH, Urt. v. 11.03.2011, ZfBR 2011, 484 (485); bereits den Ausschussbericht, BT-Drs. 13/4978, S. 7: Für die planerische Steuerung der Windkraftanlagen muss ein schlüssiges Planungskonzept vorliegen, das durch positive Standortzuweisungen die Errichtung derartiger Anlagen an anderer Stelle ausschließen kann.

163 *Kümper*, ZfBR 2015, 224 (228); *Krappel/Freiherr*, ZfBR 2012, 65 (66).

164 *Kümper*, ZfBR 2015, 224 (229).

165 *Söfker*, in: BauGB Kommentar, Stand: 01.10.2019, § 35 Rn. 124b; *Gatz*, DVBl. 2017, 461 (461).

166 BVerwG, Urt. v. 17.12.2002, 4 C 15.01 – juris Rn. 29; BVerwG, Beschl. v. 12.07.2006, ZfBR 2006, 679 (680); *Krappel/Freiherr*, ZfBR 2012, 65 (66).

167 Siehe *Stüer/Vildomec*, BauR 1998, 427 (434); *Söfker*, in: BauGB Kommentar, Stand: 01.10.2019, § 35 Rn. 123; BT-Drs. 13/4978, S. 7.

168 BT-Drs. 13/4978, S. 7; Hess. VGH, Urt. v. 11.03.2011, ZfBR 2011, 484 (485 f.); BVerwG, Urt. v. 13.03.2003, 4 C 4.02 – juris Rn. 15; *Lau*, LKV 2012, 163 (164).

169 Hess. VGH, Urt. v. 11.03.2011, ZfBR 2011, 484 (485 f.); BVerwG, Urt. v. 24.01.2008, 4 CN 2.07 – juris Rn. 11; BVerwG, Urt. v. 17.12.2002, 4 C 15.01 – juris Rn. 29.

das der Privilegierungsentscheidung des § 35 Abs. 1 BauGB gerecht wird.[170] Daraus folgend wird nur auf solchen Flächen, die sich im Vergleich mit der Wahllösung besser eignen, Raum für die Errichtung von Windrädern geschaffen; die anderen Flächen werden als Standorte für dieses Vorhaben ausgeschlossen.[171] Es kann aber hier keineswegs darauf geschlossen werden, dass bei der Flächenwahl eine Konzentration der Anlagen auf alle hierfür geeignete Standorte anzustreben ist.[172] So dürfen auch Standorte, die für das privilegierte Bauvorhaben geeignet sind, ausgeschieden werden, wenn das Gewicht der ihm entgegenstehenden Belange an dieser Stelle gerechtfertigt ist.[173] Die Eignungsfrage möglicher Standorte ist also insoweit bei der planerischen Abwägung zu berücksichtigen.[174] Durch das in § 35 Abs. 3 S. 3 BauGB aufgezeigte Steuerungsinstrument darf eine mögliche Kontingentierung für die Standorte der bestimmten privilegierten Nutzung vorgenommen werden.[175] Dabei versteht es sich von selbst, dass es sachgerecht ist, solche Flächen, die sich für die Nutzung der Windkraft am besten geeignet erscheinen, als Windkonzentrationszonen auszuwählen.[176] Wenn für die Windenergie auf hierzu besonders geeigneten Flächen substanziell Raum geschaffen wird, kommt es folglich lediglich in diesen Flächen zur Zulässigkeit von Windrädern; dabei dürfen die weniger geeigneten Flächen von weiteren Betrachtung ausgenommen werden.[177]

IV. Zusammenfassung zu Teil B

Trotz der rechtlichen und technischen Entwicklung der Windkraftnutzung treten immer noch zahlreiche Konflikte aus verschiedenen Themenbereichen auf. Typische Probleme im Nahbereich der Anlagen sind im Genehmigungsverfahren zu

---

170 BVerwG, Urt. v. 13.03.2003, 4 C 4.02 – juris Rn. 41; BVerwG, Urt. v. 17.12.2002, 4 C 15.01 – juris Rn. 29; *Lau*, LKV 2012, 163 (164); aber *von Nicolai*, ZUR 2004, 74 (78), wonach *„der Planungsträger verpflichtet ist, dem Schutz des Außenbereichs substanziell Raum zu verschaffen"*.

171 BVerwG, Beschl. v. 12.07.2006, ZfBR 2006, 679 (680); *Schröter*, Die Zulässigkeit von Bauvorhaben im Außenbereich, S. 920 f.

172 BVerwG, Urt. v. 17.12.2002, 4 C 15.01 – juris Rn. 33; BVerwG, Beschl. v. 12.07.2006, ZfBR 2006, 679 (680).

173 BVerwG, Urt. v. 17.12.2002, 4 C 15.01 – juris Rn. 33.

174 BVerwG, Urt. v. 17.12.2002, 4 C 15.01 – juris Rn. 33.

175 BVerwG, Beschl. v. 12.07.2006, ZfBR 2006, 679 (680); BVerwG, Urt. v. 13.03.2003, 4 C 4.02 – juris Rn. 15; BVerwG, Urt. v. 17.12.2002, 4 C 15.01 – juris Rn. 28.

176 BVerwG, Beschl. v. 12.07.2006, ZfBR 2006, 679 (680).

177 BVerwG, Beschl. v. 12.07.2006, ZfBR 2006, 679 (680).

berücksichtigen: Fragen mit Bezug auf menschliche Gesundheitsschäden durch Lärm und Schatten einerseits und mögliche Konflikte mit dem Schutz der Natur und Landschaft andererseits. Auch die Störung von Funkstellen und Radaranlagen wird behandelt, aber hinsichtlich des gestörten Rund- und Mobilfunks ist die Einschätzung unterschiedlich. Bei weiteren Themen, die im Zulassungsverfahren entscheidungsrelevant sind, kann es beispielsweise um eine optisch bedrängende Wirkung auf Nachbargebäude gehen.

Dennoch: Schwierigkeiten ergeben sich bei der Lösung der oben genannten Konflikte, weil diesbezügliche Konfliktursachen – anhand von tatsächlich individuellen Umständen – vielfältig sind. Bezüglich der Windenergie bleiben außerdem häufig noch Fragen stehen; etwa die Wirkung von Infraschall oder die Einflüsse auf Immobilienwerte. Diese können lediglich jenseits des formellen Verfahrens angesprochen werden, so dass hier für jeden Einzelfall eine optimale Lösung gefunden werden muss.

Diese zum Konflikt führenden Themen bringen häufig lokale Akzeptanzprobleme mit sich. So könnte mangelnde Akzeptanz den Windausbau ausbremsen. Dies lässt darauf schließen, dass die Konfliktminderung und die Verbesserung der Akzeptanz vor Ort entscheidende Erfolgsfaktoren für den weiteren Ausbau der Windkraft sind. Insofern spielt eine räumliche Steuerung – insbesondere im Hinblick auf die frühzeitige Standortauswahl durch die Raumordnungsplanung – eine zentrale Rolle. Aber dabei kann nur ein Teil der Konflikte als Abwägungsbelang behandelt werden. Daher braucht es auch eine einzelfallbezogene Betrachtung, um mehr Akzeptanz zu erreichen. Die planerische Steuerung könnte trotzdem hilfreich sein, weil sie die Windenergienutzung auf besonders möglichst konfliktarme Standorte lenken und gleichzeitig landschaftliche wertvolle Gebiete schonen kann.

C. Rechtsrahmen für die raumordnerische Steuerung von Standorten für Windenergieanlagen

I. Bedürfnis nach raumordnerischer Steuerung von Windenergieanlagen

Um die Kohlendioxidbelastung der Atomsphäre zu verringern, war der deutsche Bundestag bereits im Jahr 1994 bestrebt, die Nutzung erneuerbarer Energien deutlich auszubauen, wobei die Windenergie einen bedeutenden Beitrag leisten sollte.[1] Vor diesem Hintergrund hat zu dieser Zeit das Gesetzgebungsverfahren zur Privilegierung für Windkraftanlagen begonnen.[2] Allerdings scheiterte der damalige Gesetzentwurf wegen eines Urteils des Bundesverwaltungsgerichts, das eine Privilegierung von Windvorhaben verneinte, im Vermittlungsverfahren.[3] Auch hat der federführende Bundestagsausschuss darauf hingewiesen, dass wegen dieser Rechtsprechung *„rechtliche Probleme bei der Genehmigung von derartigen Anlagen im baulichen Außenbereich entstanden sind, so dass der aus klimaschutz-, energie- und umweltpolitischen Gründen notwendige Ausbau verzögert bzw. erschwert wird"*.[4]

Es war gleichzeitig aber zu berücksichtigen, dass es – aufgrund der ausnahmslosen Privilegierung von Windrädern – zu ihrem dispersen Bau in weiten Teilen des Außenbereichs kommen konnte.[5] Um dieses ungeregelte Auftreten zu verhindern, ist zwar die Gemeinde als solche befugt, *„durch Aufstellung eines Bebauungsplans die planungsrechtlichen Grundlagen für die Zulässigkeit eines*

---

1 Ausführlich zum Gesetzgebungsverfahren zur Änderung von § 35 BauGB *Wagner*, UPR 1996, 370 (371); *Krautzberger*, NVwZ 1996, 847 (847); BT-Drs. 12/8069, S. 3 f.

2 *Wagner*, UPR 1996, 370 (371); *Krautzberger*, NVwZ 1996, 847 (847 f.).

3 *Wagner*, UPR 1996, 370 (371); *Krautzberger*, NVwZ 1996, 847 (847); BT-Drs. 12/8414, S. 1; kritisch zur Zulässigkeit der Errichtung von Windenergieanalgen als privilegierte Außenbereichsvorhaben BVerwG, Urt. v. 16.06.1994, 4 C 20.93 – juris Rn. 12 ff.; insbesondere zu Auswirkungen dieser Entscheidung *Holz*, NWVBl. 1998, 81 (82); aber *Stüer/ Vildomec*, BauR 1998, 427 (429), hatten das höchstgerichtliche Urteil aus dem Jahr 1994 als Grund für die Änderung des Baugesetzbuchs erwiesen, weil in diesem Urteil erstmals eine planerische Einordnung der Windkraftnutzung vorgenommen wurde.

4 BT-Drs. 13/4978, S. 1.

5 Vgl. *Holz*, NWVBl. 1998, 81 (83); *Spiecker*, Raumordnung und Private, S. 178.

Vorhabens zu ändern".[6] Eine solche Befugnis ermöglicht aber nicht immer, dass Bereiche des Plangebiets, in denen nach dem Willen des Plangebers die Errichtung von Windkraftanlagen ausgeschlossen werden soll, von dieser Nutzung freigehalten werden; denn die Negativplanung, die einzelne Vorhaben pauschal verbietet, ist nur gerechtfertigt, wenn die Vorhaben einer bestimmten Stelle des Planungsraums zugewiesen sind.[7]

Auf der Suche nach einer Lösung, den Außenbereich zu schützen und zugleich die Windenergienutzung stärker zu fördern,[8] hat folglich der Gesetzgeber mit der Aufnahme von Windkraftanlagen in den Katalog privilegierter Vorhaben als Ausgleich zur Privilegierung der Windenergie den Planvorbehalt des § 35 Abs. 3 S. 3 BauGB parallel ergänzt.[9] Die Privilegierung von Windrädern hat das Bedürfnis nach einer planerischen Steuerung wachgerufen.[10] Dieses Bedürfnis ist dann weiter gewachsen, weil die Anzahl von Anlagen zur Windenergienutzung deutschlandweit stetig angestiegen ist und auch in den nächsten Jahren mit einer deutlichen Zunahme zu rechnen ist.[11]

Der Planvorbehalt ermöglicht es sowohl den Gemeinden als auch den Trägern der Raumordnungsplanung, durch eine positive Ausweisung an einem konkreten Standort im Plangebiet die Errichtung von den durch den Gesetzgeber privilegierten Vorhaben in anderen Bereichen auszuschließen[12] und damit

6 BVerwG, Urt. v. 19.08.2004, 4 C 16.03 – juris Rn. 12.

7 *Gatz*, Windenergieanlagen 2013, S. 21 f. Rn. 30; *Blessing*, Windenergieanlagen, S. 4 Rn. 11; aber auch *Holz*, NWVBl. 1998, 81 (83), wonach die Gemeinde zwar in ihren Bebauungsplänen eine Ausweisung von Sondergebieten für die Windenergie vornehmen kann, aber diese Möglichkeit scheidet praktisch aus, weil *„es sich bei den weitaus meisten Vorhaben um Einzelanlagen im Außenbereich handelt"*.

8 *Wagner*, UPR 1996, 370 (371); *Scheidler*, ZfBR 2009, 750 (751).

9 BGBl. I S. 1189.

10 *Spiecker*, Raumordnung und Private, S. 178; ähnlich *Schröter*, Die Zulässigkeit von Bauvorhaben im Außenbereich, S. 844.

11 *Scheidler*, ZfBR 2009, 750 (751); *Schröter*, Die Zulässigkeit von Bauvorhaben im Außenbereich, S. 845: ähnlich: *Manssen*, BayVBl. 2005, 485 (485); zuletzt sehend *Sauer/Schmidt*, Wege zu einem integrierten Energiesystem, S. 6: Laut einer Studie im Rahmen der Akademien der Wissenschaften wäre das Fünf- bis Siebenfache der heutigen Leistung von Windkraftanlagen, und zwar eine Verdoppelung der Anzahl von Windenergieanlagen auf rund 65.000 Anlagen notwendig, um die Energiewendeziele bis 2050 zu erreichen; siehe auch dazu http://www.naturschutz-energiewende.de/aktuelles/flaechenverfuegbarkeit-fuer-die-energiewende/ (Aufruf am 17.07.2021).

12 BT-Drs. 13/4978, S. 7.

einen möglichen Wildwuchs dieser Nutzung zu verhindern.[13] Am Beispiel der Privilegierung von Windvorhaben wird – unter diesen Rahmenbedingungen – deutlich, dass der Anteil der Windenergie an der Stromerzeugung sich steigern kann, ohne dafür gegenläufige Schutzgüter wie z. B. Landschafts- und Anwohnerschutz vorbehaltlos aufgeben zu müssen.[14] Dabei ist aber zu beachten, dass die planerische Steuerung durch Raumordnungspläne sich – anders als durch Flächennutzungspläne – auf raumbedeutsame Vorhaben beschränkt. Allerdings sind Windenergieanlagen, die durch den technischen Fortschritt immer höher und größer werden, bereits raumbedeutsam und entfalten zunehmend überörtliche Wirkungen.[15] Daraus folgt ein Zuwachs an raumordnerischer Verantwortung und deshalb die Notwendigkeit einer weiteren Stärkung der Instrumente der Raumordnung.[16]

Baden-Württemberg hatte einen Sonderweg gewählt,[17] indem die Träger der Raumordnung künftig nur noch Vorranggebiete für Standorte regionalbedeutsamer Windenergieanlagen in den Regionalplänen festlegen dürfen, keine Ausschlussgebiete mehr.[18] In diesem Bundesland war bis Mitte 2012 eine sog. Schwarz-Weiß-Planung für die regionalplanerische Standortsteuerung möglich.[19] Demnach wurden weiße Vorrangzonen für die Windkraftnutzung einerseits und schwarze Ausschlusszonen für die Errichtung von Windrädern andererseits festgesetzt.

Die baden-württembergische Landesregierung hat dann allerdings zu dieser Zeit erkannt, dass die Standorte durch die bisherige Ausweisung von Vorranggebieten mit einer Ausschlusswirkung nicht ausreichen, um den Windausbau zeitnah zu gestalten.[20] Der Landtag hat deshalb beschlossen, dass in den Regionalplänen die bestehenden Vorrang- und Ausschlussfläche gesetzlich aufgehoben werden[21] und schließlich nur noch Vorranggebiete, die keine Ausschlusswirkung mehr entfalten, auszuweisen sind.[22] Dadurch entfällt die Möglichkeit zur

---

13 *Rieger*, in: Schrödter (Hrsg.), BauGB Kommentar, § 35 Rn. 178; *Scheidler*, ZfBR 2009, 750 (751); *Manssen*, BayVBl. 2005, 485 (485).

14 *Holz*, NWVBl. 1998, 81 (84); vgl. BT-Drs. 13/4978, S. 7.

15 *Schröter*, Die Zulässigkeit von Bauvorhaben im Außenbereich, S. 847; *Scheidler*, ZfBR 2009, 750 (751).

16 *Holz*, NWVBl. 1998, 81 (87).

17 *Rieger*, in: Schrödter (Hrsg.), BauGB Kommentar, § 35 Rn. 193.

18 LT-Drs. 15/1368, S. 2; *Krappel/Freiherr*, ZfBR 2012, 65 (67).

19 *Nonnenmacher*, VBlBW 2012, 256 (256).

20 LT-Drs. 15/1368, S. 1; *Nonnenmacher*, VBlBW 2012, 256 (257).

21 LT-Drs. 15/1368, S. 2, 5 f.; *Krappel/Freiherr*, ZfBR 2012, 65 (67).

22 LT-Drs. 15/1368, S. 2.

raumordnerischen Windenergiesteuerung,[23] aber auch zur Entwicklung eines schlüssigen gesamträumlichen Planungskonzept,[24] weil nur durch eine Kombination von Zulassung und Ausschluss die Wirkung des § 35 Abs. 3 S. 3 BauGB erreicht werden kann.[25] Hinzu kommt, dass der für die Ausbauziele der Landesregierung erwünschte Effekt bisher noch nicht eingetreten ist.[26]

II. Änderungen infolge der ROG-Novelle 2017

1. Entwicklung der Raumordnungsplanung

Die rechtlichen Grundlagen der Raumordnung werden im Raumordnungsgesetz des Bundes geregelt, aber auch ergänzend in den Landesplanungsgesetzen. Das Raumordnungsgesetz des Bundes wurde 2017 geändert. Bevor die wichtigsten Änderungen durch die damalige ROG-Novelle vorgestellt werden, soll zunächst die frühe Entwicklungsgeschichte der Raumordnung und des Raumordnungsgesetzes skizziert werden:

a) Frühe Entwicklung bis zum Raumordnungsgesetz 1998

Nach dem Ende des Zweiten Weltkrieges kam es in Deutschland zum Wandel im Raumplanungsverständnis, das erst kurz vor Beginn des Ersten Weltkrieges aus dem Städtebau entwickelt worden war.[27] Zu dieser Zeit musste das Land wieder aufgebaut werden. Dabei rückte aber zunächst große Planungsskepsis in den Vordergrund,[28] weil die vom Nationalsozialismus[29] genutzte Raumplanung mit

---

23 *Nonnenmacher*, VBlBW 2012, 256 (257).

24 *Nonnenmacher*, VBlBW 2012, 256 (257); *Rieger*, in: Schrödter (Hrsg.), BauGB Kommentar, § 35 Rn. 193.

25 *Stüer/Stüer*, NuR 2004, 341 (342).

26 *Kindler*, Zur Steuerungskraft der Raumordnungsplanung, S. 193.

27 Eingehend dazu: *Blotevogel*, in: ARL (Hrsg.), Handwörterbuch der Stadt- und Raumentwicklung, S. 794 f.; *Appold*, in: Festschrift Hoppe, S. 21 ff.

28 *Battis*, Baurecht und Raumordnungsrecht, S. 21 Rn. 69, der von einer *„allgemeinen Planungsphobie"* spricht.

29 *Appold*, in: Festschrift Hoppe, S. 22, wonach in dieser Zeit Raumordnung und Landesplanung – mit dem Gesetz über die Regelung des Landesbedarfs der öffentlichen Hand von 1935 (RGBl. I S. 468) – verstaatlicht wurden; siehe dazu auch *Hübler*, in: Lendi/Hübler (Hrsg.), Ethik in der Raumplanung, S. 81: *„Raumplanung war also nicht mehr selbst organisierte rationale Raumnutzung, sondern zentralistische Planung von oben"*.

dem Makel der nationalsozialistischen Ideologie behaftet war.[30] Nach Kriegsende haben drängende Probleme der Raumordnung wie Siedlungs- und Wohnungsbau, Wiederaufbau der Infrastruktur die überörtliche Raumplanung trotzdem notwendig gemacht.[31] Allerdings wurden entsprechende Aktivitäten nur auf Landesebene,[32] nicht jedoch auf Bundesebene entfaltet.[33]

Die Kompetenz für die Raumordnung wurde erstmals im Grundgesetz 1949 – in Art. 75 Nr. 4 GG a.F. – festgelegt. Danach konnte der Bund Rahmenvorschriften zur Raumordnung in den Ländern erlassen, wovon jedoch vorerst kein Gebrauch gemacht wurde.[34] Zu Beginn der 1950er Jahre war bereits umstritten, ob die Bundesregierung ihre Rahmenkompetenz für die Raumordnung in Art. 75 Nr. 4 GG a.F. ausschöpfen sollte.[35] Hinsichtlich dieser Frage hat sich das Bundesverfassungsgericht im Baurechtsgutachten von 1954 geäußert: *„Die Zuständigkeit zur Regelung der Raumordnung für den Gesamtstaat kommt nach der Natur der Sache dem Bund als eine ausschließliche und Vollkompetenz zu“.*[36]

Ein Jahr danach hat der Bund den Sachverständigenausschuss für Raumordnung einberufen, der 1961 sein Gutachten – vor allem mit der Empfehlung zur Etablierung einer Bundesraumordnung[37] – vorgelegt hat.

---

30 *Kümper*, in: Kment (Hrsg.), ROG Kommentar, Einleitung Rn. 4; *Snowadsky*, Ziele und Grundätze der Raumordnung, S. 17 f.; *Battis*, Baurecht und Raumordnungsrecht, S. 21 Rn. 69.

31 *Kümper*, in: Kment (Hrsg.), ROG Kommentar, Einleitung Rn. 4; *Appold*, in: Festschrift Hoppe, S. 23; siehe auch *Langhagen-Rohrbach*, Raumordnung und Raumplanung, S. 7 f.

32 *Kümper*, in: Kment (Hrsg.), ROG Kommentar, Einleitung Rn. 4, wonach schon sehr frühzeitig in einigen Ländern wie z. B. Nordrhein-Westfalen und Bayern erste Landesplanungsgesetze erlassen wurden, um praktische Fragen des Wiederaufbaus lösen zu können; dazu auch *Blotevogel*, in: ARL (Hrsg.), Handwörterbuch der Stadt- und Raumentwicklung, S. 795.

33 *Kümper*, in: Kment (Hrsg.), ROG Kommentar, Einleitung Rn. 4.

34 *Kümper*, in: Kment (Hrsg.), ROG Kommentar, Einleitung Rn. 4; ausführlich *Appold*, in: Festschrift Hoppe, S. 23.

35 Dazu in: *Appold*, in: Festschrift Hoppe, S. 23, wonach *„die Länder durchweg das Bedürfnis nach einer bundesgesetzlichen Regelung verneinten; sie betrachteten auch grenzüberschreitende Raumordnungsaufgaben als eine ausschließliche Angelegenheit der Länder, welche durch Verwaltungsvereinbarungen, ggf. unter partieller Beteiligung des Bundes, zu regeln wäre“*; siehe dazu auch *Snowadsky*, Ziele und Grundsätze der Raumordnung, S. 18.

36 BVerfG, Gutachten, v. 16.06.1954, 1 PBvV 2.52 – juris Rn. 87.

37 Siehe hierzu *Hübler*, in: Lendi/Hübler (Hrsg.), Ethik in der Raumplanung, S. 84: *„Wesentliche Gedanken des Sachverständigenausschuss-Gutachtens flossen sodann in diverse*

[38] Erst 1965 kam es zum Erlass eines Bundesraumordnungsgesetzes,[39] das dem Bund eine begrenzte Kompetenz gegenüber den Ländern eingeräumt hat.[40] Zu dieser Zeit hat die Raumordnungsplanung in den Ländern auf den freiwilligen Interessenausgleich durch Überzeugung von Beteiligten gesetzt.[41] Daher war *„das Raumordnungsgesetz in vielem noch der persuasorischen Phase verpflichtet“.*[42] Mit der Verabschiedung des Baugesetzbuches 1960 wurde allerdings die Anpassungspflicht der Bauleitplanung an die Ziele der Raumordnung in § 1 Abs. 3 BBauGB eingeführt,[43] der dem heutigen § 1 Abs. 4 BauGB entspricht, und hier wurde erstmals der Begriff der Ziele der Raumordnung benutzt.[44] Dadurch wurde eine strikte Verbindlichkeit der Raumordnungsziele anerkannt,[45] und damit der Raumordnungsplanung ein Bedeutungszuwachs gegeben.[46]

Während sich die Phase der persuasorischen Planung der Raumordnung in der frühen Bundesrepublik nach und nach verflüchtigt hat, hat sich eine eigenständige Planungsaktivität herausbildet.[47] So wurden – auf Grundlage der

---

Gesetzentwürfe zum Raumordnungsgesetz ein, das 1965 im Deutschen Bundesrat mit knappen Mehrheiten verabschiedet wurde und sodann in Kraft trat“.

38 *Langhagen-Rohrbach*, Raumordnung und Raumplanung, S. 9; *Appold*, in: Festschrift Hoppe, S. 23.

39 BGBl. I S. 306; näher dazu *Appold*, in: Festschrift Hoppe, S. 24 ff.

40 *Battis*, Baurecht und Raumordnungsrecht, S. 22 Rn. 70.

41 *Kümper*, in: Kment (Hrsg.), ROG Kommentar, Einleitung Rn. 5; *Battis*, Baurecht und Raumordnungsrecht, S. 21 Rn. 69.

42 *Battis*, Baurecht und Raumordnungsrecht, S. 22 Rn. 70.

43 BGBl. I S. 345.

44 *Kümper*, in: Kment (Hrsg.), ROG Kommentar, § 3 Rn. 16; *Snowadsky*, Ziele und Grundsätze der Raumordnung, S. 19.

45 *Snowadsky*, Ziele und Grundsätze der Raumordnung, S. 19; aber *Kümper*, in: Kment (Hrsg.), ROG Kommentar, Einleitung Rn. 5, wonach *„die erhebliche Steuerungskraft, welche der Raumordnung durch diese Anpassungspflicht gegenüber der Bauleitplanung beigelegt wird, sich jedoch erst mit einiger Verzögerung entfalten konnte, weil es in den Ländern zum damaligen an regelungsintensiven Raumordnungsplänen fehlte“.*

46 *Battis*, Baurecht und Raumordnungsrecht, S. 22 Rn. 70; dazu ferner *Snowadsky*, Ziele und Grundsätze der Raumordnung, S. 20 ff.; *Kümper*, in: Kment (Hrsg.), ROG Kommentar, Einleitung Rn. 5 f.

47 *Kümper*, in: Kment (Hrsg.), ROG Kommentar, Einleitung Rn. 6; *Battis*, Baurecht und Raumordnungsrecht, S. 22 Rn. 70; hierzu auch nach *Hübler*, in: Lendi/Hübler (Hrsg.), Ethik in der Raumplanung, S. 87, spielte Ende der 1960er Jahre in der Bundesrepublik Deutschland das Instrument der *„rationalen Planung, auch der Raumplanung“* eine wichtige Rolle bei einer Lösung von gesellschaftlichen Konflikten, weshalb dieser Zeitraum als Epoche der Planungseuphorie bezeichnet wird.

Landesplanungsgesetze – Landesentwicklungspläne und -programme ausgearbeitet.[48] Dies führte zur Schaffung der integrierten Entwicklungsplanung,[49] so dass *„die Raumordnung eine aktive und fördernde Rolle übernehmen und die Steuerung raumrelevanter Vorhaben mit der Zuweisung der betreffenden öffentlichen Finanzmittel verknüpft werden sollte"*.[50] Die Energiekrise 1973 hat allerdings zur Abkehr vom integrierten Ansatz der Entwicklungsplanung geführt.[51]

Trotz dieses Trendwechsels zur Phase der planerischen Ernüchterung wurde in den 1980er Jahren, und bis in die 1990er Jahre die zunehmende Bedeutung der überörtlichen Raumplanung, insbesondere für den Umweltschutz, weiter deutlich.[52] Mit dieser Etablierung des Umweltschutzgedankens wurde die *„Sicherung von Freiräumen für Naturschutz und Erholung – neben der Steuerung der Siedlungsentwicklung sowie der Infrastrukturplanung – zur dritten Säule der Raumplanung"*.[53] Für diese Sicherung z. B. vor Zersiedlung im baurechtlichen Außenbereich ist also die Koordinierung örtlicher und fachlicher Planungen erforderlich und wurde damit zur wesentlichen Aufgabe der Raumordnung.[54]

Aber in diesem Rahmen war eine raumplanerische Festlegung nur als unbenannter öffentlicher Belang des § 35 Abs. 3 S. 1 BauGB in die nachvollziehende Abwägung im Genehmigungsverfahren einzubeziehen.[55] Mit den Novellen des

---

48 *Kümper*, in: Kment (Hrsg.), ROG Kommentar, Einleitung Rn. 6; *Battis*, Baurecht und Raumordnungsrecht, S. 22 Rn. 70; ausführlich *Blotevogel*, in: ARL (Hrsg.), Handwörterbuch der Stadt- und Raumentwicklung, S. 797.

49 *Kümper*, in: Kment (Hrsg.), ROG Kommentar, Einleitung Rn. 6; *Battis*, Baurecht und Raumordnungsrecht, S. 22 Rn. 70, 72 f.; dazu ferner *Blotevogel*, in: ARL (Hrsg.), Handwörterbuch der Stadt- und Raumentwicklung, S. 797 f.

50 *Kümper*, in: Kment (Hrsg.), ROG Kommentar, Einleitung Rn. 6.

51 *Gnest*, Entwicklung der überörtlichen Raumplanung, S. 3; *Langhagen-Rohrbach*, Raumordnung und Raumplanung, S. 12 f.; *Battis*, Baurecht und Raumordnungsrecht, S. 24 Rn. 74.

52 *Langhagen-Rohrbach*, Raumordnung und Raumplanung, S. 13 f.; *Blotevogel*, in: ARL (Hrsg.), Handwörterbuch der Stadt- und Raumentwicklung, S. 799; *Battis*, Baurecht und Raumordnungsrecht, S. 24 Rn. 75; *Snowadsky*, Ziele und Grundsätze der Raumordnung, S. 23; ausführlich dazu *Appold*, in: Festschrift Hoppe, S. 26: Mit der ROG-Novelle 1989 (BGBl. I S. 1417) stand *„die materiellrechtliche Ergänzung um Leitvorstellung der Raumordnung sowie aktualisierte, insbesondere im Umweltbereich erweiterte Grundsätze der Raumordnung"*.

53 *Gnest*, Entwicklung der überörtlichen Raumplanung, S. 31.

54 *Gnest*, Entwicklung der überörtlichen Raumplanung, S. 31.

55 *Kümper*, in: Kment (Hrsg.), ROG Kommentar, Einleitung Rn. 7; *Schröter*, Die Zulässigkeit von Bauvorhaben im Außenbereich, S. 713.

BBauGB 1986[56] und BauGB 1997[57] konnte und kann sie sich jedoch auf eine baurechtliche Zulassung eines Vorhabens unmittelbar auswirken, aber lediglich zulassungshindernd.[58] Im Laufe der 1990er Jahre hat der Bedeutungszuwachs von Instrumenten der kooperativen Steuerung zugenommen,[59] was dabei auf neue Rahmenbedingungen der Raumordnung – besonders der Wiedervereinigung, der Gründung der Europäischen Union und der Globalisierung – zurückzuführen war.[60] Durch die ROG-Novelle 1998[61] wurde der Trend zum Umweltschutz in der Raumplanung fortgesetzt, indem der Gedanke des *„Nachweltschutzes"* mit der Einführung der einheitlichen Leitvorstellung einer nachhaltigen Raumentwicklung nach § 1 Abs. 2 ROG 1998 erweitert wurde.[62] Dabei kam es zu einer zunehmenden Verrechtlichung von Instrumenten der Raumordnungsplanung, zumal ihre Begriffe Erfordernisse, Ziele und Grundsätze deutlich definiert wurden.[63] Hinzu kommt, dass Gebietstypen 1998 in das Raumordnungsgesetz aufgenommen wurden; Vorrang-, Vorbehalts- und Eignungsgebieten. Vor allem mit der neuen Kategorie von Eignungsgebieten können Standorte – z. B. für die Windenergienutzung – raumplanerisch gesteuert werden.[64]

---

56 BGBl. I S. 2265, wonach zwei Vorschriften zur Zulässigkeit von Vorhaben im Außenbereich eingefügt wurden: Raumbedeutsame Vorhaben dürfen den Raumordnungszielen nicht widersprechen; öffentliche Belange dürfen raumbedeutsamen Vorhaben insoweit nicht entgegengehalten werden, als diese bei der Darstellung dieser Vorhaben als Ziele der Raumordnung abgewogen worden sind.

57 BGBl. I S. 2158: Durch diese Novelle wurde eine weitere Vorschrift aufgenommen, die klar stellte, dass öffentliche Belange privilegierten Vorhaben des § 35 Abs. 1 Nr. 2 bis 6 BauGB regelmäßig auch dann entgegenstehen, soweit hierfür durch eine entsprechende Ausweisung an anderer Stelle als Ziele der Raumordnung erfolgt ist.

58 *Kümper*, in: Kment (Hrsg.), ROG Kommentar, Einleitung Rn. 7.

59 *Blotevogel*, in: ARL (Hrsg.), Handwörterbuch der Stadt- und Raumentwicklung, S. 800.

60 *Kümper*, in: Kment (Hrsg.), ROG Kommentar, Einleitung Rn. 8; *Kindler*, Zur Steuerungskraft der Raumordnungsplanung, S. 220.

61 BGBl. I S. 2801.

62 *Kümper*, in: Kment (Hrsg.), ROG Kommentar, Einleitung Rn. 8; *Gnest*, Entwicklung der überörtlichen Raumplanung, S. 21; dazu näher *Appold*, in: Festschrift Hoppe, S. 32 f.

63 *Gnest*, Entwicklung der überörtlichen Raumplanung, S. 21; *Kümper*, in: Kment (Hrsg.), ROG Kommentar, Einleitung Rn. 8.

64 *Gnest*, Entwicklung der überörtlichen Raumplanung, S. 21.

b) Jüngere Entwicklung bis zum Raumordnungsgesetz 2017

Seit 1998 wurden Umweltbelange zunehmend zu einem zentralen Themenbereich in der Politik. Damit wurden erhebliche Impulse zur Modernisierung der Raumordnung gesetzt.[65] In der Umweltpolitik, etwa bei der Energiewende spielt die raumbezogene Planung als Umsetzungsinstrumente eine wichtige Rolle.[66] Mit der ROG-Novelle 1998 lag der Fokus der Raumordnung aber auch auf der *„nachhaltigen Raumentwicklung“*, die auf den Umweltschutz im Einklang mit ökonomischen und sozialen Interessen abzielte. Diese Tendenz wird in der Novelle 2017 zum ROG fortgesetzt, indem die Folgen des Klimawandels durch die räumliche Planung u. a. von Hochwasserschutzmaßnahmen bewältigt werden.[67]

Seit der Einführung der speziellen Raumordnungsklausel in § 35 Abs. 3 S. 2 und 3 BauGB dürfen die Ziele der Raumordnung maßgeblichen Einfluss auf die Zulässigkeit von Vorhaben im Außenbereich nehmen.[68] So haben z. B. bestimmte Bauvorhaben zur Energieerzeugung – vor allem aus Windkraft – eine starke räumliche Wirkung entfaltet. Dadurch hat in jüngerer Zeit die Zahl von Konflikten auf verschiedenen Entscheidungsebenen der Vorhabenzulassung, der Fachplanung und der räumlichen Gesamtplanung deutlich zugenommen.[69] Zur Bewältigung dieser Konflikte musste der raumordnerische Steuerungsanspruch gesteigert werden.[70] Die Verbindlichkeit der Raumordnungsziele ist dabei das zentrale Instrument für die Verwirklichung des höheren Steuerungsanspruchs,[71] und wird signifikant gestärkt. Andererseits kann die Verbindlichkeit der Ziele aber auch relativiert werden, indem nur im Einzelfall – insbesondere bezüglich der Folgen der Klimaänderung – Ausnahmen von strikt festgelegten Zielen formuliert werden.[72] Durch die Regelung des § 6 Abs. 1 ROG 2008[73] wurden solche

65 *Battis*, Baurecht und Raumordnungsrecht, S. 24 Rn. 75.

66 *Kindler*, Zur Steuerungskraft der Raumordnungsplanung, S. 220.

67 BT-Drs. 18/10883, S. 30; *Battis*, Baurecht und Raumordnungsrecht, S. 24 Rn. 75; *Grigoleit*, in: Mitschang (Hrsg.), Raumordnungs- und Bauleitplanung, S. 17 ff.

68 *Schmidt*, DVBl. 1998, 669 (670).

69 *Kümper*, in: Kment (Hrsg.), ROG Kommentar, § 3 Rn. 16.

70 Inbesondere nach *Durner*, Konflikte räumlicher Planungen, S. 10 ff., spielte *„die Schaffung und schrittweise Stärkung der überörtlichen Gesamtplanung als eines Instruments zur Lenkung und Koordination konkurrierender Raumansprüche“* eine wichtige Rolle.

71 *Durner*, Konflikte räumlicher Planungen, S. 83.

72 *Kümper*, in: Kment (Hrsg.), ROG Kommentar, Einleitung Rn. 9; dazu näher in: *Bartram*, Ziele der Raumordnung, S. 56 f.

73 BT-Drs. 16/10292, S. 23.

Zielausnahmen eingeführt, die gesetzlichen Anforderungen hieran sind danach aber nicht festgelegt.[74] Im Jahr 2017 wurde ferner die Vorschrift des § 7 Abs. 1 S. 2 ROG eingefügt: Eine Flexibilisierungsmöglichkeit bieten sowohl bedingte, als auch befristete Festlegungen der Raumordnung.[75]

Mit der Föderalismusreform im Jahr 2006 wurden die bisherigen Kompetenzen zur Rahmengesetzgebung des Bundes abgeschafft,[76] und die in Art. 75 GG a.F. normierten Materien - darunter die Raumordnung - einer konkurrierenden Gesetzgebung des Bundes mit einem Abweichungsrecht der Länder zugeordnet.[77] Das Raumordnungsgesetz wurde in seiner Neuformulierung von 2008[78] an diese geänderte Kompetenzverteilung angepasst. Dabei verfolgte der Gesetzgeber das Ziel, die bewährten - von Bund und Ländern getragenen - Rahmenregelungen des bisherigen ROG möglichst weitgehend in bundesrechtliche Vollregelungen zu überführen, und den Ländern außerdem Spielräume für ergänzende landesrechtliche Vorschriften zu lassen.[79]

Zudem wurde mit der Novellierung des ROG im Jahr 2008 ein neuer Raumordnungsplan des Bundes entwickelt, der nur Grundsätze der Raumordnung für das gesamte Bundesgebiet enthalten darf - im Falle des § 17 ROG.[80] Danach besteht auch die Möglichkeit, Raumordnungspläne für die deutsche ausschließliche Wirtschaftszone aufzustellen. Allerdings gibt es hier nur eine eingeschränkte Bindungswirkung auf Landesebene.[81] Darüber hinaus ist die Bedeutung der unionsrechtlichen Vorgaben für das deutsche Raumordnungsrecht größer geworden. Mit der Vorschrift in § 9 ROG 2008, die der europäischen Richtlinie 2001/42/EG über die Umweltprüfung bestimmter Pläne und Programme Rechnung trägt, ist eine Umweltprüfung bei der Aufstellung von Raumordnungsplänen durchzuführen.[82]

74 Ausführlich *Durner*, NuR 2009, 373 (378); siehe auch *Ritter*, DÖV 2009, 425 (428).

75 BT-Drs. 18/10883, S. 41; *Runkel*, in: Spannowsky/Runkel/Goppel, ROG Kommentar, § 7 Rn. 3; *Kümper*, in: Kment (Hrsg.), ROG Kommentar, Einleitung Rn. 9.

76 BGB1. I, S. 2034.

77 BT-Drs. 16/10292, S. 18; *Durner*, NuR 2009, 373 (373 f.).

78 BGBl. I, S. 2986; dazu ferner *Durner*, NuR 2009, 373 (373 ff.); *Ritter*, DÖV 2009, 425 (425 ff.).

79 BT-Drs. 16/10292, S. 18.

80 *Ritter*, DÖV 2009, 425 (432); *Langhagen-Rohrbach*, Raumordnung und Raumplanung, S. 19.

81 *Kümper*, in: Kment (Hrsg.), ROG Kommentar, Einleitung Rn. 10.

82 *Ritter*, DÖV 2009, 425 (431); *Durner*, NuR 2009, 373 (378 f.).

Eine weitere umfassende ROG-Novelle trat 2017 in Kraft.[83] Hierdurch wurde die Richtlinie 2014/89/EU zur Schaffung eines Rahmens für die maritime Raumordnung in das deutsche Recht umgesetzt.[84] Die weiteren Änderungen durch diese Novelle waren:[85] Zur Verbesserung der Akzeptanz bei der Realisierung von Großprojekten wurde im Raumordnungsverfahren das Instrument der Öffentlichkeitsbeteiligung – einschließlich der Prüfung sinnvoller Projektalternativen – verbindlich eingeführt. Ferner wurden die Gebietsfestlegungen erweitert,[86] die seit 2017 in § 7 Abs. 3 ROG ausdrücklich angesprochen sind: Damit wurde klargestellt, dass die Bedeutung von Vorbehaltsgebieten neu gefasst und eine neue Kategorie Eignungsgebiete für den Meeresbereich eingefügt wurde. Auch die Erstreckung der Vorranggebiete mit der Wirkung von Eignungsgebieten für Eignungsgebiete oder für den Meeresbereich wurde festgelegt.[87]

2. Ziele und Grundsätze der Raumordnung

Um das zentrale Thema dieser Arbeit, die Standortsteuerung von Windenergieanlagen, untersuchen zu können, sind vorab die raumordnerischen Instrumente zu klären: Die Ziele und Grundsätze der Raumordnung, sowie die möglichen Gebietsfestlegungen.

a) Ziele der Raumordnung

aa) Begriff der Ziele der Raumordnung

Der Begriff der Ziele der Raumordnung ist durch die ROG-Novelle 1998 in § 3 Abs. 1 Nr. 2 ROG legal definiert und hat sich dabei auch an der Rechtsprechung des Bundesverwaltungsgerichts orientiert.[88] Danach muss es sich bei den Zielen um verbindliche, räumlich und sachlich bestimmte oder bestimmbare Vorgaben, die vom Träger der Landes- oder Regionalplanung abschließend abgewogen wurden und zur Entwicklung, Ordnung und Sicherung des Raumes dienen, handeln. Sie können nur in Raumordnungsplänen festgelegt werden. Aus diesen Merkmalen setzt sich also der Begriff der Raumordnungsziele zusammen.

---

83 BGBl. I, S. 1245.

84 BT-Drs. 18/10883, S. 30.

85 BT-Drs. 18/10883, S. 30; *Grigoleit*, in: Mitschang (Hrsg.), Änderungen der ROG-Novelle 2017, S. 9 ff.

86 *Kindler*, Zur Steuerungskraft der Raumordnungsplanung, S. 129.

87 *Runkel*, in: Spannowsky/Runkel/Goppel, ROG Kommentar, § 7 Rn. 3.

88 BT-Drs. 13/6392, S. 81; BVerwG, Beschl. v. 20.08.1992, 4 NB 20.91 – juris Rn. 15 ff.

Fehlt es jedoch an einem Merkmal, dann kann eine raumordnerische Vorgabe nicht als Ziel eingestuft werden.[89] Es ist offensichtlich, dass die Vorschrift in § 3 Abs. 1 Nr. 2 ROG hohe Anforderungen für das Vorliegen einer Zielaussage enthält.[90] Die Verbindlichkeit der Zielvorgaben ist dabei das entscheidende Merkmal.[91] Mit dieser Anforderung wird klargestellt, dass die Raumordnungsziele nicht Gegenstand einer Abwägung gem. § 7 Abs. 2 S. 1 ROG, sondern ihr abschließendes Ergebnis sind, weshalb sie auch die landesplanerische Letztentscheidung darstellen.[92]

Die Ziele der Raumordnung haben grundsätzlich nur gegenüber öffentlichen Vorhaben eine Bindungswirkung,[93] entfalten aber eine solche Wirkung nicht aus sich heraus, sondern über Raumordnungsklauseln in § 4 ROG und in weiteren Fachgesetzen.[94] Die Regelung des § 4 Abs. 1 S. 1 Nr. 1 und 2 ROG bestimmt, dass eine öffentliche Stelle ihre eigenen Planungen und Maßnahmen durchführt, oder über die Zulässigkeit raumbedeutsamer Planungen und Maßnahmen anderer öffentlichen Stellen entscheidet. Die Zielbindung gegenüber öffentlichen Stellen besteht auch bei der Zulässigkeitsentscheidung über die

---

89 *Bartram*, Ziele der Raumordnung, S. 44, wonach *„unter Umständen bei fehlender abschließender Abwägung eine Umdeutung in einen Grundsatz der Raumordnung in Betracht kommt“*, wenn es an einem Merkmal eines Ziels der Raumordnung fehlt; *Runkel*, in: Spannowsky/Runkel/Goppel, ROG Kommentar, § 3 Rn. 15.

90 *Runkel*, in: Spannowsky/Runkel/Goppel, ROG Kommentar, § 3 Rn. 1.

91 *Appel*, NVwZ 2013, 457 (458).

92 *Appel*, NVwZ 2013, 457 (458); *Appel*, UPR 2011, 161 (162); BVerwG, Beschl. v. 20.08.1992, 4 NB 20.91 – juris Rn. 18; hierzu nach *Bartram*, Ziele der Raumordnung, S. 53 f., ist das Merkmal einer abschließenden Abwägung in § 3 Abs. 1 Nr. 2 ROG vom Abwägungsgebot des § 7 Abs. 2 S. 1 Hs. 2 ROG 2008 abzugrenzen, weil die Rechtswirkungen der beiden Abwägungen bei fehlender abgeschlossener Abwägung unterschiedlich sind; aber mit der ROG-Novelle 2017 wurde durch die Streichung der Vorschrift des § 7 Abs. 2 S. 1 Hs. 2 ROG 2008, wonach bei der Festlegung von Zielen abschließend abzuwägen war, die Doppelung zu § 3 Abs. 1 Nr. 2 ROG beseitigt. Das Erfordernis einer abschließenden Abwägung bei den Zielen ergibt sich also aus einem Element des Zielbegriffs i.S.d. § 3 Abs. 1 Nr. 2 ROG (BT-Drs. 18/10883, S. 41); siehe auch *Kümper*, in: Kment (Hrsg.), ROG Kommentar, § 3 Rn. 12.

93 *Appel*, NVwZ 2013, 457 (458); *Reidt*, ZfBR 2004, 430 (430); nach *Kaltenborn/Gerhard*, BauR 2008, 1996 (1997), sind *„für öffentliche Stellen nach § 3 Abs. 1 Nr. 5 ROG, also im Bereich des Bauplanungsrechts insbesondere die kommunalen Gebietskörperschaften als Träger der Bauleitplanung, die Ziele der Raumordnung strikt verbindlich – unabhängig davon, ob die öffentlichen Stellen im hoheitlichen oder privaten Bereich tätig werden“*.

94 *Kümper*, ZfBR 2018, 119 (122).

Planfeststellung und Plangenehmigung Privater, nämlich in § 4 Abs. 1 S. 1 Nr. 3 ROG. Der raumordnerischen Zielfestlegung kommt gesteigerte Bedeutung auch für raumbedeutsame Vorhaben von Privatpersonen zu.[95] Dazu bedarf es z. B. einer speziellen Regelung in § 4 Abs. 1 S. 2 ROG, wonach die Bindungswirkung durch § 4 Abs. 1 S. 1 Nr. 1 und 2 ROG auf Private erweitert wird. Dies gilt dann, wenn eine mehrheitliche Beteiligung von der öffentlichen Hand an Privatpersonen, oder zur Wahrnehmung öffentlicher Aufgaben die überwiegende Finanzierung des Vorhabens Privater mit öffentlichen Mitteln gegeben ist.

Über die Regelung des § 4 Abs. 1 S. 3 ROG[96] kann außerdem durch Fachgesetze eine Zielwirkung – auch gegenüber Privaten[97] – erweitert werden. So zeigt z. B. die Anpassungspflicht in § 1 Abs. 4 BauGB, dass *„sie ist im Lichte des § 4 Abs. 1 S. 3 ROG zunächst eine Konkretisierung der generellen Beachtungspflicht nach § 4 Abs. 1 S. 1 Nr. 1 ROG, aber auch eine Ausweitung der Zielbeachtungspflicht, als sie für alle Bauleitpläne unabhängig von ihrer Raumbedeutsamkeit angeordnet ist"*.[98] Das heutige Baugesetzbuch legt fest, dass die Zielvorgaben eine strikte Rechtswirkung auch bei privaten Vorhaben im Außenbereich entfalten, namentlich § 35 Abs. 3 S. 2 und 3 BauGB.[99]

In einem Raumordnungsplan werden die Raumordnungsziele üblicherweise durch Ist- oder Sind-Formulierungen festgelegt. Sie können jedoch auch als Regel-Ausnahme-Vorschriften ausgestaltet werden – aber nur, wenn neben der Regel- auch die Ausnahmevoraussetzungen hinreichend bestimmt oder doch wenigstens bestimmbar sind.[100] Diese Möglichkeit wurde erst 2008 in das Raumordnungsgesetz eingeführt, in § 6 Abs. 1 ROG. Es ist außerdem nicht ausgeschlossen, dass auch die Zielfestlegungen in Form einer Soll-Vorschrift zulässig

95 *Reidt*, ZfBR 2004, 430 (430).

96 Die heutige Regelung in § 4 Abs. 1 S. 3 ROG fand sich im inhaltsgleichen § 4 Abs. 5 ROG 1998.

97 BVerwG, Urt. v. 20.11.2003, 4 CN 6.03 – juris Rn. 31.

98 *Goppel*, in: Spannowsky/Runkel/Goppel, ROG Kommentar, § 4 Rn. 127.

99 *Kümper*, ZfBR 2018, 119 (120 f.); ausführlich in: *Schröter*, Die Zulässigkeit von Bauvorhaben im Außenbereich, S. 699 ff.; siehe auch *Bartram*, Ziele der Raumordnung, S. 151 ff.

100 BVerwG, Urt. v. 18.09.2003, NVwZ 2004, 226 (227); BVerwG, Urt. v. 22.06.2011, 4 CN 4.10 – juris Rn. 26; *Kümper*, in: Kment (Hrsg.), ROG Kommentar, § 3 Rn. 21; *Schröter*, Die Zulässigkeit von Bauvorhaben im Außenbereich, S. 703; beispielhaft für bestimmte Zielausnahmen insbesondere bezüglich der Nutzung der Windenergie: VGH Bayern, Urt. v. 24.09.2007, 14 B 05.2149, 14 B 05.2151 – juris Rn. 34.

sind.[101] Im Raumordnungsgesetz 2008 sind die sog. Soll-Ziele zwar nicht ausdrücklich geregelt. Diese unterscheiden sich in ihrer Grundstruktur jedoch nicht von landesplanerischen Aussagen, die der Regel-Ausnahme-Struktur folgen.[102] Bei einer Soll-Aussage sind dann genauso wie bei einer Regel-Ausnahme-Aussage die Voraussetzungen für die Zulässigkeit der Raumordnungsziele nach der Klarstellung gem. § 6 Abs. 1 ROG zu erfüllen.[103]

Nach § 7 Abs. 1 S. 4 ROG, der dem bisherigen § 7 Abs. 4 ROG 2008 entspricht, hat – aufgrund der Rechtsklarheit – die Kennzeichnung einer raumordnerischen Festlegung als Ziel und Grundsatz der Raumordnung zu erfolgen. Allerdings wird durch die bloße Kennzeichnung nach dem Willen des Plangebers eine Festsetzung nicht zu einem Ziel oder Grundsatz, wenn diese die rechtlichen Anforderungen i.S.d. § 3 Abs. 1 ROG nicht erfüllt.[104] Der Kennzeichnung kommt damit zunächst nur eine Indizwirkung dafür zu, dass eine entsprechende Darstellung wirklich auch materiell als Ziel zu qualifizieren ist.[105]

bb) Gebietsfestlegungen

§ 7 Abs. 3 ROG, der inhaltlich § 8 Abs. 7 ROG 2008 entspricht, beinhaltet die Möglichkeit der gebietsbezogenen Festlegungen in Raumordnungsplänen.[106] Nach § 7 Abs. 3 S. 2 ROG besteht die Möglichkeit, Vorrang-, Vorbehalts- und Eignungsgebiete sowie Eignungsgebiete für den Meeresbereich[107] als

101 BVerwG, Urt. v. 16.12.2010, ZUR 2011, 320 (321); anders hingegen *Hentschel*, Umweltschutz bei Errichtung und Betrieb von Windkraftanlagen, S. 205 ff.; kritisch zur Soll-Formulierung nach der Klarstellung in Art. 3 Abs. 2 S. 2 BayLplG 2004 in: *Manssen*, BayVBl. 2005, 485 (487 f.).

102 BVerwG, Urt. v. 16.12.2010, ZUR 2011, 320 (321).

103 *Schröter*, Die Zulässigkeit von Bauvorhaben im Außenbereich, S. 702; BVerwG, Urt. v. 16.12.2010, ZUR 2011, 320 (321).

104 *Runkel*, in: Spannowsky/Runkel/Goppel, ROG Kommentar, § 7 Rn. 27; *Schröter*, Die Zulässigkeit von Bauvorhaben im Außenbereich, S. 702.

105 *Runkel*, in: Spannowsky/Runkel/Goppel, ROG Kommentar, § 7 Rn. 27; *Schröter*, Die Zulässigkeit von Bauvorhaben im Außenbereich, S. 702; *Bartram*, Ziele der Raumordnung, S. 203 ff.

106 *Goppel*, in: Spannowsky/Runkel/Goppel, ROG Kommentar, § 7 Rn. 62; BT-Drs. 18/10883, S. 44: Die neue Vorschrift in § 7 Abs. 3 ROG ist inhaltsgleich mit dem bisherigen § 8 Abs. 7 ROG 2008. Die neue Regelung wurde nur sprachlich vereinfacht und dient damit der besseren Lesbarkeit.

107 Die Festlegung dieser Gebiete wurde 2017 in § 7 Abs. 3 S. 2 Nr. 4 ROG eingeführt, BGBl. I S. 1252; aber die vorliegende Arbeit geht insbesondere auf Windenergieanlagen

Gebietskategorien festzulegen. Des Weiteren eröffnet § 7 Abs. 3 S. 3 ROG die Möglichkeit der Kombination von Vorrang- und Eignungsgebieten. Die Gebietsfestlegungen sind durch das Gesetz definiert und können nur mit der darin beschriebenen Form und Rechtswirkung eingesetzt werden.[108]

Als Vorranggebiet bezeichnet § 7 Abs. 3 S. 2 Nr. 1 ROG ein Gebiet, in dem eine bestimmte raumbedeutsame Funktion oder Nutzung vorrangig vorgesehen ist. Zugleich sind andere Nutzungen in diesem Bereich ausgeschlossen, soweit sie mit den vorrangigen Funktionen oder Nutzungen nicht vereinbar sind. Dadurch wird einer bestimmten Nutzung allerdings lediglich ein innergebietlicher Vorrang vor damit unvereinbaren Belangen eingeräumt.[109] Aufgrund dieser Ausschlusswirkung gegenüber anderen Nutzungen wird die Festlegung eines Vorranggebiets als Ziel der Raumordnung qualifiziert.[110] Ihr kommt keine außergebietliche Wirkung zu,[111] aber Vorranggebiete können eine gebietsexterne Ausschlusswirkung auslösen, wenn ihnen eine solche Wirkung durch den Plangeber zusätzlich beigemessen wird.[112] Dabei handelt es sich dann um Vorranggebiete mit der Wirkung von Eignungsgebieten i.S.d. § 7 Abs. 3 S. 3 ROG.

Vorbehaltsgebiete nach § 7 Abs. 3 S. 2 Nr. 2 ROG sind Gebiete, in denen einer bestimmten raumbedeutsamen Funktion oder Nutzung bei der Abwägung mit konkurrierenden Belangen ein besonderes Gewicht beizulegen ist. Es wird dabei klargestellt, dass die Festlegung eines solchen Gebiets sowohl nach außen als auch nach innen noch nicht abschließend abgewogen ist.[113] Sie enthält deshalb keinen Zielcharakter, sondern entspricht einem Grundsatz der Raumordnung.[114]

---

an Land ein, und deshalb wurde der Zusammenhang der neuen Festlegung nicht näher dargestellt.

108 *Goppel*, in: Spannowsky/Runkel/Goppel, ROG Kommentar, § 7 Rn. 63.

109 *Goppel*, in: Spannowsky/Runkel/Goppel, ROG Kommentar, § 7 Rn. 68; *Haselmann*, ZfBR 2014, 529 (530 f.); *Schröter*, Die Zulässigkeit von Bauvorhaben im Außenbereich, S. 841; *Bartram*, Ziele der Raumordnung, S. 70 ff.; siehe auch *Grotefels*, in: Kment (Hrsg.), ROG Kommentar, § 7 Rn. 52, wonach *„ein absoluter Schutz der in dem Vorranggebiet festgelegten Funktionen oder Nutzungen erreicht wird"*.

110 *Grotefels*, in: Kment (Hrsg.), ROG Kommentar, § 7 Rn. 54.

111 *Goppel*, in: Spannowsky/Runkel/Goppel, ROG Kommentar, § 7 Rn. 68; *Grotefels*, in: Kment (Hrsg.), ROG Kommentar, § 7 Rn. 53; *Haselmann*, ZfBR 2014, 529 (530 f.).

112 *Goppel*, in: Spannowsky/Runkel/Goppel, ROG Kommentar, § 7 Rn. 69 f.; *Schröter*, Die Zulässigkeit von Bauvorhaben im Außenbereich, S. 841.

113 *Kindler*, Zur Steuerungskraft der Raumordnungsplanung, S. 136.

114 BVerwG, Urt. v. 13.03.2003, 4 C 4.02 – juris Rn. 43; *Haselmann*, ZfBR 2014, 529 (530); *Bartram*, Ziele der Raumordnung, S. 164 f.; *Grotefels*, in: Kment (Hrsg.), ROG Kommentar, § 7 Rn. 61.

Allein aufgrund des Wortlauts der Vorschrift „besonderes Gewicht" können Vorbehaltsgebiete zwar als Ziel der Raumordnung qualifiziert werden und stehen nicht mehr zur Abwägung, weil das besondere Gewicht einer im Vorbehaltsgebiet bestimmten Nutzung oder Funktion beizumessen ist.[115] Aber dennoch ist eine vorbehaltene Nutzung oder Funktion im Wege der Abwägung überwindbar,[116] und setzt sich gleichzeitig innerhalb des Vorbehaltsgebiets wegen ihres besonderen Gewichts nicht zwingend durch.[117]

Als Eignungsgebiet bezeichnet § 7 Abs. 3 S. 2 Nr. 3 ROG ein Gebiet, das für eine bestimmte raumbedeutsame Maßnahme oder Nutzung nach § 35 BauGB geeignet ist, die außerhalb der betroffenen Fläche ausgeschlossen ist; ihr stehen innergebietlich keine anderen Belange entgegen.[118] Insoweit lässt sich feststellen, dass die Festlegung einer Eignungsfläche dem außergebietlichen Ausschluss einer von ihr geschützten Maßnahme oder Nutzung dient.[119] Damit steht außer Zweifel, dass diese Ausschlusswirkung im gesamten übrigen Planungsraum als Raumordnungsziel gewertet wird.[120]

Im Gegensatz zu Vorrang- und Vorbehaltsgebieten kommt Eignungsgebieten sowohl eine innergebietliche als auch eine außergebietliche Wirkung zu,[121] also eine doppelte Steuerungswirkung.[122] Einerseits sind bestimmte Maßnahmen oder Nutzungen außerhalb dieses Bereichs ausgeschlossen. Andererseits können ihnen sonstige Nutzungen innerhalb der Eignungsfläche nicht entgegenstehen. Daraus allein kann aber nicht geschlossen werden, dass sich eine geeignete Maßnahme oder Nutzung gebietsintern unbedingt gegenüber konkurrierenden Belangen durchsetzt.[123] Eignungsgebiete hätten zudem allenfalls das besondere

---

115 *Goppel*, in: Spannowsky/Runkel/Goppel, ROG Kommentar, § 7 Rn. 74 ff.; *Hendler*, UPR 2003, 256 (258 ff.); *Goppel*, BayVBl. 1998, 289 (291); BayVGH, Urt. v. 14.10.1996, BayVBl. 1997, 178 (178 f.).

116 BT-Drs. 13/6392, S. 84.

117 *Bartram*, Ziele der Raumordnung, S. 164 f.; siehe auch *Hentschel*, Umweltschutz bei Errichtung und Betrieb von Windkraftanlagen, S. 243 ff.

118 *Grotefels*, in: Kment (Hrsg.), ROG Kommentar, § 7 Rn. 66 ff.

119 *Goppel*, in: Spannowsky/Runkel/Goppel, ROG Kommentar, § 7 Rn. 85; *Grotefels*, in: Kment (Hrsg.), ROG Kommentar, § 7 Rn. 68.

120 *Goppel*, in: Spannowsky/Runkel/Goppel, ROG Kommentar, § 7 Rn. 85; *Grotefels*, in: Kment (Hrsg.), ROG Kommentar, § 7 Rn. 71.

121 *Goppel*, in: Spannowsky/Runkel/Goppel, ROG Kommentar, § 7 Rn. 83; *Grotefels*, in: Kment (Hrsg.), ROG Kommentar, § 7 Rn. 71.

122 *Grotefels*, in: Kment (Hrsg.), ROG Kommentar, § 7 Rn. 71.

123 Zu § 7 Abs. 3 ROG *Kindler*, Zur Steuerungskraft der Raumordnungsplanung, S. 136 f.; auch zu § 8 Abs. 7 ROG 2008 *Blessing*, Windenergieanlagen, S. 55 Rn. 234; *Haselmann*,

Gewicht eines Optimierungsgebots oder einer Abwägungsdirektive nach innen; dies würde dem nachgeordneten Plangeber ein Gestaltungsspielraum eröffnen.[124] Damit besteht noch keine Einigkeit darüber, ob bei Eignungsflächen innergebietlich – anders als außergebietlich – ein Zielcharakter vorliegt.[125] Diese Frage ist aber erheblich, weil fraglich ist, ob die Steuerungswirkung i.S.d. § 35 Abs. 3 S. 3 BauGB – nur bei der Festlegung von Eignungsgebieten – eintritt. Allerdings steht allmählich die Bejahung der zielförmigen innergebietlichen Verbindlichkeit eines Eignungsgebiets.[126] Hierfür sprach auch die Gesetzbegründung.[127]

Die eignungsgebietsexterne Ausschlusswirkung wird nur dann sichergestellt, wenn sich eine geeignete Nutzung an dafür ausgewiesenen Flächen gegenüber sonstigen Nutzungen durchsetzt.[128] Insofern kann ein Eignungsgebiet innergebietlichen Zielcharakter haben.[129] Diese Ansicht ist aber keinesfalls überzeugend, weil andere entgegenstehenden Belange im betroffenen Gebiet nicht unbedingt

---

ZfBR 2014, 529 (531 f.); *Gatz*, Windenergieanlagen 2013, S. 72 Rn. 157; *Schmidt-Eichstaedt*, LKV 2012, 481 (485); *Scheidler*, NWVBl. 2009, 409 (411); OVG Schleswig-Holstein, Urt. v. 20.01.2015, 1 KN 75.13 – juris Rn. 15; zu § 7 Abs. 4 ROG 1998 *Kriste*, DVBl. 2005, 993 (999); *Bartram*, Ziele der Raumordnung, S. 165 f.; *Hendler*, UPR 2003, 401 (405); *Spiecker*, BayVBl. 2001, 673 (675); *Schmidt*, DVBl. 1998, 669 (674).

124 *Grotefels*, in: Kment (Hrsg.), ROG Kommentar, § 7 Rn. 72.

125 *Haselmann*, ZfBR 2014, 529 (531); *Schröter*, Die Zulässigkeit von Bauvorhaben im Außenbereich, S. 863 ff.; *Bartram*, Ziele der Raumordnung, S. 166: Nach dem BVerwG, Urt. v. 13.03.2003, 4 C 4.02 – juris Rn. 43, wurde „*Eignungsgebieten weder die innergebietliche Zielqualität zuerkannt noch abgesprochen*".

126 So *Gatz*, Windenergieanlagen 2013, S. 72 Rn. 157, sprach gegen innergebietlichen Zielcharakter eines Eignungsgebiets; aber nach *Gatz*, Windenergieanlagen 2019, S. 78 Rn. 167, wird mittlerweile diese gebietsinterne Wirkung bejaht; ebenso in: *Grotefels*, in: Kment (Hrsg.), ROG Kommentar, § 7 Rn. 72; *Goppel*, in: Spannowsky/Runkel/Goppel, ROG Kommentar, § 7 Rn. 86; *Kindler*, Zur Steuerungskraft der Raumordnungsplanung, S. 137; OVG Berlin-Brandenburg, Beschl. v. 14.09.2020, OVG 10 A 17.17 – juris Rn. 133.

127 BT-Drs. 13/7589, S. 24; BT-Drs. 15/2250, S 55 f.; aber *Schröter*, Die Zulässigkeit von Bauvorhaben im Außenbereich, S. 867, wonach sich für einen gesetzgeberischen Willen, eine gebietsinterne Zielqualität eines Eignungsgebiets anzunehmen, keine hinreichenden Anhaltspunkte finden.

128 OVG Schleswig-Holstein, Urt. v. 20.01.2015, 1 KN 6.13 – juris Rn. 57; *Hendler*, UPR 2003, 401 (405); ähnlich *Bartram*, Ziele der Raumordnung, S. 166.

129 *Bartram*, Ziele der Raumordnung, S. 166; dazu anders: *Hentschel*, Umweltschutz bei Errichtung und Betrieb von Windkraftanlagen, S. 253, spricht davon, dass die strikte außergebietliche Wirkung eines Eignungsgebiets nicht auf die innergebietliche Wirkung zu übertragen ist.

ausgeschlossen sind.[130] Innerhalb einer Eignungsfläche wird nämlich – seit der ROG-Novelle 2008 – systematisch direkt an die Regelung des § 35 Abs. 3 S. 2 Hs. 2 BauGB angeknüpft.[131] Hiernach können andere Belange einer gebietsentsprechenden Nutzung nicht mehr entgegengehalten werden, soweit diese Belange auf Ebene der Raumordnung abgewogen worden sind.[132] Die Frage, ob Eignungsgebiete die innergebietliche Zielwirkung haben, ist damit sinnlos, denn diese Gebiete sind insgesamt Raumordnungsziele.[133] Dies knüpft weiter an die Vorschrift in § 35 Abs. 3 S. 3 Alt. 2 BauGB an, wonach als Ziel der Raumordnung eine Ausweisung an anderer Stelle zu verstehen ist.[134] Folglich ist der inner- und außergebietliche Zielcharakter eines Eignungsgebiets festzustellen.[135]

b) Grundsätze der Raumordnung

§ 3 Abs. 1 Nr. 3 ROG definiert Grundsätze der Raumordnung als Aussagen zur Entwicklung, Ordnung und Sicherung des Raums, die Vorgaben für nachfolgende Abwägungs- oder Ermessensentscheidungen sind. Danach können sie in Raumordnungsplänen aufgestellt werden, aber auch – anders als die Ziele der Raumordnung gem. § 3 Abs. 1 Nr. 2 ROG – in gesetzlicher Form. Ihre Festlegung durch Gesetz findet sich in § 2 Abs. 2 ROG, wobei sie aber – aufgrund des Wortlauts dieser Vorschrift „insbesondere" – nicht abschließend ist.[136] Infolgedessen können weitere Grundsätze der Raumordnung in Landesgesetzen aufgestellt

130 *Hendler*, UPR 2003, 401 (405); aber nach *Goppel*, in: Spannowsky/Runkel/Goppel, ROG Kommentar, § 7 Rn. 85, sind sonstige konkurrierende Nutzungen innerhalb eines Eignungsgebiets zwar nicht ausgeschlossen, aber *„ihr Bestehen wird Kraft Rechtsnorm von vornherein verneint"*.

131 *Haselmann*, ZfBR 2014, 529 (532 f.); *Schmidt-Eichstaedt*, LKV 2012, 481 (485 f.); *Rieger*, in: Schrödter (Hrsg.), BauGB Kommentar, § 35 Rn. 173.

132 *Rieger*, in: Schrödter (Hrsg.), BauGB Kommentar, § 35 Rn. 176 f.

133 *Gatz*, Windenergieanlagen 2019, S. 78 f. Rn. 167; *Schmidt-Eichstaedt*, LKV 2012, 481 (485 f.).

134 *Haselmann*, ZfBR 2014, 529 (531 f.); *Schmidt-Eichstaedt*, LKV 2012, 481 (485 f.); *Grotefels*, in: Kment (Hrsg.), ROG Kommentar, § 7 Rn. 74; *Bartram*, Ziele der Raumordnung, S. 166 f.

135 *Gatz*, Windenergieanlagen 2019, S. 78 f. Rn. 167; *Schmidt-Eichstaedt*, LKV 2012, 481 (485 f.); *Grotefels*, in: Kment (Hrsg.), ROG Kommentar, § 7 Rn. 73.

136 *Kümper*, in: Kment (Hrsg.), ROG Kommentar, § 3 Rn. 76; BT-Drs. 16/10292, S. 20; *Schröter*, Die Zulässigkeit von Bauvorhaben im Außenbereich, S. 707, wonach Grundsätze der Raumordnung seit der ROG-Novelle 2008 nicht mehr als „allgemein" bezeichnet wurden.

werden.[137] Die Grundsätze der Länder dürfen dabei denen des Bundes inhaltlich widersprechen; die Länder müssen dabei von ihrem Abweichungsrecht in Art. 72 Abs. 3 S. 1 Nr. 4 GG Gebrach machen.[138]

Aus dem Begriffsmerkmal „Aussagen" für Grundsätze der Raumordnung, im Gegensatz zu dem Begriff „Vorgaben" für Ziele, ist klar, dass von ihnen eine geringere Verbindlichkeit auf nachfolgenden Planungsebenen beansprucht wird.[139] Daher sind die Grundsätze nur in der Abwägung oder bei der Ermessensausübung zu berücksichtigen, wie in § 4 Abs. 1 ROG ausdrücklich geregelt.[140] So können sie als öffentliche Belange in die Abwägung eingestellt und somit überwunden werden, d.h. gegenüber anderen öffentlichen Belangen zurückgestellt werden.[141] Es handelt sich bei ihnen also allein um Abwägungsdirektiven für nachfolgende Planungen, die ein entscheidendes Kriterium zur Unterscheidung von Zielen der Raumordnung sind.[142]

Bezogen auf die Nutzung der Windkraft ist insbesondere auf die Raumordnungsgrundsätze in § 2 Abs. 2 Nr. 4 und 6 ROG zu verweisen.[143] In § 2 Abs. 2 Nr. 4 ROG wurde seit 2008 der Sicherung der Energieversorgung große Bedeutung zugemessen.[144] Daher hat die Raumordnung die räumlichen Erfordernissen für eine kostengünstige, sichere und umweltverträgliche Energieversorgung zu berücksichtigen, wie in § 2 Abs. 2 Nr. 4 S. 5 ROG geregelt.[145] Des Weiteren sollten die gesetzlichen Grundsätze die raumbedeutsamen Aspekte des Klimaschutzes und Klimawandels erfassen.[146] Insofern wird durch die Regelung des § 2 Abs. 2 Nr. 6 S. 7 und 8 ROG verdeutlicht, dass *„die räumliche Entwicklung auch die Erfordernisse des allgemeinen Klimaschutzes im Rahmen der Landes- und Regionalplanung zu berücksichtigen hat"*.[147] Als besonders wichtige Faktoren für den Klimaschutz schafft § 2 Abs. 2 Nr. 6 S. 8 ROG die räumlichen Voraussetzungen z. B. für den Ausbau erneuerbarer Energien.[148] Durch diese Grundsätze

---

137 *Kümper*, in: Kment (Hrsg.), ROG Kommentar, § 3 Rn. 76; BT-Drs. 16/10292, S. 20.
138 *Kümper*, in: Kment (Hrsg.), ROG Kommentar, § 3 Rn. 76.
139 *Appel*, UPR 2011, 161 (162).
140 *Durner*, in: Kment (Hrsg.), ROG Kommentar, § 4 Rn. 12.
141 *Kümper*, in: Kment (Hrsg.), ROG Kommentar, § 3 Rn. 77.
142 *Kümper*, in: Kment (Hrsg.), ROG Kommentar, § 3 Rn. 80; *Appel*, UPR 2011, 161 (162).
143 *Kindler*, Zur Steuerungskraft der Raumordnungsplanung, S. 134.
144 BT-Drs. 16/10292, S. 21 f.; *Kümper*, in: Kment (Hrsg.), ROG Kommentar, § 2 Rn. 22.
145 *Kümper*, in: Kment (Hrsg.), ROG Kommentar, § 2 Rn. 22.
146 BT-Drs. 16/10292, S. 22.
147 BT-Drs. 16/10292, S. 22.
148 BT-Drs. 16/10292, S. 22.

wird letztlich der direkte Bezug auf die erneuerbaren Energien genommen und ihnen somit ein entsprechendes Gewicht beigemessen.[149]

3. Raumbedeutsame Vorhaben

a) Raumbedeutsamkeit

Das Merkmal der Raumbedeutsamkeit grenzt die Raumordnungsplanung von der kommunalen Bauleitplanung ab und begrenzt zugleich die Steuerung durch die Raumordnung, weil die rechtlichen Wirkungen im Bereich der Raumordnung nur an Planungen oder Maßnahmen, die als raumbedeutsam gelten, gekoppelt sein können.[150] Dies richtet sich vor allem nach den in § 4 ROG verwirklichten Bindungswirkungen.[151]

In § 3 Abs. 1 Nr. 6 ROG wird der Begriff der raumbedeutsamen Planungen und Maßnahmen gesetzlich definiert. Darunter sind Planungen einschließlich der Raumordnungspläne, Vorhaben und sonstige Maßnahmen zu verstehen. Sie müssen entweder Raum in Anspruch nehmen oder die räumliche Entwicklung oder Funktion eines Gebiets beeinflussen. Eine Planung oder Maßnahme muss damit – bei der Frage nach ihrer Raumbedeutsamkeit – raumbeanspruchend oder raumbeeinflussend sein.[152] Die beiden Alternativen sind jedoch grundsätzlich im konkreten Einzelfall zu beurteilen.[153]

Für die Raumbeanspruchung kommt es entscheidend darauf an, ob eine Planung oder Maßnahme eine große Fläche, also Raum in Anspruch nimmt,[154] d.h. durch eine erhebliche Flächenausdehnung gekennzeichnet ist.[155] Damit können insbesondere Großvorhaben zwar als raumbeanspruchend angesehen werden, aber nicht zwangsläufig.[156] Insofern lässt sich keine Angabe zu einer festen

149 *Kindler*, Zur Steuerungskraft der Raumordnungsplanung, S. 135.

150 Ausführlich dazu *Runkel*, in: Spannowsky/Runkel/Goppel, ROG Kommentar, § 3 Rn. 102.

151 *Kümper*, in: Kment (Hrsg.), ROG Kommentar, § 3 Rn. 109.

152 *Runkel*, in: Spannowsky/Runkel/Goppel, ROG Kommentar, § 3 Rn. 105; BT-Drs. 13/6392, S. 81.

153 *Runkel*, in: Spannowsky/Runkel/Goppel, ROG Kommentar, § 3 Rn. 105; *Kümper*, UPR 2019, 161 (163 ff.); VGH Kassel, Urt. v. 04.12.2008, 4 A 882.08 – juris Rn. 69.

154 *Reidt*, ZfBR 2004, 430 (433); *Hentschel*, Umweltschutz bei Errichtung und Betrieb von Windkraftanlagen, S. 180 f.; *Runkel*, in: Spannowsky/Runkel/Goppel, ROG Kommentar, § 3 Rn. 111.

155 *Runkel*, UPR 1997, 1 (3).

156 *Runkel*, in: Spannowsky/Runkel/Goppel, ROG Kommentar, § 3 Rn. 111; VGH Kassel, Urt. v. 04.12.2008, 4 A 882.08 – juris Rn. 69.

Größenordnung machen.[157] Der erhebliche Umfang der Raumbeanspruchung hängt von den Maßstäben des jeweiligen Planungsraums ab.[158]

Außerhalb eines solchen Großvorhabens, das größere Flächen beansprucht, spielt aber auch die Raumbeeinflussung als zweites Merkmal der Raumbedeutsamkeit eine entscheidende Rolle.[159] Die Beeinflussung muss hinsichtlich konkreter Wirkungen auf die räumliche Entwicklung oder Gebietsfunktion aufgezeigt werden, so etwa Umweltauswirkungen, oder auch Einkommens- oder Versorgungseffekte und Bevölkerungsentwicklung.[160] Dafür wird eine Prognose gefordert, ob es sich um eine positive oder um eine negative Auswirkung einer bestimmten Maßnahme auf einen Raum handelt.[161] Hierbei sind die tatsächlichen Verhältnisse zugrunde zu legen; der Ist-Zustand wie eine vorhandene Raumnutzung und -funktion, aber auch der Soll-Zustand wie eine planerisch festgelegte Raumnutzung und -funktion.[162] In diesem Zusammenhang liegt eine Beeinflussung nach § 3 Abs. 1 Nr. 6 ROG dann vor, wenn eine Maßnahme zu einer voraussichtlichen Veränderung des Ist-Zustandes oder zu einer Berührung des Soll-Zustandes führt.[163] Für die Prognose ist es hier ausreichend, wenn eine Planung oder Maßnahme konkrete Effekte aufzeigt, die durch Tatsachen plausibel nachgewiesen werden können.[164] Die Raumbedeutsamkeit

---

157 *Runkel*, in: Spannowsky/Runkel/Goppel, ROG Kommentar, § 3 Rn. 112; *Kümper*, in: Kment (Hrsg.), ROG Kommentar, § 3 Rn. 125; VGH Kassel, Urt. v. 04.12.2008, 4 A 882.08 – juris Rn. 69.

158 *Runkel*, in: Spannowsky/Runkel/Goppel, ROG Kommentar, § 3 Rn. 112; *Kümper*, in: Kment (Hrsg.), ROG Kommentar, § 3 Rn. 125; VGH Kassel, Urt. v. 04.12.2008, 4 A 882.08 – juris Rn. 69.

159 BT-Drs. 13/6392, S. 81.

160 *Runkel*, in: Spannowsky/Runkel/Goppel, ROG Kommentar, § 3 Rn. 115; *ders*, UPR 1997, 1 (3); vgl. *Reidt*, ZfBR 2004, 430 (433).

161 *Runkel*, in: Spannowsky/Runkel/Goppel, ROG Kommentar, § 3 Rn. 115; aber nach *Kümper*, in: Kment (Hrsg.), ROG Kommentar, § 3 Rn. 124, ist es nicht entscheidend, welche positiven und negativen Effekte eine Planung oder Maßnahme auf die räumliche Entwicklung oder Gebietsfunktion hat, zumal regelmäßig verschiedene Auswirkungen von dieser Planung oder Maßnahme ausgehen werden.

162 *Kümper*, in: Kment (Hrsg.), ROG Kommentar, § 3 Rn. 124.

163 *Kümper*, in: Kment (Hrsg.), ROG Kommentar, § 3 Rn. 124; *Runkel*, in: Spannowsky/Runkel/ Goppel, ROG Kommentar, § 3 Rn. 115.

164 *Kümper*, in: Kment (Hrsg.), ROG Kommentar, § 3 Rn. 124; *Runkel*, in: Spannowsky/Runkel/ Goppel, ROG Kommentar, § 3 Rn. 115, wonach keine hohen Anforderungen an die Prognose zu stellen sind.

wird jedoch nur durch nennenswerte Auswirkungen erreicht, nicht durch geringfügige.[165]

Aber auch eine Planung, die den Raum nicht beeinflusst, kann raumbedeutsam sein, d.h. für die Annahme der Raumbedeutsamkeit eines Vorhabens ist das Vorliegen entweder der Raumbeanspruchung oder der Raumbeeinflussung genügend. So weist ein Abgrabungsvorhaben häufig große Flächen auf, hat aber die Geringfügigkeit von raumstrukturellen Auswirkungen. In diesem Fall greift das Kriterium der Raumbeanspruchung, so dass ein Vorhaben mit großen Abgrabungsflächen als raumbedeutsam angesehen wird.[166] Demgegenüber beansprucht die Flugroutenfestlegung zwar keinen Raum, jedoch könnte durch sie insbesondere unzumutbarer Lärm im betroffenen Gebiet entstehen. Bei der Festlegung von Flugrouten handelt es sich daher um eine raumbedeutsame Planung.[167]

Darüber hinaus findet keine gesetzliche Differenzierung zwischen unmittelbarer und mittelbarer Raumbedeutsamkeit statt.[168] Bei nur mittelbarer Raumwirksamkeit müssen allerdings die offensichtlichen Kausalverhältnisse und damit die voraussehbaren Wirkungen vorliegen.[169] Demgegenüber wird eine unmittelbare Raumbedeutsamkeit dann angenommen, wenn sich der Planträger bewusst ist, dass seine Planung oder Maßnahme raumbedeutsam ist.[170] Die

165 *Kümper*, in: Kment (Hrsg.), ROG Kommentar, § 3 Rn. 124; *Runkel*, in: Spannowsky/ Runkel/ Goppel, ROG Kommentar, § 3 Rn. 114.

166 *Kümper*, UPR 2019, 161 (165); ausführlich zur Ausnahme der Raumbedeutsamkeit eines großen Abgrabungsvorhabens *Zirwick*, Der Begriff des raumbedeutsamen Vorhabens im Raumordnungs- und Bauplanungsrecht, S. 126 f.: Bei einem Vorhaben mit kleinen Abgrabungsflächen kann seine Raumbedeutsamkeit *„bei sehr empfindlichen Standorten oder bei einem eklatanten Widerspruch zu den ausgewiesenen Zielen der Raumordnung"* angenommen werden.

167 *Kümper*, UPR 2019, 161 (165); siehe auch *Michl*, ThürVBl. 2011, 121 (124).

168 *Runkel*, in: Spannowsky/Runkel/Goppel, ROG Kommentar, § 3 Rn. 108; ähnlich nach *Hentschel*, Umweltschutz bei Errichtung und Betrieb von Windkraftanlagen, S. 182, wird zwar zum Teil zwischen mittelbarer und unmittelbarer Raumwirksamkeit sachlich differenziert, daraus folgt jedoch keine gesetzliche Differenzierung, so dass beide Varianten der Raumwirksamkeit den Bindungswirkungen der Raumordnung unterfallen; siehe auch zur Unterscheidung zwischen unmittelbarer und mittelbarer Raumbeeinflussung *Kümper*, in: Kment (Hrsg.), ROG Kommentar, § 3 Rn. 124.

169 *Runkel*, in: Spannowsky/Runkel/Goppel, ROG Kommentar, § 3 Rn. 108; *Hentschel*, Umweltschutz bei Errichtung und Betrieb von Windkraftanlagen, S. 182; weiterhin *Kümper*, in: Kment (Hrsg.), ROG Kommentar, § 3 Rn. 124.

170 *Runkel*, in: Spannowsky/Runkel/Goppel, ROG Kommentar, § 3 Rn. 108; *Hentschel*, Umweltschutz bei Errichtung und Betrieb von Windkraftanlagen, S. 182.

Frage der Raumbedeutsamkeit ist aber natürlich nicht abhängig von Willen des Trägers einer Planung oder Maßnahme; vielmehr ist die Raumbedeutsamkeit nach einem objektiven Maßstab zu ermitteln.[171]

Das Kriterium der Raumbedeutsamkeit ist auch für weitere fachgesetzliche Bestimmungen – außerhalb des Raumordnungsrechts – von Bedeutung, insbesondere weil seit der ROG-Novelle 1998 Vorhaben in § 3 Abs. 1 Nr. 6 ROG ausdrücklich geregelt werden.[172] Durch die Aufnahme der Vorhaben wird eine Verbindung zu § 35 Abs. 3 S. 2 und 3 BauGB hergestellt und klargestellt, dass ein raumbedeutsames Vorhaben im Sinne des Baugesetzbuchs gleichzeitig eine raumbedeutsame Maßnahme im Sinne des Raumordnungsrechts ist,[173] soweit es um raumordnerische Festlegungen geht.

Dem systematischen Zusammenhang mit § 35 Abs. 3 S. 2 BauGB lässt sich entnehmen, dass § 35 Abs. 3 S. 3 BauGB sich auch auf raumbedeutsame Vorhaben erstrecken muss, obwohl die Regelung die Raumbedeutsamkeit nicht explizit erwähnt, weil sie zugleich die Darstellungsmöglichkeit eines Flächennutzungsplans enthält. Denn § 35 Abs. 3 S. 3 BauGB knüpft auch an die Bindungswirkung von Zielen der Raumordnung an.[174] Hier schließt sich aber die Frage an, ob diese Erstreckung sich allein auf raumbedeutsame Vorhaben beschränkt,[175] weil in § 35 Abs. 3 S. 3 BauGB die Raumbedeutsamkeit nicht explizit genannt wird, auch weil dort die Darstellungsmöglichkeit eines Flächennutzungsplans geregelt wird.[176] Hinsichtlich dieser Problematik wird jedoch auf die Anpassungspflicht der Bauleitpläne an die Ziele der Raumordnung i.S.d. § 1 Abs. 4 BauGB verwiesen. Bereits nach dem Wortlaut dieser Vorschrift gilt die Pflicht zur Anpassung

---

171 *Runkel*, in: Spannowsky/Runkel/Goppel, ROG Kommentar, § 3 Rn. 108; *Kümper*, in: Kment (Hrsg.), ROG Kommentar, § 3 Rn. 124.

172 BT-Drs. 13/6392, S. 81.

173 BT-Drs. 13/6392, S. 81; BVerwG, Urt. v. 27.01.2005, 4 C 5.04 – juris Rn. 18; BVerwG, Beschl. v. 02.08.2002, 4 B 36.02 – juris Rn. 6; *Runkel*, in: Spannowsky/Runkel/Goppel, ROG Kommentar, § 3 Rn. 124; *Rieger*, in: Schrödter (Hrsg.), BauGB Kommentar, § 35 Rn. 170.

174 BVerwG, Urt. v. 13.03.2003, 4 C 4.02 – juris Rn. 10; *Kümper*, UPR 2019, 161 (168); *Runkel*, in: Spannowsky/Runkel/Goppel, ROG Kommentar, § 3 Rn. 102.

175 *Kümper*, UPR 2019, 161 (167 f.); *Kindler/Lau*, NVwZ 2011, 1414 (1415); *Bovet*, ZUR 2010, 9 (14); *Reidt*, ZfBR 2004, 430 (433); vgl. für die Windenergienutzung: OVG Nordrhein-Westfalen, Urt. v. 15.03.2006, ZfBR 2006, 474 (479); BVerwG, Beschl. v. 02.08.2002, 4 B 36.02 – juris Rn. 6; BVerwG, Urt. v. 13.03.2003, 4 C 4.02 – juris Rn. 11 f.

176 *Kindler/Lau*, NVwZ 2011, 1414 (1415); *Bovet*, ZUR 2010, 9 (14).

für sämtliche, also auch nicht raumbedeutsame Bauleitpläne.[177] So gelten die Darstellungen im Flächennutzungsplan nach § 35 Abs. 3 S. 3 BauGB für alle, d.h. auch nicht raumbedeutsame Windenergieanlagen, soweit der Flächennutzungsplan gem. § 1 Abs. 4 BauGB einem entsprechenden Ziel der Raumordnung zur Nutzung der Windkraft angepasst ist.[178] Diese Erstreckung der Anpassungspflicht auf nicht raumbedeutsame Planungen und Maßnahmen ändert jedoch nichts daran, dass *„die Raumordnung auf der Grundlage der verfassungsrechtlichen Vorgaben und der Bestimmungen des Raumordnungsgesetzes allein raumbedeutsame, d.h. überörtliche Sachverhalte regeln darf"*.[179]

b) Windenergieanlagen als raumbedeutsame Vorhaben

Die Frage, ob eine einzelne Windenergieanlage raumbedeutsam ist, lässt sich nur nach Einzelfallbeurteilung feststellen.[180] Hierbei spielen folgende Kriterien zusammen: die Dimension der Einzelanlage, insbesondere ihre Höhe und ihr Rotordurchmesser, ihr spezieller Standort[181] und ihre Auswirkungen auf bestimmte, planerisch als Ziele der Raumordnung, gesicherte Raumfunktionen, wie etwa Schutz von Natur und Landschaft, Fremdenverkehr und Erholung.[182] Dass mehrere Anlagen an einem Standort in der Regel raumbedeutsam sind, ist

177 *Schrödter/Wahlhäuser*, in: Schrödter (Hrsg.), BauGB Kommentar, § 1 Rn. 123; näher dazu *Kümper*, UPR 2019, 161 (167 f.).

178 *Runkel*, in: Spannowsky/Runkel/Goppel, ROG Kommentar, § 3 Rn. 102.

179 *Kümper*, UPR 2019, 161 (168).

180 *Runkel*, DVBl. 1997, 275 (278); BVerwG, Beschl. v. 02.08.2002, 4 B 36.02 – juris Rn. 6; BVerwG, Urt. v. 13.03.2003, 4 C 4.02 – juris Rn. 11; OVG Lüneburg, Urt. v. 28.03.2006, 9 LC 226.03 – juris Rn. 26; OVG Nordrhein-Westfalen, Urt. v. 19.09.2006, 10 A 973.04 – juris Rn. 49; OVG Lüneburg, Urt. v. 15.09.2011, 12 LB 218.08 – juris Rn. 36; *Kriste*, DVBl. 2005, 993 (998); *Scheidler*, ZfBR 2009, 750 (751); *Kindler/Lau*, NVwZ 2011, 1414 (1415).

181 *Stüer/Stüer*, NuR 2004, 341 (343), wonach die *„Empfindlichkeit des jeweiligen Standorts"* ein wichtiges Kriterium der Raumbedeutsamkeit ist. Eine Anlage muss dafür Wirkungen entfalten, die über ihren Nahbereich hinausgehen. So gelten als sensibel etwa *„Standorte in der Nähe von bedeutenden Naturdenkmälern, von Brut- und Rastplätzen seltener Vogelarten oder auf Bergkuppen, da die Anlagen in diesem Fall sichtbar sind"*; aber nach *Kindler/Lau*, NVwZ 2011, 1414 (1415), gelten als weniger sensibel solche Flächen, die bereits durch andere raumbedeutsame Anlagen wie Hochspannungsmasten vorbelastet sind.

182 *Runkel*, DVBl. 1997, 275 (278); *Kriste*, DVBl. 2005, 993 (998); BVerwG, Urt. v. 13.03.2003, 4 C 4.02 – juris Rn. 11; OVG Lüneburg, Urt. v. 28.03.2006, 9 LC 226.03 – juris Rn. 26; OVG Lüneburg, Urt. v. 15.09.2011, 12 LB 218.08 – juris Rn. 36.

demgegenüber unzweifelhaft zutreffend, weil sie – insbesondere aufgrund der *„technisch notwendigen Zwischenräume und der notwendigen Schutzabstände zur Umgebung“*[183] – eine größere Fläche in Anspruch nehmen und räumliche Auswirkungen haben.[184]

Die Raumbedeutsamkeit wird allerdings nach der Rechtsprechung bei einer einzelnen Windkraftanlage ab einer Höhe von 100 Metern in der Regel angenommen.[185] Nicht auszuschließen ist aber – je nach Einzelfallbetrachtung – eine raumbedeutsame Einzelanlage mit einer Nabenhöhe unter 100 Metern,[186] so dass keine pauschalen Schwellenwerte definiert werden können.[187] Hinsichtlich der Raumbedeutsamkeit ist auch zu bedenken, dass durch die technische Entwicklung einer Anlage ihre Größe ständig zunimmt. Eine größere moderne Anlage könnte zur erheblichen Verbesserung der optischen und akustischen Aspekte führen, aber nicht für alle Fallkonstellationen. Demzufolge müssen die tatsächlichen Gegebenheiten im jeweiligen Planungsraum berücksichtigt werden, weil die Bewertung der gleichartigen Maßnahme in einzelnen Planungsräumen unterschiedlich erfolgen kann.[188]

Für die Beurteilung der Raumbedeutsamkeit ist außerdem zu fragen, ob eine Ausnahme vom Grundsatz gemacht werden kann, dass eine Einzelanlage sich

---

183 *Hentschel*, Umweltschutz bei Errichtung und Betrieb von Windkraftanlagen, S. 183.

184 *Stüer/Stüer*, NuR 2004, 341 (343); *Stüer/Vildomec*, BauR 1998, 427 (433); *Wagner*, UPR 1996, 370 (375).

185 BVerwG, Beschl. v. 02.08.2002, 4 B 36.02 – juris Rn. 6; OVG Lüneburg, Urt. v. 28.03.2006, 9 LC 226.03 – juris Rn. 26; OVG Nordrhein-Westfalen, Urt. v. 19.09.2006, 10 A 973.04 – juris Rn. 47; OVG Lüneburg, Urt. v. 15.09.2011, 12 LB 218.08 – juris Rn. 38; aber nach dem VGH Bayern, Urt. v. 17.11.2011, ZfBR 2012, 170 (172) ist *„eine Gesamthöhe von ca. 100 Metern als starkes Indiz für eine Raumbedeutsamkeit zu werten“*.

186 BVerwG, Beschl. v. 02.08.2002, 4 B 36.02 – juris Rn. 6; OVG Lüneburg, Urt. v. 15.09.2011, 12 LB 218.08 – juris Rn. 38; auch für die Nicht-Raumbedeutsamkeit einer Windenergieanlage von über 100 Metern Höhe: *Kindler*, Zur Steuerungskraft der Raumordnungsplanung, S. 143.

187 BVerwG, Beschl. v. 02.08.2002, 4 B 36.02 – juris Rn. 6; OVG Lüneburg, Urt. v. 15.09.2011, 12 LB 218.08 – juris Rn. 36 ff.; *Scheidler*, ZfBR 2009, 750 (751); ferner nach *Hentschel*, Umweltschutz bei Errichtung und Betrieb von Windkraftanlagen, S. 184 f., wird eine Höhenangabe, die zur Raumbedeutsamkeit einer einzelnen Windenergieanlage führt, in den einzelnen Ländern unterschiedlich definiert; siehe auch *Kümper*, in: Kment (Hrsg.), ROG Kommentar, § 3 Rn. 125.

188 *Kümper*, in: Kment (Hrsg.), ROG Kommentar, § 3 Rn. 125 ff.

nur nach einer konkreten Betrachtung der tatsächlichen Verhältnisse richtet.[189] Es handelt sich dabei in einem Ausnahmefall um die Raumbedeutsamkeit, die von einer negativen Vorbildwirkung ausgeht.[190] Daran verbleiben jedoch dem Gericht rechtliche Zweifel und es trifft hierzu auch keine Feststellung.[191] Nach der Rechtsprechung kann vielmehr eine raumordnungsrechtliche Gesamtbetrachtung mehrerer für sich genommen nicht raumbedeutsamer Windenergieanlagen nur dann als gerechtfertigt angesehen werden, wenn ihre Errichtung *„in einem engen zeitlichen und räumlichen Zusammenhang"* steht. Die Anlagen können dann *„zu einer raumbedeutsamen Einheit zusammenwachsen"*.[192] Das Gericht hat ferner ausgeführt, dass § 35 Abs. 3 S. 3 BauGB keine Handhabe zum Versagen der Genehmigung einer nicht raumbedeutsamen Anlage nur wegen einer Vorbildwirkung für weitere Anlagen biete, wenn es an den oben genannten Voraussetzungen fehle. Es könnten allein die Genehmigungsanträge weiterer Anlagen abgelehnt werden, mit der Begründung, dass die betroffenen Anlagen zusammen mit den bereits genehmigten die Grenze der Raumbedeutsamkeit überschreiten. Daher sind solche Anträge nach § 35 Abs. 3 S. 3 BauGB unzulässig.[193] Demgegenüber muss für einen isoliert zu bescheidenden Antrag auf die Genehmigung eine eventuelle negative Vorbildwirkung unbeachtlich bleiben,[194] auch wenn Grund für die Annahme vorliegt, dass in der Umgebung weitere Anlagen der gleichen Bauart zur Genehmigung anstehen werden.[195] Dabei ist die Raumbedeutsamkeit einer Anlage jeweils bezogen auf den konkreten Gegenstand zu beurteilen.[196]

---

189 *Kümper*, in: Kment (Hrsg.), ROG Kommentar, § 3 Rn. 128; *Runkel*, in: Spannowsky/ Runkel/ Goppel, ROG Kommentar, § 3 Rn. 109 f.

190 *Runkel*, in: Spannowsky/Runkel/Goppel, ROG Kommentar, § 3 Rn. 110; *Kümper*, in: Kment (Hrsg.), ROG Kommentar, § 3 Rn. 128; ähnlich nach *Holz*, NWVBl. 1998, 81 (82), kann die Raumbedeutsamkeit wegen einer negativen Vorbildwirkung für weitere Anlagen bejaht werden, weil ihre Errichtung unter dem Gesichtspunkt der Gleichbehandlung nicht mehr abgelehnt werden kann; *Wagner*, UPR 1996, 370 (375).

191 BVerwG, Urt. v. 13.03.2003, 4 C 4.02 – juris Rn. 12; so nach *Stüer/Stüer*, NuR 2004, 341 (343), ergibt sich aus Vorbildwirkungen für weitere Anlagen die Raumbedeutsamkeit noch nicht automatisch.

192 BVerwG, Urt. v. 13.03.2003, 4 C 4.02 – juris Rn. 12.

193 BVerwG, Urt. v. 13.03.2003, 4 C 4.02 – juris Rn. 12.

194 *Kümper*, in: Kment (Hrsg.), ROG Kommentar, § 3 Rn. 128.

195 *Rieger*, in: Schrödter (Hrsg.), BauGB Kommentar, § 35 Rn. 170; *Runkel*, in: Spannowsky/Runkel/Goppel, ROG Kommentar, § 3 Rn. 110; BVerwG, Urt. v. 13.03.2003, 4 C 4.02 – juris Rn. 12.

196 *Kümper*, in: Kment (Hrsg.), ROG Kommentar, § 3 Rn. 128.

Bei der Frage der Raumbedeutsamkeit gibt es zudem den Ausnahmefall, der unter Berücksichtigung der Vorbelastung eines Standortes behandelt wird.[197] Es ist so zu verstehen, dass eine Windenergieanlage, der für sich genommen die Raumbedeutsamkeit fehlt, raumbedeutsam sein kann, weil durch die Anlage – zusammen mit bereits bestehenden Anlagen des gleichen Typs – die Grenze der Raumbedeutsamkeit überschritten werden.[198] Dies ist aber nur gegeben, wenn die hinzukommende Maßnahme zu einer spürbaren Änderung der vorbelasteten Situation führt.[199] So kann beispielsweise ein Vorranggebiet Naherholung durch mehrere für sich genommen nicht raumbedeutsame Vorhaben des Kiesabbaus beeinflusst werden. In einem solchen Fall, wenn in diesem Gebiet weitere Kiesabbauflächen genutzt werden sollen, können jedoch die Schwellenwerte zur Raumbedeutsamkeit erreicht werden. Die bereits bestehende Vorbelastung kann nämlich die zusätzlich zu erwartenden Wirkungen eines Neuvorhabens auf die betroffene Gebietsfunktion Naherholung nennenswert verstärken,[200] was aber jeweils im Einzelfall betrachtet werden muss.

---

197 *Runkel*, in: Spannowsky/Runkel/Goppel, ROG Kommentar, § 3 Rn. 109.

198 *Kümper*, in: Kment (Hrsg.), ROG Kommentar, § 3 Rn. 126; aber nach dem OVG Niedersachsen, Beschl. v. 12.10.2011, ZfBR 2012, 55 (56 f.), ist eine neue Windenergieanlage, die zwischen zwei bereits bestehenden Anlagen der gleichen Art errichtet wird, auf der Grundlage von einzelfallbezogen Würdigungen nicht raumbedeutsam, weil von ihr in der konkreten Umgebung „*kein zusätzlicher Raum in Anspruch genommen wird und auch die räumliche Entwicklung oder Funktion des betroffenen Gebiets nicht nennenswert beeinflusst wird*" Diese Beurteilung gilt jedoch nicht für alle Fälle, sondern für den Fall, dass eine neue Anlage neben den zwei vorhandenen Anlagen errichtet werden soll; ferner nach *Scheidler*, ZfBR 2009, 750 (751), ist für die Frage der Raumbedeutsamkeit einer weiteren Anlage unerheblich, ob das Landschaftsbild bereits durch andere gleichartigen Anlagen beeinträchtigt wird.

199 *Runkel*, in: Spannowsky/Runkel/Goppel, ROG Kommentar, § 3 Rn. 109; OVG Niedersachsen, Beschl. v. 12.10.2011, ZfBR 2012, 55 (57).

200 *Runkel*, in: Spannowsky/Runkel/Goppel, ROG Kommentar, § 3 Rn. 109; siehe auch *Kümper*, in: Kment (Hrsg.), ROG Kommentar, § 3 Rn. 126.

III. Raumordnerische Standortsteuerung von Windenergieanlagen an Land

1. Entwicklung raumordnerischer Steuerung von Windenergieanlagen

Die Privilegierung von Windenergieanlagen im Außenbereich, die 1996 in § 35 Abs. 1 BauGB eingeführt wurde,[201] hat als planungsrechtliche Grundlage maßgeblich zum rasanten Ausbau der Windkraft beigetragen.[202] Anlass der Einführung dieser Regelung war ein Urteil des Bundesverwaltungsgerichts aus dem Jahr 1994.[203] Demnach hat eine solche Anlage nicht zu nach § 35 Abs. 1 BauGB privilegierten Vorhaben gehört.[204] Der Gesetzgeber hat aus diesem Grund darauf hingewiesen, dass dadurch der nötige Ausbau der Windenergie verzögert und erschwert wird.[205] Dementsprechend sollten im Rahmen einer Gesetzesnovelle diese baurechtlichen Hindernisse beseitigt werden.[206] Der Gesetzgeber hat 1996 insoweit den Katalog der im Außenbereich zulässigen Anlagen um eine Anlage, die der Erforschung, Entwicklung oder Nutzung der Windkraft dient, erweitert.[207]

Die bereits erwähnte Rechtsprechung hat demgegenüber aber den stets gebotenen Außenbereichsschutz als Leitgedanke des § 35 BauGB hervorgehoben,[208] was auf die Rechtsprechung des Bundesverwaltungsgerichts im Jahr 1987 zurückzuführen ist.[209] Das Gericht hat in diesem Urteil ausgeführt, dass durch die Darstellung von Abgrabungsflächen im Flächennutzungsplan einer Gemeinde der Kiesabbau auf dafür geeignete Flächen konzentriert und andere Flächen davon ausgeschlossen werden sollen.[210] Der Gesetzgeber hat die Rechtsprechung auf-

---

201 BGBl. I S. 1189.

202 *FA Wind*, 20 Jahre Erfahrungen mit den privilegierten Windenergieanlagen, S. 4.

203 BT-Drs. 13/4978, S. 1.

204 Nach dem BVerwG, Urt. v. 16.06.1994, NVwZ 1995, 64 (64), ist *„eine Windenergieanlage, deren Strom zu einem Fünftel der Versorgung eines landwirtschaftlichen Betriebs dienen und zu vier Fünfteln ins öffentliche Netz eingespeist werden soll, im Außenbereich nicht nach § 35 Abs. 1 Nr. 1, 4 oder 5 BauGB privilegiert zulässig"*.

205 BT-Drs. 13/4978, S. 1.

206 BT-Drs. 13/4978, S. 6.

207 *Stüer/Vildomec*, BauR 1998, 427 (430).

208 BVerwG, Urt. v. 16.06.1994, 4 C 20.93 – juris Rn. 15.

209 BT-Drs. 13/4978, S. 7.

210 BVerwG, Urt. v. 22.05.1987, NVwZ 1988, 54 (54 ff.); dazu schon ausführlich in: BVerwG, Urt. v. 20.01.1984, NVwZ 1984, 367 (368), wonach privilegiert zulässige Vorhaben nicht an jedem beliebigen Ort im Außenbereich zu errichten sind, sondern

gegriffen, so dass bei der Einführung der Privilegierung für die Windenergie zugleich die Regelung einer planerischen Steuerungsmöglichkeit in § 35 Abs. 3 S. 3 BauGB eingefügt wurde.[211] Dadurch soll ein Gegengewicht zu der Erweiterung von privilegierten Vorhaben in § 35 Abs. 1 BauGB geschaffen werden.[212] Windkraftanlagen sind daher zwar grundsätzlich im Außenbereich privilegiert, aber ihre Zulässigkeit kann scheitern, wenn öffentliche Belange diesen Anlagen entgegenstehen, d.h. hierfür mittels eines Flächennutzungs- oder Raumordnungsplans eine Ausweisung an anderer Stelle erfolgt ist. Allerdings gilt § 35 Abs. 3 S. 3 BauGB bezüglich Raumordnungsplänen nur für raumbedeutsame Vorhaben.

Durch die ROG-Novelle 1998 wurde, wie oben schon erwähnt, die Regelung über Gebietsfestlegungen in einem Raumordnungsplan in den heutigen § 7 Abs. 3 ROG eingefügt. Die dadurch festgelegten Raumordnungsziele ermöglichen verbindliche Einschränkungen der privilegierten Zulassung von Außenbereichsvorhaben, insbesondere für die Windenergienutzung. Dabei ist aber zu beachten, welche von in § 7 Abs. 3 S. 2 ROG genannten Raumkategorien als Vorrang-, Vorbehalts- und Eignungsgebiete eine Ausschlusswirkung in dem Sinn entfalten können, dass sich Windkraftanlagen im Außenbereich nach § 35 Abs. 3 S. 3 BauGB nur auf bestimmte Standorte konzentrieren.

Daran anknüpfend ist ferner fraglich, welchem Gebietstyp der Zielcharakter zukommt. In diesem Zusammenhang kommt allein die Festlegung eines Vorrangs- und Eignungsgebiets als Ziel der Raumordnung in Betracht.[213] Eine raumordnerische Steuerung kann jedoch nicht durch die Ausweisung eines Vorranggebiets, die nur innergebietlich ihre Wirkung entfaltet, erfolgen, weil für eine solche gem. § 35 Abs. 3 S. 3 BauGB die außergebietliche Wirkung von Zielen der Raumordnung notwendig ist.[214] Um hier die darin beschriebene Steuerungswirkung herbeizuführen, müssen vielmehr die Anforderungen an ein gesamträumliches Planungskonzept genügen.[215] Nur auf dieses Weise können

---

ihr geplanter Standort als Maßstab für das Entgegenstehen von öffentlichen Belangen zu prüfen ist.

211 BT-Drs. 13/4978, S. 6 f.

212 *Stüer/Stüer*, NuR 2004, 341 (342).

213 BVerwG, Urt. v. 13.03.2003, 4 C 4.02 – juris Rn. 43.

214 *Grotefels*, in: Kment (Hrsg.), ROG Kommentar, § 7 Rn. 55; *Haselmann*, ZfBR 2014, 529 (530).

215 BVerwG, Urt. v. 13.03.2003, 4 C 4.02 – juris Rn. 22; *Haselmann*, ZfBR 2014, 529 (531); siehe zu Anforderungen an ein schlüssiges Planungskonzept ausführlich unten C. Kapitel III. 3. b).

Vorranggebiete die Ausschlusswirkung des § 35 Abs. 3 S. 3 BauGB entfalten. Eignungsgebiete haben – anders als Vorranggebiete – einen gebietsexternen Zielcharakter, aber auch einen gebietsinternen. Die innergebietliche Wirkung von Eignungsflächen reicht für die Rechtsfolgen i.S.d. § 35 Abs. 3 S. 3 BauGB aus, so dass bei der Festlegung von Eignungsgebieten automatisch die Ausschlusswirkung des § 35 Abs. 3 S. 3 BauGB eintritt.[216]

Durch das Europarechtsanpassungsgesetz Bau 2004 wurde in § 15 Abs. 3 S. 1 BauGB die Möglichkeit aufgenommen, dass die Gemeinde die Zurückstellung der Baugenehmigung für Vorhaben nach § 35 Abs. 1 BauGB beantragen kann, wenn die Durchführung der gemeindlichen Planung durch die Genehmigung eines Vorhabens unmöglich gemacht oder wesentlich erschwert werden kann.[217] Eine solche Aussetzung setzt aber auch voraus, dass die Aufstellung, Änderung oder Ergänzung eines Flächennutzungsplans mit der Rechtswirkung des § 35 Abs. 3 S. 3 BauGB beschlossen wird. Die beantragte Rückstellung eines Vorhabens dient der Sicherung der Konzentrationsplanung im Flächennutzungsplan, vor allem für die Windenergienutzung, indem den Gemeinden die Zeit für eine solche Planung verschafft werden kann.[218] Dieses Sicherungsinstrument gilt grundsätzlich für maximal ein Jahr und kann seit 2013[219] bei Vorliegen besonderer Umstände um höchstens ein weiteres Jahr verlängert werden. Bezogen auf einen Flächennutzungsplan, der sich in Aufstellung befindet, ist aber noch fraglich, ob er als öffentlicher Belang des § 35 Abs. 3 S. 1 BauGB beachtlich ist.[220]

Demgegenüber können in Aufstellung befindliche Ziele, die seit 1998 zu den sonstigen Erfordernissen der Raumordnung nach § 3 Abs. 1 Nr. 4 ROG gehören, als unbenannter Belang im Beispielkatalog des § 35 Abs. 3 S. 1 BauGB berücksichtigt werden, also einem privilegierten Vorhaben entgegenstehen.[221] Daher sind die Ziele in Aufstellung im Rahmen des § 35 Abs. 3 S. 3 BauGB

---

216 *Haselmann*, ZfBR 2014, 529 (534).

217 BGBl. I S. 1359.

218 VGH Mannheim, Beschl. v. 11.10.2018, NVwZ 2019, 144 (145 f.); *Kümper*, ZfBR 2015, 224 (230); *Rieger*, ZfBR 2012, 430 (430); *Scheidler*, ZfBR 2012, 123 (123 f.); *Schröter*, Die Zulässigkeit von Bauvorhaben im Außenbereich, S. 138.

219 BGBl I S. 1548.

220 *Rieger*, ZfBR 2012, 430 (431); BVerwG, Urt. v. 20.05.2010, 4 C 7.09 – juris Rn. 49; aber in: BVerwG, Urt. v. 13.03.2003, 4 C 3.02 – juris Rn. 31; nach *Kümper*, ZfBR 2015, 224 (230), könnte der in Aufstellung befindliche Flächennutzungsplan als öffentliche Belange des § 35 Abs. 3 S. 1 BauGB einem Vorhaben im Außenbereich entgegengehalten werden, wenn er „formelle Planreife“ i.S.d. § 33 BauGB besitzt.

221 BVerwG, Urt. v. 13.03.2003, NVwZ 2003, 1261 (1263); *Reidt*, ZfBR 2004, 430 (436 f.).

nicht unbeachtlich.[222] Dem Landesgesetzgeber kann jedoch ermöglicht werden, in Regionalplänen weitere Gebietstypen mit der Zielqualität festzulegen, die „*in ihrer gebietsinternen Durchsetzungskraft und Steuerungswirkung Vorrang- oder Eignungsgebieten gleichkommen und deshalb in der Flächenbilanz bei der Anwendung von § 35 Abs. 3 S. 3 BauGB als Positivausweisung berücksichtigt werden können*".[223]

Durch die BauGB-Novelle 2011 wurde flankierend zu § 35 Abs. 1 Nr. 5 BauGB in § 249 Abs. 1 BauGB eine Regelung zur Ausweisung neuer Flächen für die Nutzung der Windkraft in einem Flächennutzungsplan eingefügt, aber auch zur Möglichkeit des Baurechts für das Repowering von Windkraftanlagen, wie in § 249 Abs. 2 BauGB.[224] Diese Regelung wurde 2014 um den neuen § 249 Abs. 3 BauGB ergänzt, der den Ländern bis Ende 2015 die Befugnis zur Vorgabe von Abständen zwischen Windenergieanlagen und zulässigen baulichen Nutzungen einräumte.[225] Dies kann die privilegierte Zulässigkeit von Windrädern einschränken. § 249 Abs. 3 BauGB wurde 2020 neu gefasst, wobei er wieder eine Länderöffnungsklausel enthält, aber – anders als in der alten Regelung – unbefristet.[226] Mit der neuen Regelung können die Länder einen Mindestabstand, der allein für Wohnnutzungen gilt, bis maximal 1.000 Metern definieren. Der Freistaat Bayern hat aber bereits von der alten befristeten Gesetzgebungsbefugnis Gebrauch gemacht, mit der Folge, dass die Abstandsregelung der 10-fachen Höhe der Windkraftanlage aufgenommen wurde.[227] Diesbezüglich ist durch den geltenden § 249 Abs. 3 S. 4 BauGB klargestellt, dass bestehende Landesgesetze – hier: die bayerische 10H-Regel – fort gelten; sie können wiederum geändert werden, sofern ihre wesentlichen Elemente, die sich z. B. auf Abstände zur Wohnbebauung erstrecken, beibehalten werden.[228]

2. Zielbindungsklauseln des § 35 Abs. 3 S. 2 BauGB

Nach § 35 Abs. 3 S. 2 BauGB dürfen „*raumbedeutsame Vorhaben den Zielen der Raumordnung nicht widersprechen und öffentliche Belange stehen raumbedeutsamen Vorhaben des § 35 Abs. 1 BauGB nicht entgegen, soweit die Belange bei der*

222 BVerwG, Urt. v. 13.03.2003, NVwZ 2003, 1261 (1263); *Reidt*, ZfBR 2004, 430 (434).
223 BVerwG, Urt. v. 13.03.2003, 4 C 4.02 – juris Rn. 43.
224 BGBl. I S. 1509.
225 BGBl. I S. 954.
226 BGBl. I S. 1728; *Söfker*, in: BauGB Kommentar, Stand: 01.08.2020, § 249 Rn. 27.
227 Siehe dazu ausführlich unten D. Kapitel III.
228 *Söfker*, in: BauGB Kommentar, Stand: 01.08.2020, § 249 Rn. 56.

Darstellung dieser Vorhaben als Ziele der Raumordnung abgewogen wurden". Bei dieser Vorschrift geht es um die Frage, welche Bedeutung die Raumordnungsziele bei der Zulässigkeit eines Vorhabens im Außenbereich haben.[229] § 35 Abs. 3 S. 2 BauGB regelt also sowohl eine negative zulassungshindernde als auch eine positive zulassungsfördernde Wirkung der Ziele der Raumordnung.[230]

a) Allgemeine Zielbindungsklausel des § 35 Abs. 3 S. 2 Hs. 1 BauGB

Die Ziele der Raumordnung in § 35 Abs. 3 S. 2 Hs. 1 BauGB entfalten eine strikte Zielbindung sowohl gegenüber privilegierten als auch gegenüber sonstigen Vorhaben,[231] wobei sie bei geplanten Vorhaben – in sachlicher und räumlicher Hinsicht – hinreichend konkret festgelegt werden müssen.[232] Daher sind raumbedeutsame Bauvorhaben, die mit diesen Zielen nicht im Einklang stehen, unzulässig, d.h. dabei findet eine nachvollziehende Abwägung nicht statt.[233] Bei § 35 Abs. 3 S. 2 Hs. 1 BauGB handelt es sich – nach der Rechtsprechung – um eine echte Raumordnungsklausel, die die nachfolgende Planungsebene bindet.[234]

Bei der Prüfung, ob raumbedeutsame Vorhaben mit dem jeweiligen Raumordnungsziel vereinbar sind, kommt ein Raumordnungsplan, in dem vor allem Gebietstypen nach § 7 Abs. 3 S. 2 ROG, wie Vorrang-, Vorbehalts- und Eignungsgebiete, festgelegt werden, in Betracht.[235] Hier kommt nur Vorrang- und Eignungsflächen, die die Zielwirkung nach innen entfalten, eine Bedeutung zu, während Vorbehaltsfläche nicht ausreichend sind.[236] Für die Frage, ob ein Ziel der Raumordnung geplante Vorhaben zulässt, ist daher auf den jeweiligen Inhalt des Ziels abzustellen.[237]

---

229 *Rieger*, in: Schrödter (Hrsg.), BauGB Kommentar, § 35 Rn. 169; *Reidt*, ZfBR 2004, 430 (432 f.).

230 *Söfker*, in: BauGB Kommentar, Stand: 01.08.2020, § 35 Rn. 116; *Rieger*, in: Schrödter (Hrsg.), BauGB Kommentar, § 35 Rn. 169; *Reidt*, ZfBR 2004, 430 (432 f.); *Schmidt*, DVBl. 1998, 669 (670).

231 BVerwG, Urt. v. 16.04.2015, ZfBR 2015, 694 (695 f.).

232 BVerwG, Urt. v. 20.01.1984, NVwZ 1984, 367 (368).

233 BVerwG, Urt. v. 16.04.2015, ZfBR 2015, 694 (695 f.).

234 BVerwG, Urt. v. 16.04.2015, ZfBR 2015, 694 (695); bereits zur Auslegung des § 35 Abs. 3 S. 2 Hs. 1 BauGB: *Stüer/Stüer*, NuR 2004, 341 (343); näher dazu in: *Rieger*, in: Schrödter (Hrsg.), BauGB Kommentar, § 35 Rn. 175; *Spiecker*, Raumordnung und Private, S. 292 ff.; *Bartram*, Ziele der Raumordnung, S. 155 ff.

235 *Söfker*, in: BauGB Kommentar, Stand: 01.08.2020, § 35 Rn. 119.

236 *Söfker*, in: BauGB Kommentar, Stand: 01.08.2020, § 35 Rn. 119.

237 *Söfker*, in: BauGB Kommentar, Stand: 01.08.2020, § 35 Rn. 119.

b) Besondere Abschichtungsklausel des § 35 Abs. 3 S. 2 Hs. 2 BauGB

Die Vorschrift in § 35 Abs. 3 S. 2 Hs. 2 BauGB gilt – anders als die in § 35 Abs. 3 S. 2 Hs. 1 BauGB – nur für privilegierte raumbedeutsame Vorhaben im Außenbereich. Danach können ihnen öffentliche Belange nicht entgegengehalten werden, soweit diese Belange bereits im Rahmen der Zielaufstellung abschließend abgewogen wurden. So können standortsbezogene öffentliche Belange, die dem Vorhaben entgegenstehen, bereits in Raumordnungsplänen abgeschichtet und daher der Prüfung von Standortausweisungen im Rahmen der Zulassungsentscheidung für das geplante Vorhaben entzogen werden.[238] Dieser Ausschluss ist strikt zu beachten,[239] demzufolge dürfen bereits auf der Ebene der Raumordnung abgewogene Belange die Zulässigkeit von privilegierten raumbedeutsamen Vorhaben im Außenbereich nicht hindern. Die Abschichtungswirkung nach § 35 Abs. 3 S. 2 Hs. 2 BauGB tritt allerdings nur ein, wenn die Abwägung bei der Aufstellung der Raumordnungsplänen fehlerfrei erfolgt ist.[240]

Die zielförmige Ausweisung von Vorrang- und Eignungsflächen kann die positive Wirkung des § 35 Abs. 3 S. 2 Hs. 2 BauGB auf die Zulässigkeit eines Außenbereichsvorhabens entfalten, wenn das Vorhaben mit der raumordnerischen Festlegung übereinstimmt.[241] Durch die Ausweisung von Vorbehaltsflächen wird demgegenüber aber die Positivwirkung von Zielen der Raumordnung nicht erreicht.[242]

3. Planvorbehalt des § 35 Abs. 3 S. 3 BauGB

Die Regelung des § 35 Abs. 3 S. 3 BauGB gilt als planerisches Instrument zur Steuerung von privilegierten Vorhaben im Außenbereich. Danach können durch Darstellungen im Flächennutzungs- oder Raumordnungsplan potenziell geeignete

238 *Schmidt*, DVBl. 1998, 669 (672 f.); *Bartram*, Ziele der Raumordnung, S. 160; *Söfker*, in: BauGB Kommentar, Stand: 01.08.2020, § 35 Rn. 122.

239 *Bartram*, Ziele der Raumordnung, S. 161.

240 *Schmidt*, DVBl. 1998, 669 (672); *Rieger*, in: Schrödter (Hrsg.), BauGB Kommentar, § 35 Rn. 177.

241 *Söfker*, in: BauGB Kommentar, Stand: 01.08.2020, § 35 Rn. 121; *Kindler*, Zur Steuerungskraft der Raumordnungsplanung, S. 151.

242 *Kindler*, Zur Steuerungskraft der Raumordnungsplanung, S. 151; aber hierzu *Söfker*, in: BauGB Kommentar, Stand: 01.08.2020, § 35 Rn. 121, wonach die positive Wirkung der Raumordnungsziele auch durch die Festlegung von Vorbehaltsgebieten „*nur sehr eingeschränkt*" entfaltet werden kann.

Standorte für eine bestimmte Nutzung planerisch festgelegt, und zugleich andere ungeeignete Standorte ausgeschlossen werden, sog. Planvorbehalt.[243]

Die Privilegierung der Errichtung insbesondere von raumbedeutsamen Windenergieanlagen wird nur dann begrenzt, wenn § 35 Abs. 3 S. 3 BauGB einschlägig ist. Der Plangeber muss den Anforderungen an die räumliche Steuerung der Windenergie über den Planvorbehalt des § 35 Abs. 3 S. 3 BauGB nachkommen. Diese Anforderungen sind mittlerweile durch höchstrichterliche Urteile geklärt:[244]

a) *Allgemeines*

Die Rechtswirkung des § 35 Abs. 3 S. 3 BauGB tritt grundsätzlich erst dann ein, wenn Flächennutzungs- und Raumordnungspläne formell wirksam sind.[245] Bloßen Planentwürfen kommt aber diese Wirkung noch nicht zu.[246] Im Wortlaut dieser Vorschrift ist nicht von Planentwürfen wie in § 33 BauGB, sondern von Darstellungen in einem Flächennutzungsplan und von Zielen der Raumordnung die Rede.[247]

Der Ausschluss von Windkraftanlagen lässt sich an einer bestimmten Stelle nur rechtfertigen, wenn der Plan sicherstellt, dass sich diese Vorhaben an anderer Stelle durchsetzen können.[248] Aber dies kann, wie bereits erwähnt, nur nach dem Inkrafttreten des Plans der Fall sein.[249] Die Möglichkeit, dass dem geplanten Vorhaben die Darstellungen im Entwurf eines Raumordnungsplans als öffentliche Belange i.S.d. § 35 Abs. 3 S. 1 BauGB entgegengehalten werden können, bleibt aber davon unberührt.[250]

---

243 BT-Drs. 13/4978, S. 7; BVerwG, Urt. v. 17.12.2002, 4 C 15.01 – juris Rn. 27; BVerwG, Urt. v. 13.03.2003, 4 C 3.02 – juris Rn. 20 spricht auch von sog. Planungsvorbehalt; *Krautzberger*, NVwZ 1996, 847 (848); *Köck*, ZUR 2010, 507 (508); *Runkel*, DVBl. 1997, 275 (279); *Schmidt*, DVBl. 1998, 669 (673).

244 *Köck*, ZUR 2010, 507 (508); *Bovet/Köck*, NuR 2008, 529 (532).

245 BVerwG, Urt. v. 13.03.2003, 4 C 3.02 – juris Rn. 30; *Rieger*, in: Schrödter (Hrsg.), BauGB Kommentar, § 35 Rn. 178; *Söfker*, in: BauGB Kommentar, Stand: 01.08.2020, § 35 Rn. 124.

246 BVerwG, Urt. v. 13.03.2003, 4 C 4.02 – juris Rn. 30; *Rieger*, in: Schrödter (Hrsg.), BauGB Kommentar, § 35 Rn. 178.

247 BVerwG, Urt. v. 13.03.2003, 4 C 3.02 – juris Rn. 30.

248 BVerwG, Urt. v. 13.03.2003, 4 C 3.02 – juris Rn. 30.

249 BVerwG, Urt. v. 13.03.2003, 4 C 3.02 – juris Rn. 30.

250 BVerwG, Urt. v. 13.03.2003, 4 C 3.02 – juris Rn. 32; aber *Söfker*, in: BauGB Kommentar, Stand: 01.08.2020, § 35 Rn. 124, wonach das Bundesverwaltungsgericht bisher

Die Darstellungen eines Flächennutzungsplans, vor allem mit der Folge der Ausschlusswirkung in § 35 Abs. 3 S. 3 BauGB, müssen hinreichend bestimmt sein.[251] Dies verlangt, dass nur für privilegierte Anlagen nach § 35 Abs. 1 Nr. 2 bis 6 BauGB entsprechende Ausweisungen beinhaltet sind.[252] Im Hinblick auf das Bestimmtheitserfordernis der Darstellung ist ferner zu fordern, dass in den Darstellungen eines Flächennutzungsplans die Art der jeweiligen zulässigen Anlagen bezeichnet werden muss.[253] Durch § 35 Abs. 3 S. 3 BauGB ist jedoch die bauleitplanerische Steuerungsmöglichkeit nur in Bezug auf Standorte gegeben, d.h. die Darstellungen von Flächen müssen so eindeutig im Plan erkennbar sein, dass der räumliche Umfang von positiven Flächen genau festgelegt wird.[254] Die mit der Festlegung von Positivflächen verbundene Ausschlusswirkung kann also z. B. nur für die Windenergienutzung durch solche Darstellungen nach § 35 Abs. 3 S. 3 BauGB herbeigeführt werden. Die Darstellungen im Raumordnungsplan müssen – ebenso wie die solchen im Flächennutzungsplan – für privilegierte Anlagen hinreichend flächenmäßig bestimmt sein und die jeweils privilegierten Anlagen der Art nach bezeichnen.[255]

b) Schlüssiges Plankonzept für den gesamten Planungsraum

aa) Erfordernis eines schlüssigen gesamträumlichen Plankonzepts

Die planerische Steuerung von in § 35 Abs. 1 BauGB privilegierten Vorhaben im Außenbereich erfolgt in einem Flächennutzungs- oder Raumordnungsplan über den Planvorbehalt des § 35 Abs. 3 S. 3 BauGB. Dadurch kann die räumliche Konzentration von Windrädern nach § 35 Abs. 1 Nr. 5 BauGB an bestimmten Standorten vorgenommen und zugleich an anderer Stelle im Plangebiet ausgeschlossen werden. In diesem Sinne bedingen die positiven und negativen

noch offengelassen hat, ob der Entwurf eines Flächennutzungsplans, ähnlich dem eines Raumordnungsplans, als öffentliche Belange gelten kann.

251 *Söfker*, in: BauGB Kommentar, Stand: 01.08.2020, § 35 Rn. 124; OVG Niedersachsen, Urt. v. 19.06.2019, ZfBR 2019, 702 (703).

252 *Söfker*, in: BauGB Kommentar, Stand: 01.08.2020, § 35 Rn. 124.

253 *Söfker*, in: BauGB Kommentar, Stand: 01.08.2020, § 35 Rn. 124; *Schröter*, Die Zulässigkeit von Bauvorhaben im Außenbereich, S. 854.

254 *Söfker*, in: BauGB Kommentar, Stand: 01.08.2020, § 35 Rn. 124 f.; *Schröter*, Die Zulässigkeit von Bauvorhaben im Außenbereich, S. 854.

255 *Söfker*, in: BauGB Kommentar, Stand: 01.08.2020, § 35 Rn. 126; *Schröter*, Die Zulässigkeit von Bauvorhaben im Außenbereich, S. 860.

Komponenten der Darstellung der Konzentrationszone für die Windenergie einander.[256]

Eine Positivausweisung kann aber nicht automatisch mit dem Ausschluss im übrigen Plangebiet einhergehen.[257] Diese Steuerungswirkung des Flächennutzungs- oder Raumordnungsplans setzt voraus, dass ihm ein schlüssiges Plankonzept für den gesamten Außenbereich zugrunde liegt, das eine Abwägung auf der jeweiligen Planungsebene gewährleistet.[258] Dabei muss eine positive und negative Standortzuweisung in der Abwägung nach § 1 Abs. 7 BauGB bzw. § 7 Abs. 2 S. 1 ROG berücksichtigt werden.[259] Das gesamte Plangebiet darf hier von einem Plangeber vorerst nach allgemeinen Kriterien untersucht werden.[260] Auf dieser Grundlage muss ein Auswahlkonzept entwickelt werden, das nachvollziehbare Abwägungskriterien zugrunde legt.[261]

---

256 BVerwG, Urt. v. 17.12.2002, 4 C 15.01 – juris Rn. 28; BVerwG, Urt. v. 13.03.2003, 4 C 3.02 – juris Rn. 20; BVerwG, Beschl. v. 23.07.2008, ZfBR 2008, 808 (809); VGH Mannheim, Urt. v. 06.11.2006, ZUR 2007, 92 (93); OVG Berlin-Brandenburg, Urt. v. 14.09.2010, NuR 2011, 205 (208); VGH Hessen, Urt. v. 11.03.2011, ZfBR 2011, 484 (485).

257 *Schröter*, Die Zulässigkeit von Bauvorhaben im Außenbereich, S. 877 f.; *Schmidt*, DVBl. 1998, 669 (675), der davon spricht, wenn *„man eine solche, lediglich innergebietlich wirkende Ausweisung für die Ausschlusswirkung des § 35 Abs. 3 S. 3 BauGB ausreichen ließe, wäre der Charakter der Regelung als landesplanerische Steuerungsmöglichkeit in Frage gestellt"*.

258 *Söfker*, in: BauGB Kommentar, Stand: 01.08.2020, § 35 Rn. 124b; *Rieger*, in: Schrödter (Hrsg.), BauGB Kommentar, § 35 Rn. 179; *Köck*, ZUR 2010, 507 (509); *Nagel/Schwarz/Köppel*, UPR 2014, 371 (371); siehe zur Voraussetzung der Flächennutzungsplanung: BT-Drs. 13/4978, S. 7; BVerwG, Urt. v. 17.12.2002, 4 C 15.01 – juris Rn. 36; in einem Raumordnungsplan sind gleichermaßen die Anforderungen an die Konzentrationsplanung erforderlich wie in einem Flächennutzungsplan. Siehe dazu: BVerwG, Urt. v. 13.03.2003, 4 C 4.02 – juris Rn. 20; VGH Mannheim, Urt. v. 06.11.2006, ZUR 2007, 92 (93); BVerwG, Beschl. v. 23.07.2008, ZfBR 2008, 808 (809); OVG Berlin-Brandenburg, Urt. v. 14.09.2010, NuR 2011, 205 (208); VGH Hessen, Urt. v. 11.03.2011, ZfBR 2011, 484 (485); *Fest/Fechler*, NVwZ 2016, 1050 (1052); *Schröter*, Die Zulässigkeit von Bauvorhaben im Außenbereich, S. 872.

259 BVerwG, Urt. v. 13.03.2003, 4 C 4.02 – juris Rn. 20; BVerwG, Beschl. v. 23.07.2008, ZfBR 2008, 808 (809); VGH Mannheim, Urt. v. 06.11.2006, ZUR 2007, 92 (93); OVG Berlin-Brandenburg, Urt. v. 14.09.2010, NuR 2011, 205 (208); VGH Hessen, Urt. v. 11.03.2011, ZfBR 2011, 484 (485).

260 BVerwG, Beschl. v. 23.07.2008, ZfBR 2008, 808 (809).

261 BVerwG, Beschl. v. 23.07.2008, ZfBR 2008, 808 (809).

Durch eine planerische Steuerung des § 35 Abs. 3 S. 3 BauGB, die diese Voraussetzungen erfüllt, darf in der Regel die Zulassung von Windenergieanlagen an anderer Stelle nicht mehr in Betracht kommen. In diesem Zusammenhang ist jedoch – nach der Rechtsprechung – denkbar, dass atypische, vom Plangeber nicht vorhergesehene Fälle in Ausnahmefällen zulässig sind.[262] Dies gilt aber nur dann, wenn dadurch das planerische Konzept zur Steuerung nach § 35 Abs. 3 S. 3 BauGB nicht in Frage gestellt wird.[263] Das Steuerungsziel, das zur Ausweisung an anderer Stelle führt, darf nicht unterlaufen werden.[264] Die Abweichung vom planerischen Regelfall ist im Einzelfall zu prüfen.[265]

Die Raumordnungsplanung muss sich zudem grundsätzlich auf sämtliche Flächen des Plangebiets erstrecken;[266] in der Praxis können aber gelegentlich Teilbereiche unbeplant bleiben.[267] Nach der Rechtsprechung stehen unbeplante Flächen, als sog. Weißflächen, der Ausschlusswirkung eines Raumordnungsplans nicht entgegen, wenn die Vorranggebiete, die für die Windenergienutzung in substanzieller Weise Raum schaffen, dargestellt werden; auf diesen weißen Bereichen darf aber auch der Plangeber der Flächennutzungsplanung weitere Windkraftstandorte ausweisen.[268] Von der Ausschlusswirkung werden jedoch die unbeplanten weißen Flächen nicht erfasst, weil hierauf keine abschließenden raumordnerischen Festlegungen vorgenommen wurden und es daher an einem

262 VGH München, Beschl. v. 12.02.2015, BeckRS 2015, 43034 Rn. 40; BVerwG, Urt. v. 26.04.2007, 4 CN 3.06 – juris Rn. 17; BVerwG, Urt. v. 17.12.2002, 4 C 15.01 – juris Rn. 48; *Köck*, ZUR 2010, 507 (509); *Söfker*, in: BauGB Kommentar, Stand: 01.08.2020, § 35 Rn. 128a.

263 VGH München, Beschl. v. 12.02.2015, BeckRS 2015, 43034 Rn. 40; BVerwG, Urt. v. 26.04.2007, 4 CN 3.06 – juris Rn. 17; BVerwG, Urt. v. 17.12.2002, 4 C 15.01 – juris Rn. 48; VGH Mannheim, Urt. v. 06.11.2006, ZUR 2007, 92 (95); *Köck*, ZUR 2010, 507 (509); *Söfker*, in: BauGB Kommentar, Stand: 01.08.2020, § 35 Rn. 128.

264 BVerwG, Urt. v. 17.12.2002, 4 C 15.01 – juris Rn. 48; VGH Mannheim, Urt. v. 06.11.2006, ZUR 2007, 92 (95).

265 *Runkel*, DVBl. 1997, 275 (280); *Schidlowski*, NVwZ 2001, 388 (389); näher in: BVerwG, Urt. v. 17.12.2002, 4 C 15.01 – juris Rn. 49.

266 BVerwG, Urt. v. 13.03.2003, 4 C 3.02 – juris Rn. 18; OVG Koblenz, Urt. v. 02.10.2007, ZNER 2007, 425 (429).

267 *Gatz*, Windenergieanlagen 2019, S. 79 Rn. 169 f.; *Schröter*, Die Zulässigkeit von Bauvorhaben im Außenbereich, S. 874.

268 BVerwG, Beschl. v. 28.11.2005, NVwZ 2006, 339 (339 f.); VG Augsburg, Urt. v. 23.01.2013, BeckRS 2013, 47135 Rn. 62.

schlüssigen Gesamtkonzept fehlt.[269] Die Ausschlusswirkung erstreckt sich also nur auf solche Bereiche, die im Plan explizit als Ausschlusszonen dargestellt werden. Die Darstellung von unbeplanten Flächen im Raumordnungsplan vermag daher *„nicht das Verhältnis der negativen und positiven Komponenten der festgelegten Konzentrationszonen zueinander zu berühren“*.[270] Die Regelung in § 35 Abs. 3 S. 3 BauGB kann dennoch in die Weißflächen eingreifen,[271] weil die Träger der Flächennutzungsplanung für diese Bereiche eine Ausschlusswirkung von Windenergievorhaben i.S.d. § 35 Abs. 3 S. 3 BauGB begründen können.

bb) Erfordernis der Raumschaffung in substanzieller Weise für die Windenergie

Die Ausarbeitung dieses Plankonzepts hat sich – nach der bundesverwaltungsgerichtlichen Rechtsprechung – abschnittsweise zu vollziehen.[272] Dies gilt sowohl für die Flächennutzungsplanung als auch für die Regionalplanung.[273] Die betreffenden Arbeitsschritte bestehen aus mehreren Planungsstufen, die zwingend zu beachten sind:

(1) Harte und weiche Tabuflächen bei der Windenergieplanung

Im ersten Arbeitsschritt sind die sog. Tabuzonen zu ermitteln, die für die Windenergienutzung ungeeignet sind, wobei in harte und weiche Tabuzonen einzuteilen ist.[274] Bei den harten Tabuzonen handelt es sich um Flächen, die aus tatsächlichen oder rechtlichen Gründen für die Errichtung von Windenergieanlagen

---

269 BVerwG, Beschl. v. 28.11.2005, NVwZ 2006, 339 (340); BVerwG, Urt. v. 13.03.2003, 4 C 3.02 – juris Rn. 21 ff.; VG Augsburg, Urt. v. 23.01.2013, BeckRS 2013, 47135 Rn. 62.

270 OVG Koblenz, Urt. v. 02.10.2007, ZNER 2007, 425 (429); auch *Hentschel*, Umweltschutz bei Errichtung und Betrieb von Windkraftanlagen, S. 273.

271 OVG Koblenz, Urt. v. 02.10.2007, ZNER 2007, 425 (429).

272 BVerwG, Beschl. v. 15.09.2009, ZfBR 2010, 65 (66); BVerwG, Urt. v. 13.12.2012, NVwZ 2013, 519 (520); BVerwG, Urt. v. 11.04.2013, 4 CN 2.12 – juris Rn. 5.

273 *Scheidler*, NuR 2013, 869 (871 f.); für die Bauleitplanung: BVerwG, Urt. v. 13.12.2012, NVwZ 2013, 519 (520); für die Raumordnung: BVerwG, Urt. v. 11.04.2013, 4 CN 2.12 – juris Rn. 5.

274 BVerwG, Beschl. v. 15.09.2009, ZfBR 2010, 65 (66); nach *Gatz*, DVBl. 2009, 737 (738), wurden die Abgrenzungskriterien zwischen den harten und weichen Tabuzonen näher dargestellt. So werden folgende Bereiche als harte Tabufläche vorgesehen: *„Flächen mit zu geringer Windhöffigkeit, Vogelschutzgebiete, FFH-Gebiete, militärische Schutzbereiche“*. Beispiele für weiche Tabuzonen lauten etwa folgendermaßen: *„Erholungsgebiete, mögliche Siedlungserweiterungsflächen“*.

schlechthin ausscheiden.[275] Dadurch wird ein Verstoß gegen das Gebot der Erforderlichkeit der Planung nach § 1 Abs. 3 S. 1 BauGB vermieden;[276] dieser Grundsatz gilt auch für die Raumordnungsplanung, wenngleich hier das Raumordnungsgesetz nicht eigens erwähnt wird.[277] Ein Verstoß ist nämlich dann gegeben, wenn der Verwirklichung eines Plans dauerhaft rechtliche oder tatsächliche Hindernisse entgegenstehen.[278] Demzufolge ist *„die Ausweisung von Flächen für Nutzungen, die dort nicht verwirklicht werden können, nicht zulässig“*.[279] Die harten Tabuzonen scheiden damit kraft Gesetzes bei der Planung von Konzentrationsflächen für die Windenergie aus und sind einer Abwägung zwischen der Windkraft und widerstreitenden Belangen entzogen.[280] Bei den weichen Tabuzonen handelt es sich demgegenüber um Flächen, in denen Windenergieanlagen zwar tatsächlich und rechtlich grundsätzlich möglich sind, in denen nach dem Willen der Gemeinde bzw. des Trägers der Regionalplanung aber die Nutzung der Windkraft nicht stattfinden soll.[281] Diese Entscheidung muss unter einheitlicher Anwendung von abstrakten Kriterien erfolgen.[282] Da

275 BVerwG, Urt. v. 17.12.2002, 4 C 15.01 – juris Rn. 17; BVerwG, Beschl. v. 15.09.2009, ZfBR 2010, 65 (66); BVerwG, Urt. v. 13.12.2012, NVwZ 2013, 519 (520); BVerwG, Urt. v. 11.04.2013, 4 CN 2.12 – juris Rn. 6; BVerwG, Beschl. v. 30.01.2019, BeckRS 2019, 3680 Rn. 6.

276 *Hendler/Kerkmann*, DVBl. 2014, 1369 (1371); *Gatz*, Windenergieanlagen 2013, S. 34 Rn. 56; ähnlich: nach *Tyczewski*, BauR 2014, 934 (936), zielt *„die Unterscheidung in harte und weiche Tabuzonen darauf ab, vollzugsunfähige Flächennutzungspläne zu vermeiden. Die Vollzugsunfähigkeit bestimmt mithin die Einordnung als hartes Tabukriterium“*; ebenso *Schink*, UPR 2016, 366 (368).

277 BVerwG, Urt. v. 13.12.2012, NVwZ 2013, 519 (520); vgl. hierzu BVerwG, Urt. v. 11.04.2013, 4 CN 2.12 – juris Rn. 6; *Hendler/Kerkmann*, DVBl. 2014, 1369 (1369); *Schink*, UPR 2016, 366 (367); *Marquard*, ZUR 2020, 598 (601); aber nach dem BVerwG, Beschl. v. 07.02.2005, NVwZ 2005, 584 (586) müssen Raumordnungsziele *„aus überörtlichen Raumordnungsinteressen erforderlich sein“*, während Bauleitpläne aus städtebaulichen Gründen i.S.d. § 1 Abs. 3 S. 1 BauGB aufzustellen sind.

278 BVerwG, Urt. v. 13.12.2012, NVwZ 2013, 519 (520); BVerwG, Beschl. v. 07.02.2005, NVwZ 2005, 584 (586).

279 *Hendler/Kerkmann*, DVBl. 2014, 1369 (1369).

280 BVerwG, Urt. v. 13.12.2012, NVwZ 2013, 519 (520); BVerwG, Urt. v. 11.04.2013, 4 CN 2.12 – juris Rn. 6; BVerwG, Beschl. v. 30.01.2019, BeckRS 2019, 3680 Rn. 6; BVerwG, Beschl. v. 16.12.2019, 4 BN 30.19 – juris Rn. 14 f.

281 *Schink*, UPR 2016, 366 (367); siehe *Hendler/Kerkmann*, DVBl. 2014, 1369 (1369); *Scheidler*, NuR 2013, 869 (871 f.); für die Bauleitplanung: BVerwG, Beschl. v. 15.09.2009, ZfBR 2010, 65 (66).

282 OVG Berlin-Brandenburg, Urt. v. 24.02.2011, LKV 2011, 422 (424).

die weichen Tabuzonen daher nicht zwingend sind, sind sie der Ebene der planerischen Abwägung zuzuordnen.[283]

Zur Unterscheidung zwischen den beiden Arten der Tabubereiche bedarf es jedoch – nach der Rechtsprechung – einer Begründung und Dokumentation, weil sie verschiedenen Rechtsregimen unterliegen; die harten Tabuzonen beruhen auf dem Erforderlichkeitsgebot und die weichen Tabuflächen auf dem Abwägungsgebot.[284] In einem weiteren Arbeitsschritt sind die sog. Potenzialflächen, die nach Abzug der harten und weichen Tabuzonen verbleiben, auf konkurrierende Nutzungen zu überprüfen. In diesen Flächen ist abzuwägen, ob andere öffentliche Belange der Nutzung der Windenergie entgegenstehen, mit dem Ziel, dass dort keine Ausweisung von Konzentrationszonen für die Windkraftnutzung erfolgen kann, wobei die Privilegierung in § 35 Abs. 1 Nr. 5 BauGB in Betracht kommen muss.[285]

Für die Konzentrationszonenplanung von Windkraftanlagen ergibt sich nach der höchstgerichtlichen Rechtsprechung diese gestufte Prüfungsabfolge, die grundsätzlich von den Planträgern zwingend einzuhalten ist. Im Gegensatz dazu hat das Bundesverwaltungsgericht dies jedoch in seiner Entscheidung aus dem Jahr 2011 ausdrücklich offengelassen.[286] In einem weiteren Urteil des Oberverwaltungsgerichts im Jahr 2015 wurde die Systematik der zwingenden Vorgehensweise teils kritisch gesehen: Der Senat wendet die von der Rechtsprechung gestellten Anforderungen an eine Standortsteuerung nach § 35 Abs. 3 S. 3 BauGB an, wenngleich *„an deren Tauglichkeit und praktischer Umsetzbarkeit gezweifelt*

---

283 BVerwG, Urt. v. 13.12.2012, NVwZ 2013, 519 (520); BVerwG, Urt. v. 11.04.2013, 4 CN 2.12 – juris Rn. 6; OVG Lüneburg, Urt. v. 14.05.2014, 12 KN 29.13 – juris Rn. 105.

284 BVerwG, Urt. v. 13.12.2012, NVwZ 2013, 519 (520); BVerwG, Urt. v. 11.04.2013, 4 CN 2.12 – juris Rn. 6; *Hendler/Kerkmann*, DVBl. 2014, 1369 (1369).

285 BVerwG, Urt. v. 13.12.2012, NVwZ 2013, 519 (520); BVerwG, Urt. v. 11.04.2013, 4 CN 2.12 – juris Rn. 5; *Hendler/Kerkmann*, DVBl. 2014, 1369 (1369); nach *Schink*, UPR 2016, 366 (368), sind *„die Obergerichte dem Plankonzept des Bundesverwaltungsgerichts gefolgt“*; so etwa OVG Niedersachsen, Urt. v. 03.12.2015, ZfBR 2016, 164 (166); OVG Nordrhein-Westfalen, Urt. v. 22.09.2015, ZfBR 2016, 52 (53).

286 BVerwG, Beschl. v. 18.01.2011, 7 B 19.10 – juris Rn. 37; siehe auch unklar: OVG Mecklenburg-Vorpommern, Urt. v. 03.04.2013, 4 K 24.11 – juris Rn. 75, wonach *„es für die Festlegung von Ausschluss- und Abwägungskriterien sachliche Gründe geben muss, die der Plangeber plausibel zu machen hat, die aber für sich genommen keine zwingenden sein müssen“*.

werden kann".[287] Die Frage zur Notwendigkeit eines mehrstufigen Verfahrens wird in der Literatur[288] und Rechtsprechung[289] immer wieder kontrovers diskutiert. Aber in der Planungspraxis ist es jedenfalls dringend empfehlenswert, *„zunächst dem skizzierten Planungsablauf zu folgen, um eine rechtssichere Planung zu erreichen"*.[290]

Die in der Literatur und auch teils in der Rechtsprechung geäußerte Kritik ist indessen insofern berechtigt, als den Plangebern die Abgrenzung der harten und weichen Tabuzonen erhebliche Schwierigkeiten bereitet.[291] Angesichts der zwingend vorgesehen Differenzierung zwischen den beiden Arten von Tabuzonen für die Errichtung von Windkraftanlagen zeigen sich als Sonderproblem in diesem Zusammenhang Abstandsflächen und Raumordnungsziele:

287 OVG Münster, Urt. v. 22.09.2015, ZNER 2015, 475 (477); ähnlich dazu: nach *Gatz*, DVBl. 2017, 461 (462), ist *„die Anwendung der Ausschlussmethode alternativlos, soweit es um die Trennung von harten und weichen Tabukriterien geht"*.

288 So insbesondere nach *Hendler/Kerkmann*, DVBl. 2014, 1369 (1373), genügt es, wenn der Plangeber beim ersten Arbeitsschritt *„ohne Differenzierung zwischen harten und weichen Tabuzonen die Flächen bestimmt, auf denen die Errichtung und der Betrieb von Windenergieanlagen nicht in Betracht kommen"*, d.h. Ausschlussbereiche. Dabei handelt es sich um die Bereiche, die *„unabhängig davon, ob sie sich als harte oder weiche Tabuzonen erweisen, von der Windenergienutzung freizuhalten sind"*; oder auch nach *Gatz*, DVBl. 2017, 461 (461 f.); *Külpmann*, DVBl. 2019, 608 (610), ist die Formulierung eines Plankonzepts in Form von beiden Arten von Tabuzonen suboptimal gewählt. Sie ist vielmehr geeignet, den Oberbegriff Tabuzonen zu verwenden; ähnlich zur kritischen Würdigung der Vorgehensweise bei der Konzentrationsplanung: *Marquard*, ZUR 2020, 598 (604); *Wegner*, ZfBR 2019, 230 (230); *Albrecht/Zschiegner*, NVwZ 2019, 444 (447 f.); *Schmidt-Eichstaedt*, ZfBR 2019, 434 (435 ff.); *Kindler*, Zur Steuerungskraft der Raumordnungsplanung, S. 158 ff.; *Schink*, UPR 2016, 366 (368); *Erbguth*, DVBl. 2015, 1346 (1348); *Münkler*, NVwZ 2014, 1482 (1484); *Scheidler*, NuR 2013, 869 (871 f.); *Kindler/Lau*, NVwZ 2011, 1414 (1415 f.).

289 OVG Berlin-Brandenburg, Urt. v. 05.07.2018, BeckRS 2018, 26983 Rn. 98; OVG Lüneburg, Urt. v. 15.03.2018, BeckRS 2018, 6548 Rn. 7; OVG Münster, Urt. v. 06.03.2018, BeckRS 2018, 5899 Rn. 84 ff.; OVG Münster, Urt. v. 22.09.2015, ZNER 2015, 475 (477); OVG Lüneburg, Beschl. v. 16.05.2013, 12 LA 49.12 – juris Rn. 32; OVG Berlin-Brandenburg, Urt. v. 24.02.2011, LKV 2011, 422 (424).

290 *Kindler*, Zur Steuerungskraft der Raumordnungsplanung, S. 158.

291 *Rieger*, in: Schrödter (Hrsg.), BauGB Kommentar, § 35 Rn. 184; ähnlich: nach *Gatz*, DVBl. 2017, 461 (461 f.), sind *„die Formulierungen der Tabuzonen suboptimal gewählt"*; zuletzt sehend *Marquard*, ZUR 2020, 598 (604); *Wegner*, ZfBR 2019, 230 (238); *Albrecht/Zschiegner*, NVwZ 2019, 444 (447); *Kindler*, Zur Steuerungskraft der Raumordnungsplanung, S. 160 ff.

(a) Abstandsflächen

Erforderliche Schutzabstände zu Wohngebäuden werden – sowohl von Befürwortern als auch Gegnern der Windkraft – noch immer als zentraler Diskussionspunkt angesehen. So zeigt sich beispielsweise, dass die Mehrzahl der Konzentrationsplanungen für Windenergieanlagen an *„mehr oder weniger großzügigen Schutzzonen um Gebiete oder Objekte“*, die als harte Tabuzonen behandelt werden, scheitert.[292] Die Einordnung solcher Gebiete nur als harte Tabubereiche kann also zum Problem werden. Nach der Rechtsprechung werden z. B. die Abstände der Windenergienutzung zu Siedlungen in § 5 Abs. 1 Nr. 1 BImSchG i.V.m. TA Lärm als Ausschlusskriterien gewertet und gehören damit zu den immissionsschutzrechtlich bedingten harten Tabuzonen.[293] Das Gericht hat sich aber auch oft mit Mindestabständen zur Wohnbebauung, die auf immissionsschutzrechtlichen Vorsorgeerwägungen beruhen, befassen müssen.[294] In diesen Fällen sind die Vorsorgeabstände den weichen Tabuflächen zuzuordnen, nämlich in § 5 Abs. 1 Nr. 2 BImSchG. Nach der jüngsten Rechtsprechung ist der Plangeber verpflichtet, grundsätzlich zumindest beim Siedlungsbereich zwischen den schutz- und vorsorgebezogenen Anteilen der Mindestabstände, also harten und weichen Tabuzonen, zu unterscheiden.[295] Wenn dies nicht erfolgt, ist die Konzentrationsplanung rechtswidrig.[296]

Es ist jedoch kaum möglich, die sich aus § 5 Abs. 1 Nr. 1 BImSchG ergebenden Abstandsflächen von Windrädern zu Wohnnutzungen als harte Tabuzone exakt festzulegen, weil diese Flächen *„abhängig von der Zahl der auf die geschützte Bebauung einwirkenden Anlagen sowie deren – je nach Größe und Auslegung*

---

292 *Tyczewski*, BauR 2014, 934 (940); zuletzt dazu *Marquard*, ZUR 2020, 598 (602).

293 OVG Nordrhein-Westfalen, Urt. v. 05.07.2017, 7 D 105.14.NE – juris Rn. 42; OVG Sachsen-Anhalt, Urt. v. 21.10.2015, 2 K 109.13 – juris Rn. 44; OVG Nordrhein-Westfalen, Urt. v. 01.07.2013, 2 D 46.12.NE – juris Rn. 56; *Schink*, UPR 2016, 366 (370).

294 OVG Nordrhein-Westfalen, Urt. v. 05.07.2017, 7 D 105.14.NE – juris Rn. 44; OVG Sachsen-Anhalt, Urt. v. 21.10.2015, 2 K 109.13 – juris Rn. 40; OVG Nordrhein-Westfalen, Urt. v. 01.07.2013, 2 D 46.12.NE – juris Rn. 56; *Schink*, UPR 2016, 366 (370).

295 OVG Lüneburg, Urt. v. 05.03.2019, 12 KN 202.17 – juris Rn. 114; ähnlich weitgehend in: OVG Berlin-Brandenburg, Urt. v. 05.07.2018, OVG 2 A 2.16 – juris Rn. 93 ff.; auch nach *Wegner*, ZfBR 2019, 230 (233), ist es unzulässig, wenn *„der gesamte Abstand als hartes Tabu gefasst werden darf, aber auch wenn der Abstand insgesamt als weiches Kriterium formuliert wird“*.

296 Siehe zu diesem Problem: OVG Sachsen-Anhalt, Urt. v. 21.10.2015, 2 K 109.13 – juris Rn. 44; *Schink*, UPR 2016, 366 (370).

unterschiedlich hohen – Schallleistungspegeln" sind.[297] Aus diesem Grund ist der Planträger – nach der Rechtsprechung – zu Typisierungen befugt.[298] Gleichzeitig steht ihm ein auf die zutreffenden Schutzabstände bezogener Beurteilungsspielraum zu, wobei er auf Erfahrungswerte zurückgreifen soll.[299] In der Tat ist jedoch die Frage schwierig zu beantworten, welche Mindestabstände zwischen Anlagen und Wohnorten – zur Sicherung eines zureichenden Schutzes vor Lärm – erforderlich sind, weil sich die Geräuschimmissionen der Anlagen durch die Bandbreite der Anlagenhöhen und -arten erheblich unterscheiden.[300] Zudem bleibt die Lärmbelastung durch die heute gängigen Anlagen gerade im näheren Wohnumfeld trotz der technischen Entwicklung – z. B. Gesamthöhe – gleich.[301] Bei der Bestimmung der Abstände zur Wohnsiedlung ist daher auch das in § 35 Abs. 3 S. 1 BauGB enthaltene Rücksichtnahmegebot von zunehmender Bedeutung.[302]

Eine optisch bedrängende Wirkung einer Windkraftanlage gegenüber Wohngrundstücken im Außenbereich kann im Rahmen des Gebots der Rücksichtnahme berücksichtigt werden. Diese verlangt – nach der Rechtsprechung – zwingend einen Mindestabstand von dem Zweifachen der Anlagenhöhe, der als harte Tabuzone gewertet wird,[303] nicht von dem

297 *Rieger*, in: Schrödter (Hrsg.), BauGB Kommentar, § 35 Rn. 187; siehe auch *Marquard*, ZUR 2020, 598 (602); für die Raumordnung: *Kindler*, Zur Steuerungskraft der Raumordnungsplanung, S. 165.

298 OVG Berlin-Brandenburg, Urt. v. 24.02.2011, OVG 2 A 2.09 – juris Rn. 65; mit dieser Tendenz auch OVG Berlin-Brandenburg, Urt. v. 05.07.2018, OVG 2 A 2.16 – juris Rn. 96; OVG Lüneburg, Urt. v. 05.03.2019, 12 KN 202.17 – juris Rn. 115.

299 BVerwG, Beschl. v. 21.03.2018, 4 BN 2.18 – juris Rn. 5; aber kritisch dazu nach *Schink*, UPR 2016, 366 (372), handelt es sich bei der Einräumung eines Typisierungs- oder Beurteilungsspielraums um „*eine Notoperation an einem Konzept, das in der Praxis erhebliche Anwendungsunsicherheit nach sich zieht*"; ebenfalls in *Hendler/Kerkmann*, DVBl. 2014, 1369 (1372); weiterhin kritisch *Kindler*, Zur Steuerungskraft der Raumordnungsplanung, S. 165 f.

300 Aber nach *Gatz*, Windenergieanlagen 2019, S. 41 Rn. 76, ist es zur sachgerechten Würdigung von Immissionen einer Windkraftanlage „*nicht erforderlich, konkrete Berechnungen der zu erwartenden Lärmimmissionen und ihrer Vereinbarkeit mit vorhandenen Wohnnutzungen in einer Intensität anzustellen*".

301 LT-Drs. 17/2137, S. 6.

302 *Albrecht/Zschiegner*, NVwZ 2019, 444 (446); ausführlich BVerwG, Beschl. v. 11.12.2006, 4 B 72.06 – juris Rn. 11 ff.

303 Nach dem OVG Nordrhein-Westfalen, Urt. v. 09.08.2006, 8 A 3726.05 – juris Rn. 90 ff., wurde die Faustformel 2H zur Vermeidung einer optisch bedrängenden Wirkung entwickelt; übernommen vom OVG Lüneburg, Urt. v. 05.03.2019, 12 KN 202.17 – juris

Dreifachen.[304] Im Übrigen sind andere Abstände als die zweifache Anlagenhöhe als weiche Tabuflächen einzuordnen.[305] Bei der Ermittlung einer optisch bedrängenden Wirkung sind allerdings insbesondere folgende Kriterien zu berücksichtigen: die Gesamthöhe der Windenergieanlage und die örtlichen Verhältnisse im Umfeld des Standortes der Anlage.[306] Auf der Ebene der Konzentrationsplanung nach § 35 Abs. 3 S. 3 BauGB stehen aber weder genaue Anlagentypen noch konkrete Anlagenstandorte fest. Die oben genannten Voraussetzungen zur Beurteilung einer optisch bedrängenden Wirkung gehören auch nicht zum Inhalt der Raumordnungsplanung.

Ohne Kenntnis der konkreten Anlagenarten und Standorte ist es im Rahmen dieser Planung also schwerlich möglich, trennscharf zwischen den harten und weichen Tabuflächen zu unterscheiden.[307] Daraus geht die Frage hervor, ob die Aufschlüsslung in harte und weiche Tabuzonen aufgegeben werden kann oder muss; fraglich ist hier besonders, inwieweit Abstandsflächen im Außenbereich als harte Tabubereiche eingestuft werden können.[308] Aber die Annahme harter Tabuzonen ist – bei der Konzentrationsplanung für Windenergieanlagen – eben nicht schlechthin ausgeschlossen. Dabei handelt es sich zudem um Flächen, die anhand des Merkmals, ob eine gesetzliche Ausnahme- oder Befreiungsmöglichkeit außer Betracht kommt, von der Nutzung der Windkraft freizuhalten sind.[309] Auch in der Rechtsprechung erweist sich der Unterschied zwischen den beiden Tabuzonenarten als unscharf, es wird aber an dieser Abgrenzung festgehalten.

Rn. 115; OVG Lüneburg, Urt. v. 15.03.2018, 12 KN 38.17 – juris Rn. 57; OVG Lüneburg, Urt. v. 13.07.2017, 12 KN 206.15 – juris Rn. 42.

304 OVG Lüneburg, Urt. v. 26.10.2017, 12 KN 119.16 – juris Rn. 80.

305 *Wegner*, ZfBR 2019, 230 (234).

306 OVG Nordrhein-Westfalen, Beschl. v. 30.03.2017, 8 A 2915.15 – juris Rn. 35.

307 *FA Wind*, 20 Jahre Erfahrungen mit den privilegierten Windenergieanlagen, S. 14; ähnlich nach *Wegner*, ZfBR 2019, 230 (234), ist eine klare Unterscheidung von Schutz- und Vorsorgeabständen *„unlogisch, denn die Beeinträchtigungen, die von einer Windenergieanlage ausgehen können, nehmen schrittweise zu oder schrittweise ab"*; *Marquard*, ZUR 2020, 598 (602).

308 Ebenfalls *Marquard*, ZUR 2020, 598 (602); *Schmidt-Eichstaedt*, ZfBR 2019, 434 (435 f.); *Bovet*, IzR 2015, 591 (594 f.); *Hendler/Kerkmann*, DVBl. 2014, 1369 (1374 ff.); siehe nach *Kindler*, Zur Steuerungskraft der Raumordnungsplanung, S. 166 f., ist eine für die Differenzierung zwischen den beiden Tabuzonenarten geeignete Vorgehensweise noch nicht gefunden.

309 *Bovet*, IzR 2015, 591 (595); *Hendler/Kerkmann*, DVBl. 2014, 1369 (1373); ähnlich: *Schmidt-Eichstaedt*, ZfBR 2019, 434 (438 f.); OVG Berlin-Brandenburg, Urt. v. 05.07.2018, OVG 2 A 2.16 – juris Rn. 99 f.

Der Planträger kann – wie bereits erwähnt – die immissionsschutzrechtlich begründeten Abstandsflächen als weiche Tabubereiche qualifizieren.[310] Alternativ könnten also Abstandsflächen insgesamt insofern als weiche Tabuzonen behandelt werden, als dass Unsicherheit darüber besteht, ob solche Flächen zu den harten oder weichen Tabubereichen gehören.[311]

(b) Raumordnungsziele als harte Kriterien

Es ist unzweifelhaft, dass solche Flächen als harte Tabubereiche behandelt werden dürfen, die der planerischen Abwägung zwischen Windenergie und widerstreitenden Belangen entzogen sind.[312] Dies gilt etwa, wenn die Bauleitplanung raumordnerischen Zielvorgaben wegen des Anpassungsgebots des § 1 Abs. 4 BauGB und der in § 4 Abs. 1 S. 1 Nr. 1 ROG normierten Beachtenspflicht entsprechen muss. Die Anpassungspflicht ist keine Besonderheit der Konzentrationsplanung, auch bei der Windenergieplanung, gilt aber dort ebenso.[313] Den zielförmigen Festlegungen in einem Raumordnungsplan kommt also neben der Steuerungsfunktion nach § 35 Abs. 3 S. 3 BauGB auch die Bindungswirkung gegenüber den Trägern der Bauleitplanung nach § 1 Abs. 4 BauGB zu.[314]

Die Ziele der Raumordnung können auf Landes- und Regionalebene erfasst werden, laut § 3 Abs. 1 Nr. 2 bzw. § 7 Abs. 3 ROG. Die konkrete Reichweite der Beachtenspflicht hängt im Einzelfall von der Formulierung der landesplanerischen Zielaussage ab.[315] Raumordnungsziele enthalten in der Regel Gestaltungsspielräume für nachgeordnete Planungsebenen. Je undetaillierter die Zielfestlegungen sind, umso weniger sind die Gemeinden an diese Ziele gebunden, d.h. den örtlichen Plangebern verbleiben mehr Konkretisierungsmöglichkeiten. Hier liegt ein Konfliktfeld zwischen den Planungsebenen, weil die Träger der Bauleitplanung im Einzelfall die im Regionalplan grob festgelegten Bereiche oft nach einer örtlichen Prüfung räumlich verändern, einschränken oder wegplanen

310 OVG Sachsen-Anhalt, Urt. v. 21.10.2015, 2 K 109.13 – juris Rn. 49; OVG Lüneburg, Urt. v. 14.05.2014, 12 KN 29.13 – juris Rn. 104; *Gatz*, Windenergieanlagen 2013, S. 44 Rn. 82; *Schink*, UPR 2016, 366 (370).

311 *Gatz*, Windenergieanlagen 2013, S. 44 Rn. 82; *Schink*, UPR 2016, 366 (370).

312 Hessen VGH, Urt. 26.08.2019, 4 A 2426.17 – juris Rn. 38; *Gatz*, DVBl. 2017, 461 (463).

313 *Tyczewski*, BauR 2014, 934 (944).

314 *Middeke*, DVBl. 2008, 292 (295); OVG Nordrhein-Westfalen, Urt. v. 28.01.2005, 7 D 35.03.NE – juris Rn. 100.

315 *Gatz*, Windenergieanlagen 2019, S. 39 Rn. 73.

können.[316] Dies ist aber – wegen der Bindungswirkung nach dem Anpassungsgebot des § 1 Abs. 4 BauGB – nicht ohne weiteres möglich.[317]

Bezüglich der regionalplanerischen Zielausweisung wie Standorte für Windenergieanlagen hat die Rechtsprechung Eignungsgebiete i.S.d. § 7 Abs. 3 S. 2 Nr. 3 ROG als harte Tabukriterien angesehen.[318] Dadurch wird die Konzentrationswirkung des § 35 Abs. 3 S. 3 BauGB ausgelöst. Jedoch kann die Gemeinde in der Bauleitplanung diese Zielvorgaben konkretisieren und ausgestalten.[319] Hierbei ist aber zu beachten, dass die Bindungswirkung für die gemeindliche Bauleitplanung verkannt werden kann, wie etwa, dass die Gemeinde sich als berechtigt ansieht, *„die auf regionalplanerischer Ebene im Sinne einer abschließend abgewogenen verbindlichen Letztentscheidung getroffene Festlegung [...] nochmals räumlich auf den Eignungsbereich einer weiteren eigenständigen Prüfung dahin zu unterziehen, ob und in welchem Umfang diese Eignung nach ihren planerischen Vorstellungen letztlich überhaupt bejaht werden kann"*.[320] Die regionalplanerischen Zielfestsetzungen dürfen nicht im Rahmen der gemeindlichen Bauleitplanung überwunden werden.[321]

Wo jedoch die Grenze zwischen der noch zulässigen zur schon unzulässigen Einschränkung und Wegplanung der raumplanerischen Vorgaben verläuft, ist – in der Rechtsprechung – nicht abschließend geklärt, sondern jeweils im Einzelfall zu bewerten.[322] So wird z. B. die Grenze der Ausdifferenzierung durch die Gemeinde überschritten, wenn nicht einmal mehr 10 Prozent der durch die Regionalplanung dargestellten Konzentrationszonen für die Windenergie erhalten bleiben.[323] Ein solcher Bauleitplan, der die Bindungswirkung der entsprechenden Regionalplanung missachtet, ist folglich nichtig. Angesichts der

316 *Middeke*, DVBl. 2008, 292 (295); näher zur Kritik am weiten Ausgestaltungsspielraum der Gemeinde *Schröter*, Die Zulässigkeit von Bauvorhaben im Außenbereich, S. 765 ff.

317 *Middeke*, DVBl. 2008, 292 (295); ebenso *Gatz*, Windenergieanlagen 2019, S. 40 Rn. 74.

318 OVG Schleswig-Holstein, Urt. v. 20.01.2015, 1 KN 6.13 – juris Rn. 43.

319 *Durner*, in: Kment (Hrsg.), ROG Kommentar, § 4 Rn. 61; OVG Mecklenburg-Vorpommern, Urt. v. 09.04.2008, 3 L 84.05 – juris Rn. 45.

320 OVG Nordrhein-Westfalen, Beschl. v. 22.09.2005, 7 D 21.04.NE – juris Rn. 40.

321 *Durner*, in: Kment (Hrsg.), ROG Kommentar, § 4 Rn. 60 f.; *Schrödter/Wahlhäuser*, in: Schrödter (Hrsg.), BauGB Kommentar, § 1 Rn. 123; siehe auch *Middeke*, DVBl. 2008, 292 (295); *Gatz*, Windenergieanlagen 2019, S. 40 Rn. 74.

322 *Middeke*, DVBl. 2008, 292 (295); *Durner*, in: Kment (Hrsg.), ROG Kommentar, § 4 Rn. 62.

323 Vgl. OVG Nordrhein-Westfalen, Beschl. v. 22.09.2005, 7 D 21.04.NE – juris Rn. 54; siehe auch *Middeke*, DVBl. 2008, 292 (295).

Konzentrationsplanung für Windenergieanlagen in einem Regionalplan besteht ein Anwendungsvorrang im Verhältnis zu den Darstellungen in einem Flächennutzungsplan, so dass bei der Anwendung des § 35 Abs. 3 S. 3 BauGB in Bezug auf die Ausschlusswirkung die Festlegungen des Regionalplans maßgeblich sind.[324] Durch einen Verstoß gegen das Anpassungsgebot in § 1 Abs. 4 BauGB würde es zu einem sog. Ewigkeitsfehler der gemeindlichen Bauleitplanung kommen.[325]

Sofern auf der Ebene der Bauleitplanung die Abweichung von übergeordneten Zielen der Raumordnung, also die Verkleinerung der im Regionalplan ausgewiesenen Konzentrationszonen, beabsichtigt ist, kann dies durch das Zielabweichungsverfahren behoben werden.[326] Dabei handelt es sich also wegen der oben erwähnten Anpassungspflicht an sich um eine harte Tabufläche, die auf der Grundlage der Zielabweichung nach § 6 Abs. 2 ROG jedoch weich werden kann.[327] Die Zielabweichung ist aber nicht von solchem Gewicht, dass eine erneute Gesamtabwägung notwendig ist, weil bezüglich dieses Gewichts nicht auf das Gemeindegebiet, in dem die Abweichung zulässig ist, sondern auf den räumlichen Geltungsbereich des Regionalplans abgestellt wird.[328] In der Praxis wird vom Instrument der Zielabweichung bislang eher selten Gebrauch gemacht.[329]

(2) Substanzieller Raum für Windenergieanlagen

Nach Ausschluss der harten und weichen Tabuzonen ergeben sich – wie bereits erwähnt – die Potenzialflächen zur Darstellung von Konzentrationszonen für Windenergieanlagen. Sie sind im zweiten Planungsschritt mit den konkurrierenden Nutzungen in Beziehung zu setzen, d.h. die öffentlichen Belange, die gegen die Windkraftnutzung sprechen, sind abzuwägen mit denen, die für die Nutzung der Windenergie sprechen, wobei diese der Privilegierung nach § 35 Abs. 1 Nr. 5

---

324 *Schrödter/Wahlhäuser*, in: Schrödter (Hrsg.), BauGB Kommentar, § 1 Rn. 115; VGH Kassel, Beschl. v. 25.01.2018, 4 B 15315.17.N – juris Rn. 33.

325 *Schrödter/Wahlhäuser*, in: Schrödter (Hrsg.), BauGB Kommentar, § 1 Rn. 60.

326 *Middeke*, DVBl. 2008, 292 (295).

327 *Erbguth*, DVBl. 2015, 1346 (1348 f.); siehe auch *Schrödter/Wahlhäuser*, in: Schrödter (Hrsg.), BauGB Kommentar, § 1 Rn. 169 ff.; *Kment*, in: Kment (Hrsg.), ROG Kommentar, § 6 Rn. 61; *Durner*, in: Kment (Hrsg.), ROG Kommentar, § 4 Rn. 66; *Schink*, UPR 2016, 366 (370); aber *Tyczewski*, BauR 2014, 934 (945), spricht davon, dass die Ziele der Raumordnung allgemein als harte Tabukriterien zu qualifizieren sind, ohne allerdings auf die Zielabweichungsmöglichkeit nach § 6 Abs. 2 ROG einzugehen.

328 *Middeke*, DVBl. 2008, 292 (295 f.).

329 *Schrödter/Wahlhäuser*, in: Schrödter (Hrsg.), BauGB Kommentar, § 1 Rn. 124, 172.

BauGB Rechnung tragen muss.[330] Die Konzentrationszonenplanung i.S.d. § 35 Abs. 3 S. 3 BauGB muss im Ergebnis substanziell Raum für die Windenergie verschaffen.[331] Der Plangeber hat also in einem abschließenden Arbeitsschritt zu prüfen, ob der Windkraftnutzung in substanzieller Weise Raum gegeben wird. Ist dies jedoch nicht der Fall, hat er die angewendeten Abwägungskriterien erneut zu überprüfen und ggf. zu ändern.[332] Dabei sind insbesondere die abstrakten Kriterien für die weichen Tabuzonen erneut zu betrachten und zu bewerten.[333] Die Antwort auf die Frage, wann genau jedoch substanziell Raum geschaffen worden ist, lässt sich weder im Gesetz noch in der Rechtsprechung finden.[334] Es ist zugleich nicht einheitlich geklärt, welche Flächen als Bezugsgrößen heranzuziehen sind.[335] Als objektive Bezugsgröße zur Beurteilung des substanziellen Raums ist es daher zumindest sinnvoll, die auszuweisenden Flächen für die Windenergie ins Verhältnis zum gesamten Plangebiet abzüglich der harten Tabuzonen zu setzen.[336]

Das Bundesverwaltungsgericht hat allerdings ausgeführt, dass sich § 35 Abs. 3 S. 3 BauGB nicht entnehmen lässt, dass der Windenergie im Sinne einer speziellen Förderungspflicht bestmöglich Rechnung getragen werden muss.[337] Demnach

---

330 BVerwG, Beschl. v. 15.09.2009, ZfBR 2010, 65 (66); BVerwG, Urt. v. 11.04.2013, 4 CN 2.12 – juris Rn. 5.

331 BVerwG, Beschl. v. 15.09.2009, ZfBR 2010, 65 (66); ausführlich zum Gebot substanzieller Flächenausweisungen für die Windenergie *Wagner*, ZfBR 2020, 20 (20 f.).

332 BVerwG, Urt. v. 24.01.2008, 4 CN 2.07 – juris Rn. 15; BVerwG, Beschl. v. 15.09.2009, ZfBR 2010, 65 (66).

333 BVerwG, Urt. v. 11.04.2013, 4 CN 2.12 – juris Rn. 6; *Marquard*, ZUR 2020, 598 (604).

334 *Bovet/Dross/Kindler*, NVwZ 2020, 754 (755); *Gatz*, DVBl. 2017, 461 (467); *Münkler*, NVwZ 2014, 1482 (1486 f.); konzise Übersicht zum Substanzangebot in der Rechtsprechung in: *Wagner*, ZfBR 2020, 20 (20); BVerwG, Urt. v. 13.12.2012, NVwZ 2013, 519 (521).

335 *Bovet/Kindler*, DVBl. 2013, 488 (492).

336 *Marquard*, ZUR 2020, 598 (603); *Kindler*, Zur Steuerungskraft der Raumordnungsplanung, S. 177; *Blessing*, Windenergieanlagen, S. 46 Rn. 190 ff.; *Spitz*, Planung von Standorten für Windkraftanlagen, S. 75 f.; *Tyczewski*, BauR 2014, 934 (947); *Bovet/Kindler*, DVBl. 2013, 488 (492); OVG Berlin-Brandenburg, Urt. v. 24.02.2011, 2 A 2.09 – juris Rn. 60; VGH Baden-Württemberg, Urt. v. 09.10.2012, ZfBR 2012, 167 (170); aber nach dem BVerwG, Urt. v. 13.12.2012, NVwZ 2013, 519 (521), ist dieser Maßstab für die Beurteilung des substanziellen Raums billigend, aber *„keine Exklusivität“*; ebenfalls BVerwG, Beschl. v. 12.05.2016, 4 B 49.15 – juris Rn. 4; OVG Berlin-Brandenburg, Urt. v. 05.07.2018, OVG 2 A 2.16 – juris Rn. 119 f.

337 BVerwG, Urt. v. 13.12.2003, 4 C 3.02 – juris Rn. 20; *Gatz*, Windenergieanlagen 2019, S. 54 Rn. 105.

ist der Plangeber nicht verpflichtet, alle Flächen, die sich für die Windkraftnutzung eignen, auszuweisen.[338] Er darf vielmehr neben den harten Tabuzonen solche Bereiche, die aus unterschiedlichen Gründen nicht für die Windenergie in Betracht kommen, als weiche Tabuflächen festlegen, so dass sie ausscheiden.[339] Anschließend darf der Planer in die Bestimmung der Potenzialflächen insofern ein Willenselement einfließen lassen, als er weiche Tabubereiche aus dem Kreis der Potenzialflächen ausschließen darf; daher kann die Beantwortung der Frage nach dem Maßstab für das substanzielle Raumgeben mit großer Unsicherheit behaftet sein.[340] Durch die oben dargestellten Schwierigkeiten der Abgrenzung zwischen harten und weichen Tabuzonen kann es gleichfalls zu keinem zufriedenstellenden Ergebnis des mehrstufigen Planungsprozesses kommen.[341] Die genaue Differenzierung der beiden Arten von Tabuzonen ist dennoch nach der höchstgerichtlichen Rechtsprechung unabdingbar. Für das substanzielle Raumgeben haben sich bisher zudem durch das Bundesverwaltungsgericht keine einheitlichen Bewertungskriterien entwickelt. Es wird vielmehr vorgeschlagen, auf das für den Plangeber zuständige Oberverwaltungsgericht zu achten und sich nach dessen verschiedenen Modellen zur Ermittlung der substanziellen Raumverschaffung zu richten.[342]

---

338 OVG Berlin-Brandenburg, Urt. v. 05.07.2018, 2 A 2.16 – juris Rn. 108; OVG Koblenz, Urt. v. 02.10.2007, ZNER 2007, 425 (428); BVerwG, Urt. v. 17.12.2002, 4 C 15.01 – juris Rn. 33.

339 *Köck*, ZUR 2010, 507 (509); *Gatz*, DVBl. 2009, 737 (739); aber auch nach dem OVG Magdeburg, Urt. v. 29.11.2007, ZNER 2007, 505 (505), muss der Plangeber das Plangebiet flächendeckend auf Windhöffigkeit untersuchen und – nach Abzug der eigentlichen Tabuzonen – sämtliche für die Windkraftnutzung in Betracht kommenden Bereiche in die Abwägung einbeziehen. Es wäre also fehlerhaft, wenn das Plangebiet von vorherein nur selektiv auf die auszuwählenden Windpotenzialflächen festgelegt wird.

340 OVG Berlin-Brandenburg, Urt. v. 24.02.2011, 2 A 24.09 – juris Rn. 61; *Gatz*, Windenergieanlagen 2013, S. 50 Rn. 100, bezeichnet als bestmöglicher objektiver Maßstab das Verhältnis der Konzentrationsflächen zu Potenzialflächen, die sich ohne voluntatives Element nach Abzug der harten Tabuzonen ergeben.

341 *Wagner*, ZfBR 2020, 20 (21); *Schmidt-Eichstaedt*, ZfBR 2019, 434 (437); *Gatz*, Windenergieanlagen 2013, S. 50 Rn. 100.

342 Eingehend dazu *Gatz*, DVBl. 2017, 461 (467 f.); *Blessing*, Windenergieanlagen, S. 43 Rn. 180; *Bovet/Kindler*, DVBl. 2013, 488 (492); siehe auch nach dem OVG Münster, Urt. v. 22.09.2015, ZNER 2015, 475 (478); BVerwG, Urt. v. 20.05.2010, 4 C 7.09 – juris Rn. 28, ist die Einschätzung des substanziellen Raums das Ergebnis einer wertenden Betrachtung, unter der Würdigung der örtlichen Gegebenheiten im jeweiligen Plangebiet; ähnlich BVerwG, Urt. v. 13.12.2012, NVwZ 2013, 519 (521).

c) Grenzen der Verhinderungsplanung

Ein schlüssiges Plankonzept liegt nicht mehr vor, wenn die Konzentrationsplanung als Mittel dazu genutzt wird, die Errichtung von Windenergieanlagen in Wahrheit zu verhindern.[343] Eine Konzentrationsplanung darf also nicht im Sinne einer Verhinderungsplanung betrieben werden, sondern hat der Windenergie im Plangebiet substanziell Raum zu verschaffen.[344] Dies geht – wie bereits erwähnt – daraus hervor, dass bei der in § 35 Abs. 3 S. 3 BauGB normierten Ausschlusswirkung die positiven und negativen Komponenten einander bedingen. Der Plangeber muss daher sicherstellen, dass sich die privilegierten Vorhaben zur Windkraftnutzung innerhalb eines Gebiets mit der positiven planerischen Festsetzung gegenüber konkurrierenden Nutzungen durchsetzen können, um den Ausschluss dieser Vorhaben außerhalb dieses Gebiets zu rechtfertigen.

In der Praxis treten indes oftmals solche Fälle auf, dass vom Planvorbehalt des § 35 Abs. 3 S. 3 BauGB – für einen weiträumigen Ausschluss der Errichtung von Windrädern – Gebrauch gemacht wird.[345] Wie vorab erwähnt, kann ein Windvorhaben im Plangebiet nicht komplett konterkariert werden, weil ein solches Vorhaben stets nur auf bestimmte Flächen konzentriert werden darf. Bezüglich des Vorliegens einer Verhinderungsplanung hatte 1996 der Bundestagsausschuss eine kurze Aussage: Eine ausschließlich negativ wirkende Verhinderungsplanung sei grundsätzlich unzulässig.[346]

In seinem Bericht fand sich aber demgegenüber kein Hinweis zur substanziellen Raumverschaffung für die Windenergienutzung.[347] Der Ausschuss hat vielmehr lediglich gefordert, dass mindestens eine positive Flächenausweisung im jeweiligen Plangebiet für Windkraftanlagen vorhanden sein muss.[348] Aus der Rechtsprechung lässt sich freilich zwar die Anforderung, der Windenergie

---

343 BVerwG, Urt. v. 24.01.2008, 4 CN 2.07 – juris Rn. 11; BVerwG, Urt. v. 17.12.2002, 4 C 15.01 – juris Rn. 29; *Schröter*, Die Zulässigkeit von Bauvorhaben im Außenbereich, S. 881 f.

344 BVerwG, Urt. v. 24.01.2008, 4 CN 2.07 – juris Rn. 11; BVerwG, Urt. v. 13.03.2003, 4 C 3.02 – juris Rn. 20; BVerwG, Urt. v. 17.12.2002, 4 C 15.01 – juris Rn. 29; *Lau*, LKV 2012, 163 (164).

345 *Lau*, LKV 2012, 163 (164); ähnlich *Bovet/Dross/Kindler*, NVwZ 2020, 754 (754 f.); *Wegner*, ZfBR 2016, 548 (549).

346 BT-Drs. 13/4978, S. 7.

347 BT-Drs. 13/4978, S. 7; *Schröter*, Die Zulässigkeit von Bauvorhaben im Außenbereich, S. 883.

348 BT-Drs. 13/4978, S. 7.

substanziell Raum zu geben, oder die Grenze zur Verhinderungsplanung ableiten.[349] Es kann aber keine allgemeine Beantwortung der Frage, wo diese Grenze verläuft, geben. Der Gesetzgeber wollte den Planträgern ein planerisches Steuerungsinstrument für die Windenergieanlagen im Außenbereich zur Verfügung stellen. Dadurch sollte gleichzeitig ein unerwünschter Wildwuchs dieser Anlagen verhindert werden. Für eine rechtssichere Konzentrationsplanung erscheint es daher hilfreich, die bisherige Rechtsprechung zur Frage einer Verhinderungsplanung zu untersuchen:

aa) Kriterien der bisherigen Rechtsprechung

Dem Bundesverwaltungsgericht ist das Verbot der Verhinderungsplanung dahingehend konkret bewusst, dass dem Plangeber Alibiplanungen[350] bzw. Feigenblattplanungen[351] untersagt sind.[352] Mittels einer Alibiplanung wird für die Windenergienutzung eine Fläche ausgewiesen, die für die vorgesehene Nutzung objektiv gar nicht geeignet ist.[353] Demgegenüber liegt eine Feigenblattplanung vor, wenn der Planträger einen viel zu kleinen Standort für die Windkraft festlegt.[354]

---

349 Vgl. BVerwG, Urt. v. 13.03.2003, 4 C 3.02 – juris Rn. 20; BVerwG, Urt. v. 17.12.2002, 4 C 15.01 – juris Rn. 28 f.; BT-Drs. 13/4978, S. 7; zur unscharfen Abgrenzung zwischen der Verhinderungsplanung und der Substanzialität des Raumgebens *Lau*, LKV 2012, 163 (163 f.); siehe auch *FA Wind*, Anforderungen der Rechtsprechung zur Steuerung der Windenergie, S. 13 f.; ähnlich zur Leerformel der Rechtsprechung bezüglich der substanziellen Raumschaffung *Schröter*, Die Zulässigkeit von Bauvorhaben im Außenbereich, S. 906 f.

350 VGH München, Urt. v. 23.08.2007, BeckRS 2007, 30331 Rn. 22.

351 BVerwG, Urt. v. 24.01.2008, 4 CN 2.07 – juris Rn. 11; BVerwG, Urt. v. 21.10.2004, 4 C 2.04 - juris Rn. 13; BVerwG, Urt. v. 17.12.2002, 4 C 15.01 – juris Rn. 29; siehe zum aus der Bibel und der Kunstgeschichte bekannten Feigenblatt *Külpmann*, DVBl. 2019, 608 (609).

352 *Wagner*, ZfBR 2020, 20 (20); *Lau*, LKV 2012, 163 (164).

353 BT-Drs. 13/4978, S. 7, spricht schon davon, dass im schlüssigen Plankonzept – mit dem Ziel der Steuerung i.S.d. § 35 Abs. 3 S. 3 BauGB – geeignete Standorte für die Windenergienutzung ausgewiesen werden müssen; VG Ansbach Urt. v. 02.03.2005, AN 9 K 04.02028 – juris Rn. 27; ausführlich zur Unzulässigkeit einer Alibiplanung *Schröter*, Die Zulässigkeit von Bauvorhaben im Außenbereich, S. 884 ff.

354 BVerwG, Urt. v. 24.01.2008, 4 CN 2.07 – juris Rn. 11; BVerwG, Urt. v. 17.12.2002, 4 C 15.01 – juris Rn. 29; näher dazu *Kindler*, Zur Steuerungskraft der Raumordnungsplanung, S. 173 f.

Wo die Grenze der unzulässigen Verhinderungsplanung verläuft, ist bislang offengeblieben. Diese Frage kann aber nicht abstrakt beantwortet werden, sondern nur anhand der tatsächlichen, konkreten Verhältnisse im jeweiligen Plangebiet.[355] Das Bundesverwaltungsgericht hat daher die Entscheidung zur Definition der Verhinderungsplanung den Instanzgerichten überlassen.[356] Durch diese Gerichte wurden verschiedene Modelle entwickelt, beispielsweise unterschiedliche Vergleichsgrößen.[357]

Bei der Relation zwischen der Größe der Konzentrationszonen und der Größe der Gesamtfläche wurde – z. B. in einer konkreten Größenordnung der Ausweisung von Konzentrationsflächen für die Windenergie – der vorgesehenen Nutzung nicht substanziell Raum gegeben.[358] Dabei kam es teils weitergehend darauf an, ob *„die ausgewiesenen Konzentrationsflächen nach ihrer Zahl und Größe einen beachtlichen Teil der potenziell für die Windkraftnutzung in Betracht kommenden Fläche ausmachen und mit hinreichender Sicherheit zur Errichtung von Windkraftanlagen führen, die nach ihrer Anzahl und Energiemenge auch mit Blick auf den Bundesdurchschnitt geeignet sind, einen gewichtigen und den allgemein anerkannten energiepolitischen Zielsetzungen nicht offensichtlich widersprechenden Beitrag zur Erhöhung des Anteils regenerativer Energien an der Gesamtenergieerzeugung zu leisten“*.[359]

---

355 BVerwG, Urt. v. 20.05.2010, 4 C 7.09 – juris Rn. 28.

356 Vgl. zur Frage nach der Ermittlung des substanziellen Raumgebens BVerwG, Urt. v. 13.12.2012, NVwZ 2013, 519 (521).

357 Beispiele dazu dargestellt in: BVerwG, Urt. v. 20.05.2010, 4 C 7.09 – juris Rn. 28: *„Größe der Konzentrationsfläche im Vergleich zur Gemeindegebietsgröße, zur Größe der im Regionalplan Südhessen vorgesehenen Mindestgröße für Konzentrationsflächen für Windenergieanlagen und zur Größe der für die Nutzung der Windenergie reservierten Flächen in den Nachbargemeinden; Anzahl und Energiemenge der Windenergieanlagen“*.

358 Beispielhaft für eine konkrete Größenordnung: Nach dem Hessen VGH, Urt. 25.03.2009, 3 C 594.08.N – juris Rn. 74, wurde bei einer Flächenrelation von 1,38 Prozent der Windenergie nicht in substanzieller Weise Raum verschafft; ferner nach dem Bayern VGH, Beschl. v. 21.01.2013, 22 CS 12.2297 – juris Rn. 23, wurde der Windkraftnutzung nicht substanziell Raum geschaffen, wenn weniger als 1 Prozent der überplanten Fläche für Windräder im größten Teil eines Landkreises zur Verfügung steht.

359 Insbesondere nach dem OVG Magdeburg, Urt. v. 14.05.2009, ZNER 2009, 310 (310 f.), war für das substanzielle Raumgeben der Flächenanteil für die Windkraft an der Gesamtfläche von 0,37 Prozent geeignet, weil mit der Anzahl und Energiemenge der zu errichtenden Windkraftanlagen ein gewichtiger Beitrag zur Erhöhung des Anteils erneuerbarer Energien geleitstet wurde; siehe ferner OVG Sachsen-Anhalt, Urt. v. 26.10.2011, 2 L 6.09 – juris Rn. 40.

Diese Modelle sind jedoch in der Planungspraxis schwierig umzusetzen, weil die zu erwartende Stromausbeute im Hinblick auf die Errichtung von Windenergieanlagen auf der Ebene der Raumordnung nicht genau abschätzbar ist. Diese Prognose hängt namentlich von der Art von Anlagen ab; aber im Rahmen der Windkonzentrationsplanung nach § 35 Abs. 3 S. 3 BauGB stehen – wie oben erwähnt – keine genauen Anlagentypen fest. Daher kann eine bestimmte Stromleistung in einem Gebiet kein wertendes Kriterium zur Bewertung des substanziellen Raumgebens darstellen, d.h. als Grundlage der raumbezogenen Planung erscheint der leistungsbezogene Wert nicht geeignet.[360] Zudem reicht auch ein Verhältnis der innerhalb von Konzentrationsflächen möglichen Windkrafterzeugung zum Stromverbrauch durch die Privathaushalte im Gemeindegebiet nicht aus.[361] Aufgrund der unterschiedlichen Verhältnisse bezüglich der Siedlungsdichte kann nämlich die Vergleichbarkeit der Möglichkeit der Errichtung von Windrädern nicht gegeben sein und die Bezugnahme auf die Privathaushalte ist also nicht auf eine rationale Rechtfertigung zurückzuführen. Ebenfalls ist der Vergleich zur Größe der ausgewiesenen Flächen in den Nachbargemeinden nicht geeignet, weil die verschiedenen Verhältnisse im jeweiligen Plangebiet zur mangelnden Objektivität führen.[362] Die Beurteilung der Grenze zur Verhinderungsplanung kann sich nur auf die konkreten Umstände der Planungsräume stützen; den aufgezeigten Modellen wird deshalb nur eine indizielle Wirkung beigemessen.[363]

Am praktikabelsten wird – wie oben erwähnt – das Größenverhältnis der ausgewiesenen Konzentrationsflächen zu ermittelten Potenzialflächen abzüglich der harten Tabuzonen bewertet. Diese Vorgehensweise macht sich für die Formel stark, dass *„je geringer der Anteil der ausgewiesenen Konzentrationszonen ist, desto gewichtiger die gegen eine weitere Ausweisung von Vorranggebieten sprechenden Gesichtspunkte sein müssen, damit es sich nicht um eine Verhinderungsplanung handelt“*.[364] Erforderlich ist auch dabei, die gebietsspezifischen

360 Ebenso in: *Kindler*, Zur Steuerungskraft der Raumordnungsplanung, S. 175.

361 OVG Münster, Urt. v. 22.09.2015, ZNER 2015, 475 (479); ferner dazu OVG Berlin-Brandenburg, Urt. v. 05.07.2018, OVG 2 A 2.16 – juris Rn. 121.

362 *Gatz*, DVBl. 2017, 461 (468).

363 Insbesondere zur abstrakten Größenordnung des Plangebiets als Beleg für eine bejahte oder verneinte Verhinderungsplanung *Gatz*, DVBl. 2017, 461 (467 f.), spricht vom Ergebnis der Willensentscheidungen. Dies kann nicht rational begründet und damit nicht als rechtssicher Weg dargestellt werden. Kritisch zu betrachten ist dennoch ein pauschaler Flächenanteil des Plangebiets, der für die Windkraft zur Verfügung stehen müsste; siehe auch *Bovet/Kindler*, DVBl. 2013, 488 (492).

364 VG Hannover, Urt. v. 24.11.2011, 4 A 4927.09 – juris Rn. 66.

Verhältnisse des Einzelfalls hinreichend zu berücksichtigen. Insofern hat das Verhältnis der Konzentrationsflächen zu den sich nach Abzug der harten Tabuzonen ergebenden Potenzialflächen eine besondere Aussagekraft.[365] Diese Vergleichsgröße kann allerdings keine Exklusivität für sich beanspruchen.[366] Vom Bundesverwaltungsgericht ist indessen kein Störfeuer zu erwarten, wenn die von der Vorinstanz entwickelten Bewertungskriterien *„nicht von einem Rechtsirrtum infiziert sind, gegen Denkgesetze oder allgemeine Erfahrungssätze verstoßen oder ansonsten für die Beurteilung des Sachverhalts schlechthin ungeeignet sind“*.[367] Dem Planträger wird damit vorgeschlagen, sich bei der Entscheidung, anhand welcher Kriterien sich die Frage zur substanziellen Raumschaffung beantworten lässt, nach diesem Flächenmaßstab zu richten.[368]

bb) Quantitative Mengenvorgaben zum Ausbau der Windenergie

Das Substanzkriterium, verstanden als Konkretisierung der verbotenen bloßen Verhinderungsplanung, kann erst durch einen quantitativen Maßstab wirksam definiert werden.[369] Eine solche quantitative Vorgabe könnte zugleich dazu dienen, ausreichend Flächen für die Zielerreichung des notwendigen Windausbaus zur Verfügung zu stellen.[370] Aus diesem Grund wurde die Schaffung des

---

365 VGH Baden-Württemberg, Urt. v. 09.10.2012, ZfBR 2012, 167 (170); *Spitz*, Planung von Standorten für Windkraftanlagen, S. 76; ähnlich *Kindler*, Zur Steuerungskraft der Raumordnungsplanung, S. 177.

366 BVerwG, Urt. v. 13.12.2012, NVwZ 2013, 519 (521); *Gatz*, DVBl. 2017, 461 (468).

367 BVerwG, Urt. v. 13.12.2012, NVwZ 2013, 519 (521); *Gatz*, DVBl. 2017, 461 (468).

368 Ebenfalls *Kindler*, Zur Steuerungskraft der Raumordnungsplanung, S. 178.

369 *Bovet/Dross/Kindler*, NVwZ 2020, 754 (755); *Kindler*, Zur Steuerungskraft der Raumordnungsplanung, S. 178; kritisch hierzu *Wagner*, ZfBR 2020, 20 (28 f.).

370 So *Bons/Döring/Klessmann/ Knapp/Tiedemann/Pape/Horst/Reder/Stappel*, Analyse der Verfügbarkeit von Flächen für die Windenergienutzung an Land, S. 24, wobei in einigen Bundesländern Ziele für die Windkraft an Land als Prozentsatz der Landesfläche zur Windenergie jeweils formuliert wurden. In Hessen, Brandenburg und Rheinland-Pfalz soll der Anteil von zwei Prozent der Landesfläche gesichert werden; weiterhin zu Mengenvorgaben mit Bezug zur Leistung oder Energiemenge nach *Wegner/Kahles/Bauknecht/Ritter/Heinemann/Seidl*, Bundesrechtliche Mengenvorgaben für den Windenergieausbau S. 29, beziehen sich leistungs- oder strommengenbezogene Vorgaben weniger scharf auf den Ausbau der Windenergie an Land als flächenbezogene, weil z. B. Energiemengen aus Windkraftanlagen jährlich variieren.

entsprechenden Instruments bereits in der Literatur diskutiert,[371] allerdings bislang nicht aufgegriffen.

Durch die ROG-Novelle 2017 wurde jedoch der neue Passus in § 2 Abs. 2 Nr. 6 S. 3 ROG *„durch quantifizierte Vorgaben zur Verringerung der Flächeninanspruchnahme"* eingeführt, was – im Hinblick auf die Flächennutzung für die Windenergie an Land – als Indiz dafür angesehen werden könnte, dass der Gesetzgeber *„den Ländern, die noch keine quantitativen Flächenziele festgelegt haben, einen Anreiz geben soll, dies zu tun"*.[372] Der quantitative Maßstab ist aber trotzdem weiterhin offen und hängt letztlich vom jeweiligen Einzelfall in einem Plangebiet ab.[373] Es hat sich dabei erwiesen, dass in einzelnen Bundesländern eine Flächenausweisung tendenziell eher restriktiv gehandhabt wird und damit das Flächenpotenzial für die Errichtung von Windkraftanlagen zunehmend schwindet.[374]

Eine aktuelle Analyse zeigt allerdings, dass etwa zwei Prozent der Flächen Deutschlands für die Windenergie zur Verfügung stehen müssten, um die energiepolitischen Ziele zu erreichen; hiervon liegt bis jetzt der Anteil an ausgewiesenen Windstandorten nur bei 0,9 Prozent der Bundesfläche.[375] Dies ergibt folglich ein relevantes Problem beim Ausbau von Windrädern. Vor diesem Hintergrund würden sich also Bestrebungen, quantitativ gefasste Mengenziele für die Ausweisung von Windenergiebereichen vorzugeben, lohnen. Eine solche

---

371 *Bovet/Kindler*, DVBl. 2013, 488 (493 f.); *Köck*, DVBl. 2012, 3 (8 f.); *von Seht*, DÖV 2011, 915 (919 f.); zuletzt *Wagner*, ZfBR 2021, 385 (385 f.); *Kümper*, DÖV 2021, 155 (155 ff.); *Wagner*, ZfBR 2020, 20 (28 f.); *Bovet/Dross/Kindler*, NVwZ 2020, 754 (755 f.); *Wegner/Kahles/Bauknecht/Ritter/Heinemann/Seidl*, Bundesrechtliche Mengenvorgaben für den Windenergieausbau, S. 21 ff.; *Kindler*, Zur Steuerungskraft der Raumordnungsplanung, S. 178 ff.

372 BT-Drs. 18/10883, S. 39; aber dazu zweifelnd *Kümper*, in: Kment (Hrsg.), ROG Kommentar, § 3 Rn. 71.

373 *Kindler*, Zur Steuerungskraft der Raumordnungsplanung, S. 178.

374 *Bovet/Dross/Kindler*, NVwZ 2020, 754 (755); auch nach *Rodi*, ZUR 2017, 658 (660), wird festgestellt, dass sich die Rechtsprechung – angesichts der strikteren Praxis bei der Ausweisung von Konzentrationszonen für die Windkraft – stets wieder mit dem Problem einer reinen Verhinderungsplanung auseinanderzusetzen hat; insbesondere nach *Köck*, DVBl. 2012, 3 (8), beziehen sich die restriktiven Vorgaben zu Flächenausweisungen auf das Akzeptanzproblem; eingehend dazu *Wegner/Kahles/Bauknecht/Ritter/Heinemann/Seid*, Bundesrechtliche Mengenvorgaben für den Windenergieausbau, S. 34 ff.

375 *Bons/Döring/Klessmann/Knapp/Tiedemann/Pape/Horst/Reder/Stappel*, Analyse der Verfügbarkeit von Flächen für die Windenergienutzung an Land, S. 24.

Herangehensweise ist aus zwei Gründen zu begrüßen. Zum einen könnte sie ein Anhaltspunkt für die Planung sein, wann der Windenergie substanziell Raum gegeben wurde.[376] Die quantitativen räumlichen Mengenvorgaben könnten zum anderen durch den damit verfolgten Zweck der Verteilung einer Inanspruchnahme von Windflächen in den Bundesländern und Regionen einen Koordinationsgewinn bringen.[377] Es könnte dabei erklärt werden, warum diese Vorgaben - gut abgewogen - einzelne Regionen stärker oder andere weniger beanspruchen und so zugleich zur positiven Akzeptanzwirkung beitragen.[378] Insgesamt lässt sich feststellen, dass *„Mengenvorgaben aus energie- und klimapolitischer Sicht Sinn machen und den Landes- und Regionalplanungen Vorgaben zu den quantitativen räumlichen Voraussetzungen geben können"*.[379]

(1) Planerische Mengenvorgaben

Mengenangaben werden in der Raumordnungsplanung grundsätzlich definiert. Sie finden sich also bereits in anderen Themenbereichen, z. B. bei der zentralörtlichen Statusfestlegung mit mengenmäßigen Vorgaben zur Flächenausweisung für Siedlung und Verkehr oder mit Blick auf die Ausweisung von Einzelhandelsverkaufsflächen, wenn unter Bezugnahme auf den Zentralitätsstatus Beschränkungen der Flächeninanspruchnahme oder der Verkaufsflächengröße gemacht werden.[380] In der Praxis ist diese Vorgehensweise für den Bereich der Windenergie aber nicht zu operationalisieren, weil sie sich auf das Zentrale-Orte-System stützt.[381]

In der Landes- und Regionalplanung kann zudem auch die Festlegung von räumlichen Mengenangaben für die Windkraftnutzung erfolgen. Einige Bundesländer gehen bereits in diese Richtung. So gibt z. B. der sächsische Landesentwicklungsplan 2013 in Zielform vor, dass Mengenvorgaben in der jeweils gültigen Fassung i.V.m. den jeweils gültigen Regionalplänen entsprechend dem Anteil der Gebietsflächen einer Planungsregion an der Gesamtfläche Sachsens zu sichern sind.[382] In diesem Entwicklungsplan werden solche Vorgaben

376 *Bovet/Kindler*, DVBl. 2013, 488 (493).

377 *Kindler*, Zur Steuerungskraft der Raumordnungsplanung, S. 178 f.

378 *von Seht*, DÖV 2011, 915, (920).

379 *Kindler*, Zur Steuerungskraft der Raumordnungsplanung, S. 179.

380 *Bovet/Kindler*, DVBl. 2013, 488 (493); eingehend dazu *Einig/Spiecker*, ZUR 2002, 150 (154); weiteres Beispiel dafür dargestellt in: *von Seht*, DÖV 2011, 915, (920).

381 *Bovet/Kindler*, DVBl. 2013, 488 (493).

382 LEP Sachsen 2013, Z 5.1.3, S. 146; siehe dazu ähnlich nach LEP Schleswig-Holstein 2010, Nr. 3.5.2, S. 75, bestimmt Schleswig-Holstein zielförmig, dass *„ca. 1,5 Prozent der*

differenziert zwischen den Regionen gemacht und verweisen auf die energiepolitische Zielsetzung des Freistaates Sachsen. Auch können landesplanerische Mengenvorgaben – insbesondere hinsichtlich der Windkraftnutzung – in Grundsatzform aufgestellt werden.[383] Die Landesplanung in Rheinland-Pfalz enthält beispielsweise den Grundsatz G 163 a, dass zwei Prozent der Landesfläche Rheinland-Pfalz für die Windenergienutzung ausgewiesen werden sollen.[384] Eine solche Grundsatzausweisung dient also als Anhaltspunkt für die regionale Standortsteuerung in Rheinland-Pfalz und ist auch bei der Beantwortung der Frage, wann bei der Regionalplanung substanziell Raum für die Windkraft gegeben wird, heranzuziehen.[385]

Aus den oben genannten Beispielen lässt sich die Frage nach dem rechtlichen Verbindlichkeitsgrad von auf Landesebene festgelegten Mengenvorgaben ableiten. Hierbei sind namentlich zwei Ebenen auseinanderzuhalten: Festlegungen in Form eines Ziels oder Grundsatzes der Raumordnung. Eine strikte Verbindlichkeit der Vorgaben kann auf dieser Weise ausgestaltet werden, dass eine Beachtenspflicht des § 4 Abs. 1 S. 1 ROG für die nachfolgenden Planungsebenen begründet wird und nicht durch Abwägung überwunden werden kann. Dies gilt für zielförmige Mengenvorgaben i.S.d. § 3 Abs. 1 Nr. 2 ROG;[386] sie stehen im Gegensatz zu grundsatzförmigen Vorgaben nach § 3 Abs. 1 Nr. 3 ROG, die der Abwägung zugänglich sind. Jedoch spielen diese Merkmale – insbesondere mit Blick auf zielförmige Mengenangaben in der Raumordnung der Länder – anscheinend keine Rolle.[387] So zeigt sich beispielsweise die bereits erwähnte sächsische Festlegung in Zielform, gleichwohl kann sie aber im Rahmen der Abwägung überwunden werden. Dies wird im Landesentwicklungsplan Sachsens 2013 begründet: Die Abweichung der Zielfestlegung ist allein möglich,

---

Landesfläche in den Regionalplänen als Eignungsgebiete für die Windenergienutzung" auszuweisen sind, nämlich wie in 3 Z ausgeführt.

383 Eingehend zur ziel- und grundsatzförmigen Festlegung von Mengenvorgaben für den Ausbau erneuerbarer Energien: *Wagner*, ZfBR 2021, 385 (386 ff.).

384 GVBl. Rheinland-Pfalz Nr. 11 S. 173; ähnlich beispielhaft: Die Landesplanung in Hessen gibt in den Grundsatz G 1 vor, dass Vorranggebiete zur Windenergie *„in der Größenordnung von zwei Prozent der Fläche der Planungsregionen"* ausgewiesen werden sollen, GVBl. Hessen Nr. 17 S. 482.

385 *Kindler*, Zur Steuerungskraft der Raumordnungsplanung, S. 182 f.

386 Hierzu *Kümper*, in: Kment (Hrsg.), ROG Kommentar, § 3 Rn. 71, hat keine grundlegenden Bedenken zur Festlegung der Mengenvorgaben für die Ausweisung von Windflächen mit Bezug zur Zielqualität des § 3 Abs. 1 Nr. 2 ROG.

387 *Kindler*, Zur Steuerungskraft der Raumordnungsplanung, S. 183.

wenn *„gewährleistet ist, dass das Ausbauziel bezogen auf die Windenergie landesweit eingehalten wird“*.[388] Hiervon zu unterscheiden ist aber die Frage, ob landesspezifische Mengenvorgaben durch politische Windausbauziele gebunden werden. Politische Zielvorgaben sind allein im Bereich bestehender Entscheidungsspielräume für die Raumordnungsplanung zu berücksichtigen.[389]

Um den Windenergieausbau zu fördern, wäre jedenfalls eine Koordination zwischen Bund und Ländern erwägenswert. Die Ausgestaltung einer landesspezifischen Flächenvorgabe stützt sich aber gerade nicht auf einer bundesweiten Betrachtung; auf Bundesebene besteht auch kein Instrument planerischer Mengenvorgaben zum Ausbau der Windkraft.[390] Denkbar wäre aber natürlich die Ermächtigung des § 17 Abs. 3 ROG für die Aufstellung eines Bundesraumordnungsplans, der Flächenvorgaben für die Bundesländer enthalten könnte.[391]

Ein Plan nach § 17 Abs. 3 ROG ermöglicht jedoch dem Bund, nur einzelne Grundsätze der Raumordnung i.S.d. § 2 Abs. 2 ROG planerisch zu konkretisieren. Damit wäre eine Auswirkung eines solchen Raumordnungsplans auf die Flächenausweisung in den Ländern begrenzt; die Länder könnten in diesem Fall die Abweichung der Flächenvorgaben des Bundes zulassen.[392] Um jedoch nicht eine von Land zu Land unterschiedliche Ausübung der Abweichungskompetenz zu provozieren, könnte die Festsetzung der Mengenvorgaben im Einvernehmen mit den Bundesländern oder in Grundsatzform, d.h. in Form von Orientierungswerten vollzugswürdig sein.[393] Bei der allein orientierenden Mengenzielfestlegung des Bundes sollte zumindest groben räumlichen Potenzial- und Restriktionsanalysen für das Bundesgebiet Rechnung getragen werden.[394]

---

388 LEP Sachsen 2013, Z 5.1.4, S. 146.

389 *Bovet/Dross/Kindler*, NVwZ 2020, 754 (755).

390 *Bovet/Dross/Kindler*, NVwZ 2020, 754 (755).

391 *Meier/Bovet/Geiger/Lehmann/Tafarte*, ZfWP 2019, 824 (826); näher dazu *Bovet/Dross/Kindler*, NVwZ 2020, 754 (756).

392 *Meier/Bovet/Geiger/Lehmann/Tafarte*, ZfWP 2019, 824 (826); zur Festsetzung in einem Raumordnungsplans des Bundes nach § 17 Abs. 1 ROG 2008: *Bovet/Kindler*, DVBl. 2013, 488 (494); *Köck*, DVBl. 2012, 3 (9); *von Seht*, DÖV 2011, 915, (919); die Regelung des § 17 Abs. 1 ROG 2008 wurde durch die ROG-Novelle 2017 in § 17 Abs. 3 ROG verschoben, aber dennoch beibehalten, *Bovet/Dross/Kindler*, NVwZ 2020, 754 (756); *Runkel*, in: Spannowsky/Runkel/Goppel, ROG Kommentar, § 17 Rn. 55.

393 *Wegner/Kahles/Bauknecht/Ritter/Heinemann/Seid*, Bundesrechtliche Mengenvorgaben für den Windenergieausbau, S. 30.

394 Siehe zur Festlegung von Orientierungsvorgaben auf Bundes- und aus Landesebene *von Seht*, DÖV 2011, 915, (919); aber nach *Köck*, DVBl. 2012, 3 (9), erscheint die nur orientierende Zielfestlegung als Vorgabe der Landesplanung sinnvoll. In einem

Dies setzt insbesondere voraus, dass „*Bund und Länder sich auf ein gemeinsames Vorgehen, d.h. auf eine Verteilung der Mengenvorgaben einigen könnten*".[395] Da schutzwürdige Teile von Natur und Landschaft, oder die Bevölkerung je nach Bundesland und Region unterschiedlich sind, wäre die Anforderung an die Ermittlung der Flächenpotenzialen und -restriktionen allerdings schwer umsetzbar. Eine grundsatzförmige Vorgabe könnte – wie bereits erwähnt – in einem Bundesraumordnungsplan nach § 17 Abs. 3 ROG ausgestaltet werden. Der Bund hat aber bisher noch nicht einen solchen Plan erstellt.[396] Daraus ergibt sich, dass bundesweite Flächenvorgaben für den Ausbau der Windkraft in Grundsatzform in der Planungspraxis mit Skepsis zu betrachten sind. Aber der Bund hat mit der Novellierung des ROG im Jahr 2017 die oben genannte Ermächtigung beibehalten. Dies beweist den fachlichen Bedarf für solche planerischen Grundsätze des Bundes, vor allem im Rahmen der Flächenvorsorge für die Errichtung von Windenergieanlagen; der Politik fehlte jedoch bislang der Gestaltungswille.[397]

(2) Gesetzliche Mengenvorgaben

Zum Erreichen der Ausbauziele für die Windkraft können Flächenvorgaben in quantitativer Hinsicht beitragen. Dafür bedarf es der Ausgestaltung gesetzlicher Mengenvorgaben z. B. im Sinne von Prozent- oder Hektarwerten.[398] Rechtlich möglich ist die gesetzliche Festlegung auf Landesebene. Nach § 1 Abs. 3 des hessischen Energiezukunftsgesetzes soll z. B. im Landesentwicklungsplan Hessens die Vorgabe von zumindest zwei Prozent der Landesfläche festgelegt werden.[399]

Auf Bundesebene bestehen demgegenüber derzeit keine gesetzlichen Mengenvorgaben zur räumlichen Verteilung der Windenergie, wie auch keine planerischen. Daher wird in der Literatur diskutiert, ein auf die Nutzung der

---

Raumordnungsplan für das Landesgebiet könnten „*Zielaussagen für einzelne Planungsregionen getroffen werden, die dann auch einen quantitativen Anhaltspunkt bilden für den substanziellen Raum, der den erneuerbaren Energien zu geben ist*".

395 *Wegner/Kahles/Bauknecht/Ritter/Heinemann/Seid*, Bundesrechtliche Mengenvorgaben für den Windenergieausbau, S. 31.

396 *Runkel*, in: Spannowsky/Runkel/Goppel, ROG Kommentar, § 17 Rn. 55.

397 *Runkel*, in: Spannowsky/Runkel/Goppel, ROG Kommentar, § 17 Rn. 55.

398 *Köck*, DVBl. 2012, 3 (8).

399 GVBl. Hessen Nr. 23 S. 444; aber aus den Klimaschutzgesetzen in einigen Bundesländern, wie in Schleswig-Holstein, Berlin, Nordrhein-Westfalen, Baden-Württemberg, Bremen, Hamburg und Rheinland-Pfalz ergibt sich keine Vorschrift mit Bezug auf Flächenvorgaben zur Verteilung der Windenergie, *Kindler*, Zur Steuerungskraft der Raumordnungsplanung, S. 180.

Windkraft bezogenes Mengenziel als neuen oder ergänzenden Grundsatz in § 2 ROG einzufügen.[400] Hierbei könnte beispielsweise die Regelung des § 2 Abs. 2 Nr. 6 S. 8 ROG durch den Einschub *„unter anderem sind mindestens zwei Prozent der Landesfläche für die Windenergie vorzuhalten"* ergänzt werden.[401] Eine Mengenvorgabe als derart neu gefasster bundesgesetzlicher Grundsatz wäre auch von einem Abweichungsrecht der Länder für die Raumordnung nach Art. 72 Abs. 3 S. 1 Nr. 4 i.V.m. Art. 74 Abs. 1 Nr. 31 GG erfasst. Die Länder können von dieser Kompetenz Gebrauch machen, sofern und soweit ein solches Recht an das Gebrauchmachen der Bundeskompetenz geknüpft wird. Mit diesem Gehalt könnten also die Bundesländer ihrerseits Grundsätze der Raumordnung aufstellen, die dem bundesgesetzlichen Grundsatz i.S.d. § 2 Abs. 2 ROG widersprechen.[402] Die in Art. 72 Abs. 3 S. 1 Nr. 4 GG normierte Raumordnung ist nicht durch einen abweichungsfesten Kern begrenzt, d.h. die Länder haben eine Befugnis *„zur Totalabweichung"*.[403] Daraus ergibt sich die Gefährdung von Mengenvorgaben als bundesrechtlicher Grundsatz der Raumordnung.

Allerdings betrifft die Materie der Raumordnung in Art. 72 Abs. 3 S. 1 Nr. 4 GG nicht die Raumplanung für den Gesamtstaat, die dem Bund kraft Natur der Sache obliegt, sondern die Raumplanung für die Bundesländer.[404] Ob in diesem Fall ein ungeschriebener abweichungsfester Kern für die Raumordnung in Bezug auf den Gesamtstaat angenommen werden könnte, bleibt in der Literatur bislang sehr vage.[405] Vor diesem Hintergrund ist nicht sichergestellt, dass bundesrechtliche Mengenvorgaben zur Verteilung für die Windenergienutzung gegenüber den Ländern festgelegt werden.[406] Eine gesetzliche Mengenangabe auf Bundesebene müssen auch nicht selbst Gegenstand der konkurrierenden Gesetzgebungskompetenz aus Art. 74 Abs. 1 Nr. 31 GG für die Raumordnung sein.[407] Sie könnte vielmehr als Aufgabe der Raumordnung normiert werden,

---

400 *Bovet/Kindler*, DVBl. 2013, 488 (494); zuletzt *Bovet/Dross/Kindler*, NVwZ 2020, 754 (756).

401 *Bovet/Dross/Kindler*, NVwZ 2020, 754 (756).

402 *Kümper*, in: Kment (Hrsg.), ROG Kommentar, § 3 Rn. 76.

403 *Uhle*, in: Maunz/Dürig, GG Kommentar, Art. 72 Rn. 219.

404 *Uhle*, in: Maunz/Dürig, GG Kommentar, Art. 72 Rn. 221.

405 *Bovet/Kindler*, DVBl. 2013, 488 (494); *Bovet/Dross/Kindler*, NVwZ 2020, 754 (757).

406 *Bovet/Dross/Kindler*, NVwZ 2020, 754 (757); eingehend dazu *Wegner/Kahles/Bauknecht/Ritter/Heinemann/Seid*, Bundesrechtliche Mengenvorgaben für den Windenergieausbau, S. 23 ff.

407 *Köck*, DVBl. 2012, 3 (8); zuletzt in: *Kindler*, Zur Steuerungskraft der Raumordnungsplanung, S. 179.

vielfältige Raumnutzungsansprüche zu koordinieren; dadurch könnte bei der Konzentrationsplanung für die Windkraft besser bestimmt werden, ob der Nutzung der Windenergie substanziell Raum gegeben ist.[408]

Denkbar wäre zudem eine Alternative, räumliche Mengenvorgaben in einem anderen Rechtsgebiet wie im Erneuerbare-Energien-Gesetz zu normieren. Hier sind bereits in § 1 Abs. 2 EEG 2021 Mengenziele für den Ausbau der erneuerbaren Energien in quantitativer Hinsicht bestimmt. Dafür sieht das zum Jahresende 2020 verabschiedete Erneuerbare-Energien-Gesetz 2021 eine installierte Leistung der Windenergie an Land von 71 Gigawatt bis zum Jahr 2030 vor, § 4 Abs. 1 Nr. 1 EEG 2021. Daraus lässt sich aber nicht klar entnehmen, wie sich diese Nutzung auf die Bundesländer verteilen sollte.[409] Aus diesem Grund lässt sich die gesetzliche Mengenvorgabe zur Verteilung der Windenergie als *„Maßstab für die quantitative Bestimmung des Substanzkriteriums“* nicht verwenden; sie lässt sich ebenfalls nicht aus dem Raumordnungsgesetz ableiten.[410]

4. Exkurs: Steuerung von Windenergieanlagen durch Bebauungspläne

a) Besondere Anforderungen an die Aufstellung eines Bebauungsplans in ausgewiesenen Konzentrationszonen

In den in einem Flächennutzungs- oder Raumordnungsplan festgesetzten Konzentrationszonen für Windkraftanlagen kann eine Feinsteuerung auch durch einen Bebauungsplan vorgenommen werden.[411] Hierbei muss jedoch ausgeschlossen werden, dass das für die Anwendung des § 35 Abs. 3 S. 3 BauGB vorausgesetzte gesamträumliche Plankonzept wieder hinterfragt wird.[412] Mit der

408 Ausführlich in: *Kindler*, Zur Steuerungskraft der Raumordnungsplanung, S. 179 f.

409 *Bovet*, IzR 2015, 591 (591).

410 *Kindler*, Zur Steuerungskraft der Raumordnungsplanung, S. 179.

411 So eingehend zum Verhältnis von Bebauungs- und Flächennutzungsplänen bei der Konzentrationszonenausweisung im Anwendungsbereich des § 35 Abs. 3 S. 3 BauGB: BVerwG, Beschl. v. 25.11.2003, 4 BN 60.03 – juris Rn. 8; OVG Berlin-Brandenburg, Urt. v. 25.02.2010, 2 A 18.07 – juris Rn. 36; ferner zum Verhältnis zwischen Raumordnungs- und Flächennutzungsplänen OVG Mecklenburg-Vorpommern, Urt. v. 20.05.2009, 3 K 24.05 – juris Rn. 74; ferner *Zeiler*, NuR 2009, 526 (528); nach *Hentschel*, Umweltschutz bei Errichtung und Betrieb von Windenergieanlagen, S. 335, kann jedoch der Bebauungsplan zur Steuerung der Windkraftnutzung nicht mit den Rechtswirkungen des § 35 Abs. 3 S. 3 BauGB verbunden werden.

412 OVG Mecklenburg-Vorpommern, Urt. v. 20.05.2009, 3 K 24.05 – juris Rn. 70 f.

Aufstellung eines Bebauungsplans darf also nicht von dem einem Flächennutzungs- oder Raumordnungsplan zugrunde liegenden Plankonzept abgewichen werden, das hinsichtlich der Ausschlusswirkung des § 35 Abs. 3 S. 3 BauGB dem Gebot des substanziell Raumgebens für die Nutzung der Windenergie genügen muss.[413]

Wie die Konzentrationsplanung durch Flächennutzungspläne muss auch eine Feinsteuerung von Windenergiestandorten durch Bebauungspläne unter Beachtung des Erforderlichkeitsgebots aus § 1 Abs. 3 S. 1 BauGB und des Abwägungsgebotes des § 1 Abs. 7 BauGB erfolgen.[414] Bei der planerischen Abwägung ist besonders zu beachten, dass öffentliche Belange, die schon im Rahmen der Aufstellung eines Flächennutzungsplans maßgeblich waren, bei der Aufstellung eines Bebauungsplans für die Nutzung der Windkraft nicht wieder in die Abwägung eingestellt werden können, z. B. um die Verringerung der Zahl von potenziell geeigneten Standorten für Windenergieanlagen zu rechtfertigen.[415]

Die Bebauungsplanung unterliegt ferner dem Entwicklungsgebot aus § 8 Abs. 2 S. 1 BauGB. Danach kann der Bebauungsplan aus den Darstellungen eines wirksamen Flächennutzungsplans entwickelt werden, soweit die im Flächennutzungsplan dargestellte Grundkonzeption unberührt bleibt.[416] Dadurch kann auch die im Flächennutzungsplan grob enthaltene Planung konkretisiert werden,[417] und zwar die Darstellung von flächenplanerisch ausgewiesenen Gebieten für die Windkraft. Sind jedoch Flächen in einem Raumordnungsplan als Konzentrationszonen für Windenergieanalgen i.S.d. § 35 Abs. 3 S. 3 BauGB dargestellt, ist der Gestaltungsspielraum für feinsteuernde Bebauungspläne deutlich eingeschränkt; denn aufgrund der durch die Ausweisung des Raumordnungsplans eingetretenen Konzentrationswirkung kommt der Windkraftnutzung grundsätzlich Vorrang zu.[418] Die Gemeinde hat daher diesen Vorrang in der Bebauungsplanung zu respektieren. Insofern ist dann also eine bauleitplanerische Feinsteuerung nur bedingt erlaubt, und zwar eine Festsetzung über

---

413 OVG Berlin-Brandenburg, Urt. v. 25.02.2010, 2 A 18.07 – juris Rn. 37.

414 BVerwG, Beschl. v. 25.11.2003, 4 BN 60.03 – juris Rn. 8; OVG Berlin-Brandenburg, Urt. v. 25.02.2010, 2 A 18.07 – juris Rn. 40; ausführlich zum Abwägungsgebot *Zeiler*, NuR 2009, 526 (528 f.).

415 Vgl. zu einem solchen Fall: VG Minden, Urt. v. 22.10.2008, 11 K 2288.66 – juris Rn. 35.

416 OVG Berlin-Brandenburg, Urt. v. 25.02.2010, 2 A 18.07 – juris Rn. 36.

417 *Zeiler*, NuR 2009, 526 (528).

418 OVG Mecklenburg-Vorpommern, Urt. v. 20.05.2009, 3 K 24.05 – juris Rn. 74; ähnlich BVerwG, Urt. v. 30.01.2003, 4 CN 14.01 – juris Rn. 20.

die nähere Ausgestaltung der Nutzung der Windkraft.[419] So können etwa genaue Standorte einer Windenergieanlage innerhalb der Konzentrationsflächen festgelegt werden oder die Anlagenhöhe kann begrenzt werden. Jedoch ist hier eine im Bebauungsplan erfolgte Festsetzung zur Beschränkung der für die Windkraft nutzbaren Gebieten auf zwei Drittel der im Raumordnungsplan ausgewiesenen Vorrangfläche nicht mehr mit den Zielaussagen vereinbar, d.h. ein solcher Bebauungsplan verletzt die Anpassungspflicht nach § 1 Abs. 4 BauGB.[420]

Zu einem möglichen Konflikt zwischen dem Anpassungs- und Entwicklungsgebot hat das Gericht weiterhin Folgendes ausgeführt:[421] Infolge der für jeden Bauleitplan geltenden Anpassungspflicht des § 1 Abs. 4 BauGB kommt die Leitfunktion eines Flächennutzungsplans lediglich solchen Darstellungen zu, die der raumordnerischen Zielbindung nicht entgegenstehen. Das Entwicklungsgebot nach § 8 Abs. 2 S. 1 BauGB setzt also diese Zielkonformität voraus, andernfalls bestünde *„ein unauflösbarer Widerspruch zwischen § 1 Abs. 4 BauGB und § 8 Abs. 2 S. 1 BauGB. Dieser Widerspruch entfällt, wenn eine Darstellung des Flächennutzungsplans in dem Zeitpunkt, in dem sie in Widerspruch zu einem später in Kraft getretenen Ziel der Raumordnung gerät, ihre Leitfunktion für den Bebauungsplan verliert“*.[422] In einem solchen Fall tritt also der Entwicklungsgrundsatz i.S.d. § 8 Abs. 2 S. 1 BauGB hinter die Anpassungspflicht nach § 1 Abs. 4 BauGB.[423]

Vor diesem Hintergrund ist es bedenklich, wann und auf welche Weise ein Flächennutzungsplan als Entwicklungsgrundlage eines Bebauungsplans einem nachträglich aufgestellten oder geänderten Ziel der Raumordnung angepasst werden kann.[424] In manchen Fällen ist hier ein Flächennutzungsplan im Zuge

---

419 OVG Mecklenburg-Vorpommern, Urt. v. 20.05.2009, 3 K 24.05 – juris Rn. 74; siehe auch OVG Rheinland-Pfalz, Urt. v. 09.04.2008, 8 C 11217.07 – juris Rn. 18.

420 OVG Rheinland-Pfalz, Urt. v. 09.04.2008, 8 C 11217.07 – juris Rn. 19; zum Anpassungsgebot ausführlich *Zeiler*, NuR 2009, 526 (529 ff.).

421 BVerwG, Urt. v. 30.01.2003, 4 CN 14.01 – juris Rn. 20.

422 BVerwG, Urt. v. 30.01.2003, 4 CN 14.01 – juris Rn. 20; eingehend zum wirksamen Flächennutzungsplan als Voraussetzung des Entwicklungsgebots *Schrödter/Möller*, in: Schrödter (Hrsg.), BauGB Kommentar, § 8 Rn. 19.

423 BVerwG, Urt. v. 30.01.2003, 4 CN 14.01 – juris Rn. 19; VGH Hessen, Beschl. v. 10.09.2009, 4 B 2068.09 – juris Rn. 4.

424 BVerwG, Urt. v. 30.01.2003, 4 CN 14.01 – juris Rn. 21, hat allerdings ausdrücklich offengelassen, ob die Gemeinde gehalten sei, ihren Bauleitplan geänderten Zielen der Raumordnung fortlaufend anzupassen, oder ob es genüge, den Flächennutzungsplan zur Anpassung an neue Zielaussagen erst mit der Aufstellung eines zielkonformen Bebauungsplans im Parallelverfahren nach § 8 Abs. 3 BauGB zu ändern.

neuer oder veränderter Ziele der Raumordnung zu ändern, um etwa die Ausschlusswirkung von Konzentrationsflächen für Windenergieanlagen gem. § 35 Abs. 3 S. 3 BauGB zu beseitigen und die Möglichkeit der Zulässigkeit einer Anlage außerhalb dieser Zonen zu erhalten.[425] Es wird aber vielfach genügen, mit der Anpassung eines Flächennutzungsplans an die neuen Zielaussagen abzuwarten, bis die Raumordnungsziele die Aufstellung eines Bebauungsplans erfordern, und dann erst ein Parallelverfahren gem. § 8 Abs. 3 BauGB durchzuführen.[426] Dabei ist zu beachten, dass im Parallelverfahren ein Flächennutzungs- und Bebauungsplan auch gleichzeitig aufgestellt oder geändert werden können.

Ein Bedürfnis für dieses Parallelverfahren liegt insbesondere vor, wenn eine Aufstellung oder Änderung eines Bebauungsplans durchgeführt werden soll, ohne dass sich ein Bebauungsplan aus einer bestehenden Darstellung im Flächennutzungsplan entwickeln lässt.[427] Hier ist der Bebauungsplan vielmehr aus dem Flächennutzungsplanentwurf durch eine parallele Aufstellung oder Änderung zu entwickeln.[428] Kennzeichnend für das Parallelverfahren ist, dass die Aufstellung oder Änderung eines Flächennutzungs- und Bebauungsplans derart aufeinander bezogen ist, dass eine Gleichzeitigkeit der Planerarbeitung und eine inhaltliche Abstimmung möglich sind.[429] Die für das Gebiet des Bebauungsplans zu lösenden Konflikte werden also zeitlich und inhaltlich aufeinander abgestimmt gelöst. Das Entwicklungsgebot des § 8 Abs. 2 S. 1 BauGB wird dabei nur noch formal betrachtet.[430]

Ferner kann eine Feinsteuerung für die Errichtung von Windrädern sowohl durch einen qualifizierten Bebauungsplan des § 30 Abs. 1 BauGB, als auch durch einen einfachen Bebauungsplan nach § 30 Abs. 3 BauGB vorgenommen werden. Hierbei ist der qualifizierte Bebauungsplan dadurch gekennzeichnet, dass er *„mindestens Festsetzungen über die Art und das Maß der baulichen Nutzung, die überbaubaren Grundstücksflächen und die örtlichen Verkehrsflächen enthält"*. Dagegen muss der einfache Bebauungsplan diese Mindestfestsetzungen nicht

---

Höchstrichterlich ist diese Frage bislang noch nicht eindeutig entschieden, *Schrödter/Wahlhäuser*, in: Schrödter (Hrsg.), BauGB Kommentar, § 1 Rn. 128.

425 *Kümper*, ZfBR 2018, 119 (126); zum Verhältnis von den Bauleitplänen und später geänderten Zielen der Raumordnung ausführlich *Schrödter/Wahlhäuser*, in: Schrödter (Hrsg.), BauGB Kommentar, § 1 Rn. 126 f.

426 *Kümper*, ZfBR 2018, 119 (126).

427 *Schrödter/Möller*, in: Schrödter (Hrsg.), BauGB Kommentar, § 8 Rn. 23.

428 *Finkelnburg/Ortloff/Kment*, Öffentliches Baurecht, S. 141 Rn. 37.

429 *Schrödter/Möller*, in: Schrödter (Hrsg.), BauGB Kommentar, § 8 Rn. 25.

430 *Finkelnburg/Ortloff/Kment*, Öffentliches Baurecht, S. 141 Rn. 40.

enthalten. Soweit nur dieser vorliegt, kommt es zur ergänzenden Anwendung des § 35 BauGB, so dass der einfache Bebauungsplan als Instrument zur Steuerung der Windenergie eine erhebliche Bedeutung gewinnt.[431]

b) Festsetzungen im Bebauungsplan

aa) Festsetzung von sonstigen Sondergebieten für Windkraftanlagen

Als Gebietstyp für die Windkraftnutzung kann in einem Bebauungsplan ein in § 11 Abs. 2 S. 2 BauNVO genanntes Sondergebiet für Anlagen festgesetzt werden, die der Erforschung, Entwicklung oder Nutzung der Windenergie dienen. Hier kommt der Umstand in Betracht, dass sich das festzusetzende Gebiet von übrigen Baugebieten nach den §§ 2 bis 10 BauNVO qualitativ wesentlich unterscheiden muss.[432] Dementsprechend wäre es unzulässig, an einem der anderen Baugebietstypen eine quantitative Ansammlung von Windrädern zu bilden. Die Gemeinde kann im Ergebnis also größere Flächen solcher Anlagen in Windparks planungsrechtlich sichern und somit ihre Errichtung dort erleichtern.[433] Dieser Sondergebietstyp wurde im Zuge der Änderungsverordnung von 1990 in den Beispielkatalog aufgenommen und damit die Möglichkeit zur Festsetzung von sonstigen Sondergebieten für Windkraftanlagen ausdrücklich geregelt.

Vor diesem Hintergrund wurde die seinerzeit noch fehlende Zulässigkeit eines privilegierten Windvorhabens durch das BauGB-Änderungsgesetz 1996 in § 35 Abs. 1 Nr. 5 BauGB eingeführt.[434] Zugleich wurde durch § 35 Abs. 3 S. 3 BauGB ein planerisches Steuerungsinstrument durch die Ausweisung von Konzentrationsflächen im Flächennutzungs- und Raumordnungsplan geschaffen. Auch seit der Einführung des Privilegierungstatbestandes für die Windkraftnutzung wird nicht in Abrede gestellt, dass die Möglichkeit zur Ausweisung eines betreffenden Sondergebiets *„im Zusammenhang mit städtebaulichen Vorgaben zu weiteren Zulässigkeitsvoraussetzungen, etwa zur Größe der Anlagen und ihrer Standorte im Rahmen von Festsetzungen zum Maß der baulichen Nutzung und zur überbaubaren Grundstücksfläche"* noch von Bedeutung ist.[435]

---

431 *Schrödter/Möller*, in: Schrödter (Hrsg.), BauGB Kommentar, § 9 Rn. 10; *Rieger*, in: Schrödter (Hrsg.), BauGB Kommentar, § 30 Rn. 1.

432 *Gatz*, Windenergieanlagen 2019, S. 88 Rn. 194.

433 *Hentschel*, Umweltschutz bei Errichtung und Betrieb von Windkraftanlagen, S. 336.

434 *Bischopink*, in: Bönker/Bischopink, BauNVO Kommentar, § 11 Rn. 65.

435 *Bischopink*, in: Bönker/Bischopink, BauNVO Kommentar, § 11 Rn. 65, spricht ferner davon, dass bei der Ausweisung von Sondergebieten zur Nutzung der Windkraft die Gesamtzahl der Anlagen in Windparks nicht festgesetzt werden darf, da

Generell darf durch die bebauungsplanerische Festsetzung als sonstiges Sondergebiet eine Feinsteuerung von Standorten durchgeführt werden, auch wenn sie sich innerhalb der Konzentrationszone befindet, die bereits in einem Flächennutzungsplan dargestellt wurde. Bei einem solchen Sondergebiet ist gem. § 11 Abs. 2 S. 1 BauNVO immer die klare Festlegung der beabsichtigen Zweckbestimmung erforderlich, und zwar von einem der in § 11 Abs. 2 S. 2 BauNVO aufgeführten Sondergebiete. So kommen beispielsweise folgende Festsetzungen in Betracht: „Sondergebiet Windenergie", „Sondergebiet Windpark" oder „Sondergebiet Windenergieanlagen".

Gerade im Zuge der Standortfeinsteuerung der Windkraft besteht jedoch in der Praxis die Gefahr, dass das Instrument der Sondergebiete lediglich für eine weitere planerische Beschränkung – beispielsweise eine Nutzungseinschränkung durch die Höhenbegrenzung – eingesetzt wird.[436] Innerhalb der Sondergebiete können nämlich Windenergieanlagen in der Bauhöhe begrenzt werden. Dies ergibt sich aus § 16 Abs. 2 Nr. 4 BauNVO, nach dem in Bebauungsplänen die Höhe der baulichen Anlagen festgesetzt werden kann. Auch hier entsteht wie bei der Festsetzung einer Höhenbegrenzung in Flächennutzungsplänen Konfliktpotenzial zwischen Anlagenhöhe und Wirtschaftlichkeit.[437] Angesichts des Trends zu immer größeren Windkraftanlagen kann eine Höhenbegrenzung die Nutzung der Windenergie einschränken bis unwirtschaftlich machen. Eine solche Begrenzung kann im Ergebnis also zu einer unzulässigen Verhinderungsplanung führen. Bei der Darstellung von Angaben zur maximal zulässigen Anlagenhöhe muss daher geprüft werden, ob die Höhenbeschränkung – z. B. von maximal 100 Metern – den Bau von Windrädern verhindern kann; denn Anlagen mit bis zu 100 Metern Gesamthöhe lassen sich wegen des zu geringen Ertrags nicht wirtschaftlich betreiben.[438]

---

ein Bebauungsplan mit der Ausweisung nach § 11 Abs. 2 BauNVO eine baugebietsbezogene Kontingentierung behandeln würde. Dies ist *„nur mittelbar über die überbaubaren Grundstücksflächen"* zu steuern.

436 *Spitz*, Planung von Standorten für Windkraftanlagen, S. 103.

437 *Gatz*, Windenergieanlagen 2019, S. 88 Rn. 195; eingehend dazu: *Fest*, Die Errichtung von Windenergieanlagen in Deutschland, S. 92 ff.

438 Vgl. OVG Niedersachsen, Beschl. v. 22.07.2003, ZfBR 2003, 785 (785 f.); *Just*, LKV 2016, 248 (251); zuletzt zur Höhenbegrenzung in Flächennutzungsplänen: VG Münster, Urt. v. 02.04.2020, BeckRS 2020, 27267 Rn. 53, lohnen sich die Windenergieanlagen mit der Höhe um maximal 135 Metern nach Auswertung der Ergebnisse der seit 2017 erfolgten Ausschreibung für die Onshore-Windenergie wegen des geringeren Windertrags unwirtschaftlich.

Bei planerischen Höhenfestlegungen ist allerdings keine umfassende Prognose über die Wirtschaftlichkeit einer Windkraftanlage zu erstellen. Eine Bauhöhenbeschränkung ist aber stets der Rechtfertigung bedürftig. Dafür ist es erforderlich, dass im Zuge des Planverfahrens in den Blick genommen wird, welche Auswirkungen unterschiedliche Anlagenhöhen auf die Wirtschaftlichkeit der Windenergienutzung haben.[439]

Eine Höhenbegrenzung in einem Bebauungsplan kommt außerdem nach § 16 Abs. 3 Nr. 2 BauNVO in Betracht, wenn ohne ihre Festsetzung eine Beeinträchtigung der städtebaulichen Situation, vor allem des Orts- und Landschaftsbildes vorliegt. Eine solche Beeinträchtigung kann von einer Festsetzung der maximal zulässigen Anlagenhöhe von etwa 100 Metern gerechtfertigt werden.[440] Diese Vorgabe muss indessen nicht unbedingt zu einer geringeren Verunstaltung des Landschaftsbildes führen.[441] Jedenfalls können sich zunehmend mit immer größeren, auch wirtschaftlicheren Windenergieanlagen Konflikte zwischen der Windenergienutzung und dem Belang des Schutzes des Landschaftsbildes ergeben. Dabei sollte also überprüft werden, ob eine pauschale Bezugnahme auf das Landschaftsbild eine Höhenbeschränkung gerechtfertigt erscheinen lassen kann. Die Anlagenhöhe, die in den letzten Jahren stetig zugenommen hat, wirkt sich unmittelbar auf eine weite Sichtbarkeit aus, aber nicht zwangsläufig auf das Landschaftsbild.[442] Der Landschaftsbildschutz wird zur Rechtfertigung von Höhenbegrenzungen zwar häufig mit möglichen Auswirkungen von immer größeren Anlagen auf Touristen verbunden. Im Durchschnitt werden sie aber von den Touristen nicht als ästhetisch störend in der Landschaft empfunden.[443] Wesentlich ist dabei, dass es bei der Festlegung einer Höhenbegrenzung für Windkraftanlagen und ihrer Begründung auf die Gegebenheiten der konkreten örtlichen Verhältnisse ankommen muss.

Des Weiteren können nach § 23 Abs. 1 S. 2 i.V.m. § 16 Abs. 5 BauNVO unterschiedliche Baugrenzen sowohl für den Turm und das Fundament als auch für

---

439 *Spitz*, Planung von Standorten für Windkraftanlagen, S. 104.

440 OVG Niedersachsen, Beschl. v. 22.07.2003, ZfBR 2003, 785 (785 f.): *Hartmann/Schilder*, in: Bönker/Bischopink, BauNVO Kommentar, § 16 Rn. 29.

441 *Koitek*, Windenergieanlagen in der Raumordnung, S. 99.

442 *Fest*, Die Errichtung von Windenergieanlagen in Deutschland, S. 96; *Spitz*, Planung von Standorten für Windkraftanlagen, S. 104; aber nach dem *Hentschel*, Umweltschutz bei Errichtung und Betrieb von Windkraftanlagen, S. 341, ist die Beeinträchtigung des Landschaftsbildes durch die Sichtbarkeit von Anlagen mit sehr großen Höhen regelmäßig als rechtmäßig betrachtet worden.

443 Siehe dazu B. Kapitel II. 1. b).

die Rotorblätter einer Windenergieanlage festgelegt werden.[444] Dadurch können Windräder räumlich angeordnet werden: Der Abstand der Anlagen kann also durch die im Bebauungsplan bestimmten Baugrenzen gesteuert werden. Freilich muss in jedem Fall bei der Festsetzung von Baugrenzen ausreichend klar werden, worauf sich die jeweilige bezieht.[445]

bb) Festsetzung von Versorgungsflächen für Windkraftanlagen

Mit § 9 Abs. 1 Nr. 12 BauGB kann die Gemeinde für die Errichtung von Windkraftanlagen, die nur der öffentlichen Versorgung dienen, Versorgungsflächen zur Verfügung stellen.[446] Insoweit gibt es keinen sachlichen Unterschied zu Flächen für Versorgungsanlagen in § 5 Abs. 2 Nr. 4 BauGB.[447] Die Versorgung im Sinne dieser Vorschrift ist also auch die öffentliche Versorgung mit Strom, Wasser und Energie und die Rechtsform des Betreibers ist dabei unerheblich.[448]

Zu beachten ist außerdem, dass Windenergieanlagen der privaten Selbstversorgung, und zwar Kleinwindkraftanlagen nicht auf einer nach § 9 Abs. 1 Nr. 2 BauGB festgesetzten Versorgungsfläche errichtet werden können.[449] Vielmehr sind derartige Anlagen als Nebenanlagen i.S.d. § 14 Abs. 1 S. 2 BauNVO zulässig.[450] Dabei wird kein Planungsbedürfnis ausgelöst, weil die privat betriebenen Anlagen zur Nutzung der Windenergie nicht der Eigenart des jeweiligen Gebiets widersprechen.[451]

IV. Repowering von Windenergieanlagen

Dem Thema Repowering von Windrädern in Deutschland kam und kommt eine zentrale Bedeutung zu, weil infolge des rasanten technischen Fortschritts bereits

---

444 BVerwG, Urt. v. 21.10.2004, NVwZ 2005, 208 (210).

445 BVerwG, Urt. v. 21.10.2004, NVwZ 2005, 208 (210).

446 *Schrödter/Möller*, in: Schrödter (Hrsg.), BauGB Kommentar, § 9 Rn. 79.

447 *Schrödter/Möller*, in: Schrödter (Hrsg.), BauGB Kommentar, § 9 Rn. 79.

448 *Gatz*, Windenergieanlagen 2019, S. 89 Rn. 198; *Schrödter/Möller*, in: Schrödter (Hrsg.), BauGB Kommentar, § 9 Rn. 79.

449 *Gatz*, Windenergieanlagen 2019, S. 89 Rn. 199; *Hentschel*, Umweltschutz bei Errichtung und Betrieb von Windkraftanlagen, S. 345.

450 *Schrödter/Möller*, in: Schrödter (Hrsg.), BauGB Kommentar, § 9 Rn. 80; *Gatz*, Windenergieanlagen 2019, S. 89 Rn. 199; *Hentschel*, Umweltschutz bei Errichtung und Betrieb von Windkraftanlagen, S. 345.

451 *Schrödter/Möller*, in: Schrödter (Hrsg.), BauGB Kommentar, § 9 Rn. 80; *Gatz*, Windenergieanlagen 2019, S. 89 Rn. 199.

errichtete Anlagen schnell veraltet sind.[452] Im Rahmen des Ausbaus der Windenergie spielt das auch eine wichtige Rolle. Beim Repowering werden grundsätzlich ältere Windkraftanlagen durch neuere, leistungsstärkere ersetzt. Dabei sinkt oftmals die Anlagenzahl und zugleich wächst der Ertrag durch eine effektivere Flächennutzung.[453] Es gestaltet sich allerdings schwierig, im Wege eines Repowerings eine oder mehrere bestehende Anlagen durch moderne Anlagen zu ersetzen, wenn zwischenzeitlich Konzentrationsflächen, die der Errichtung einer Neuanlage an Altstandorten entgegenstehen, eingerichtet worden sind.[454]

Die Zulässigkeit einer neuen Windenergieanlage zur zu ersetzenden Anlage im Außenbereich richtet sich nach § 35 Abs. 1 Nr. 5 i.V.m. Abs. 3 S. 3 BauGB, weil mit der Beseitigung der alten Anlage deren Bestandsschutz erlisch.[455] Die Repowering-Anlagen sind also in der Regel zulässig, es sei denn, dass sie außerhalb der im Raumordnungs- und Flächennutzungsplan ausgewiesenen Konzentrationszonen stehen.[456] Jedoch liegen heute viele Bestandsanlagen nicht in der zwischenzeitlich eingerichteten Konzentrationsflächen und haben teilweise zur Belastung des Landschaftsbildes geführt.[457] Da zudem moderne Windräder, die dem Repowering dienen, in die Höhe wachsen und mit längeren Rotorblättern gebaut werden, muss ein größerer Mindestabstand zur Wohnbebauung eingehalten werden. Vor diesem Hintergrund gewinnt das Repowering auf der Ebene der Raumordnungsplanung an Bedeutung. Das Repowering bietet also den Trägern der Raumordnung die Möglichkeit, die außerhalb der Konzentrationsflächen liegenden, veralteten Anlagen in der planerischen Steuerung zu implementieren, indem diese Altanlagen mittels Repowering in den zwischenzeitlich dargestellten Eignungs- und Vorranggebieten ersetzt werden.[458]

---

452 *Kindler*, Zur Steuerungskraft der Raumordnungsplanung, S. 344; siehe auch *Fest*, Die Errichtung von Windenergieanlagen in Deutschland, S. 22 f.; *Köck*, ZUR 2010, 507 (510).

453 *Fest*, Die Errichtung von Windenergieanlagen in Deutschland, S. 23; *Wustlich*, ZUR 2007, 16 (20).

454 *Köck*, ZUR 2010, 507 (510); anders hingegen *Wustlich*, ZUR 2007, 16 (21): Die Ausschlusswirkung des § 35 Abs. 3 S. 3 BauGB gilt nicht für das Repowering von Windkraftanlagen.

455 *Köck*, ZUR 2010, 507 (510); *Gatz*, Windenergieanlagen 2019, S. 224 Rn. 549; näher dazu *Spitz*, Planung von Standorten für Windkraftanlagen, S. 169.

456 Eingehend dazu *Gatz*, Windenergieanlagen 2019, S. 224 Rn. 550.

457 *Wustlich*, ZUR 2007, 16 (20).

458 *Wustlich*, ZUR 2007, 16 (20); siehe dazu auch *Gatz*, Windenergieanlagen 2019, S. 225 Rn. 552; *Spitz*, Planung von Standorten für Windkraftanlagen, S. 166.

1. Repowering durch die Raumordnungsplanung

Gerade spricht alles dafür, dass bei der Festlegung von Konzentrationszonen für die Errichtung von Windenergieanlagen als Ziele der Raumordnung auch festgelegt werden kann, dass diese Zonen dem Repowering vorbehalten sind.[459] Eine solche raumplanerische Repoweringfestlegung ist im Zusammenhang des § 35 Abs. 3 S. 2, 3 BauGB möglich. Erforderlich ist aber dabei, dass der Altanlagenabbau an anderer Stelle des Planungsraums sichergestellt werden muss, also eine Neuanlage nur zulässig ist, wenn eine Altanlage an einem anderen Standort beseitigt wird.[460] Nach § 7 Abs. 1 S. 2 ROG, der mit der Novellierung des ROG im Jahr 2017 eingefügt worden ist, eröffnet also das Raumordnungsgesetz die Möglichkeit, eine derart bedingte Festlegung für bestimmte Nutzungen und Funktionen des Raums, z. B. für das Repowering, zu treffen.[461] Aber diese Vorschrift hat nach der Begründung des Gesetzentwurfes nur *„deklaratorische Bedeutung"*.[462] In einzelnen Bundesländern findet sich schon eine Sonderregelung für das Repowering; sie ermächtigt den Plangeber dazu, *„die Nutzung bestimmter Räume vom Eintritt bestimmter Bedingungen abhängig zu machen"*.[463] Auf diese Weise lassen sich die Zwecke des Repowerings erreichen und rechtlich absichern, weil die Chance zur effektiven Steuerung von Standorten vergrößert wird, wenn der gemeindliche Einfluss auf die Planung verkleinert wird.[464]

---

459 *Köck*, ZUR 2010, 507 (511); *Schröter*, Die Zulässigkeit von Bauvorhaben im Außenbereich, S. 341; *Spitz*, Planung von Standorten für Windkraftanlagen, S. 166; ausführlich dazu *Kindler*, Zur Steuerungskraft der Raumordnungsplanung, S. 356 f.

460 *Köck*, ZUR 2010, 507 (511); ähnlich beispielhaft für eine derart bedingte Festlegung durch den Bebauungs- und Flächennutzungsplan zur Sicherung des Repowerings *Kindler*, Zur Steuerungskraft der Raumordnungsplanung, S. 356; eingehend dazu nach *Scheidler*, in: Schrödter (Hrsg.), BauGB Kommentar, § 249 Rn. 25 f., ist die bauleitplanerische Festlegung zugunsten des Repowerings nach § 249 Abs. 2 BauGB nur möglich, wenn die Stilllegung und der Rückbau von alten Windenergieanlagen abzusichern sind.

461 *Kindler*, Zur Steuerungskraft der Raumordnungsplanung, S. 356; aber dagegen *Gatz*, Windenergieanlagen 2019, S. 227 Rn. 558.

462 BT-Drs. 18/10883, S. 41; *Hofmann*, in: Kment (Hrsg.), ROG Kommentar, § 7 Rn. 6.

463 Vgl. § 4 Nr. 16 Buchst. b i.V.m. § 9 Abs. 1 Nr. 4 Buchst. b LEntwG LSA; Programmsatz 6.5 (8) RREP MS; § 2 Abs. 1 S. 1 SächsLPIG; siehe auch *Köck*, ZUR 2010, 507 (511); *Gatz*, Windenergieanlagen 2019, S. 227 Rn. 558.

464 *Manssen*, BayVBl. 2005, 485 (488); *Gatz*, Windenergieanlagen 2019, S. 227 Rn. 558; siehe auch *Schröter*, Die Zulässigkeit von Bauvorhaben im Außenbereich, S. 342.

Darüber hinaus unterstützt § 249 Abs. 1 BauGB, der im Jahr 2011 eingefügt wurde, das Repowering von Windrädern; hierdurch wird die Möglichkeit der Ersetzung älterer durch moderne, leistungsfähigere Anlagen vor allem für die Flächennutzungsplanung ausgeweitet.[465] Hier stellt sich aber noch die Frage, ob diese Vorschrift auch im Bereich der Raumordnungsplanung anwendbar ist. Von einigen Autoren wird angenommen, dass sich § 249 Abs. 1 BauGB *„auch auf die Konzentrationsplanung von regionalen Planungsträgern bei der Festlegung von Zielen der Raumordnung übertragen"* lassen könnte.[466] Auf diese Weise wäre es möglich, auch in Raumordnungsplänen, denen die Ausschlusswirkung des § 35 Abs. 3 S. 3 BauGB zukommt, zusätzliche Flächen für die Nutzung der Windkraft, insbesondere für die Ziele des Repowerings, zu ergänzen, ohne die bisherigen Pläne in Fragen zu stellen.[467] Weiterhin ist die Regelung des § 35 Abs. 3 S. 2, 3 BauGB im Genehmigungsverfahren zu beachten; die raumordnerischen Zielfestlegungen entfalten eine Bindungswirkung, die den Darstellungen des Flächennutzungsplans zukommt. Daher ist die Bauleitplanung für das Repowering an die Zielvorgaben der Raumordnung gebunden; dies ergib sich aus § 1 Abs. 4 BauGB.[468] Es ist im Ergebnis also bedeutsam, ob und inwieweit im Raumordnungsplan für das Gebiet, in dem die Aufstellung eines Bauleitplans für das Repowering vorgenommen werden soll, relevante Festlegungen erfolgen. Soll ein Bauleitplan für das Repowering in einer Vorrang- oder Eignungsfläche i.S.d. § 7 Abs. 3 S. 2 Nr. 1 und 3 ROG aufgestellt werden, ist es raumordnungsrechtlich unbedenklich und grundsätzlich zulässig.[469] Denn die Entscheidung der Träger der Raumordnung, Plangebiete für die Windenergie zu öffnen, ist auch möglich, wenn die Bauleitplanung sie durch Beschränkungen auf die Zulässigkeit von Windrädern zum Zweck des Repowerings konkretisiert.[470]

---

465 BT-Drs. 17/6076, S. 6, 12.

466 Näher zur Sonderregelung in § 249 BauGB bei der Konzentrationsplanung mittels Raumordnungspläne *Schröter*, Die Zulässigkeit von Bauvorhaben im Außenbereich, S. 342 ff.

467 *Schröter*, Die Zulässigkeit von Bauvorhaben im Außenbereich, S. 343; vgl. BT-Drs. 17/6076, S. 12.

468 *Gatz*, Windenergieanlagen 2019, S. 227 Rn. 559.

469 *Gatz*, Windenergieanlagen 2019, S. 227 Rn. 559.

470 *Gatz*, Windenergieanlagen 2019, S. 227 Rn. 559.

2. Überprüfungspflicht für Standorte zur Ermöglichung des Repowerings

Allerdings könnten die Plangeber verpflichtet sein, ein gesamträumliches Plankonzept in Hinsicht auf den Aspekt des Repowerings noch mal zu überprüfen und ggf. neu darüber zu entscheiden.[471] Diese Ansicht drängt sich auf, wenn das planerische Gesamtkonzept zum Zeitpunkt der noch nicht etablierten Repoweringstrategie entwickelt worden ist; denn das Erfordernis der substanziellen Raumverschaffung für die Windkraftnutzung beinhaltet auch *„das Erfordernis, dabei auf den technischen Entwicklungsstand der Windenergieanlagen abzustellen“*.[472] Mit der vorliegenden Planung, die sich also an Abmessungen von Altanlagen organisiert, kann der wachsende Bedarf der Windenergie nicht gedeckt werden.[473] Durch die Überprüfung des bestehenden Plankonzepts im Sinne des Repowerings dürften neue Standorte ausgewiesen werden.[474] Dabei kann jedoch keineswegs garantiert werden, dass die bisherigen Konzentrationsflächen vorrangig für solche Betreiber, die nicht nur eine neue Anlage errichten, sondern auch eine alte Anlage ersetzen und damit das Landschaftsbild entlasten wollen, vorgehalten werden.[475] Hierzu bedarf es vielmehr erst mal einer Prüfung, ob an den Altstandorten neue Anlagen mit den öffentlichen Belangen, vor allem des Lärm- oder Landschaftsbildschutzes vereinbar sind.[476] Auch muss in regelmäßigen Abständen die Überprüfung des bestehenden Plankonzepts erfolgen; dabei sind die neuen technischen Gegebenheiten in angemessener Weise zu berücksichtigen.[477] Eine von den technischen Entwicklungen überholte Planung ist damit zu überarbeiten.[478]

V. Zusammenfassung zu Teil C

Bereits 1994 war die Bundesregierung bestrebt, die Nutzung erneuerbarer Energien, u. a. der Windenergie auszubauen und gleichzeitig die Belastung der

---

471 *Köck*, ZUR 2010, 507 (511).

472 *Köck*, ZUR 2010, 507 (511).

473 *Köck*, ZUR 2010, 507 (511); siehe auch *Schröter*, Die Zulässigkeit von Bauvorhaben im Außenbereich, S. 345.

474 *Köck*, ZUR 2010, 507 (511).

475 *Köck*, ZUR 2010, 507 (511).

476 *Schröter*, Die Zulässigkeit von Bauvorhaben im Außenbereich, S. 345.

477 *Schröter*, Die Zulässigkeit von Bauvorhaben im Außenbereich, S. 345.

478 *Schröter*, Die Zulässigkeit von Bauvorhaben im Außenbereich, S. 345; *Köck*, ZUR 2010, 507 (511).

Umwelt zu verringern. Der Gesetzgeber hat mithin 1996 Windkraftwerke in den Katalog privilegierter Außenbereichsvorhaben im Rahmen des § 35 Abs. 1 BauGB aufgenommen und zugleich als Ausgleich zu dieser Privilegierung den Planvorbehalt nach § 35 Abs. 3 S. 3 BauGB ergänzt. Infolge der atomaren Katastrophe in Fukushima 2011 hat Deutschland für spätestens Ende 2022 den Atomausstieg beschlossen und die Energiewende parallel eingeleitet. Daher ist die Anzahl von Windenergieanlagen bundesweit stetig angestiegen, aber auch die Anzahl von zusätzlich benötigten Anlagen.[479]

Vor diesem Hintergrund ist die Privilegierung für Windräder ein viel diskutiertes Thema; demzufolge ist das Bedürfnis nach einer planerischen Steuerung des § 35 Abs. 3 S. 3 BauGB wieder wachgerufen und gewachsen. Außerdem werden Windkraftanlagen durch den technischen Fortschritt mittlerweile größer und entfalten damit zunehmend überörtliche Wirkung, d.h. moderne Anlagen sind raumbedeutsam. Daraus folgt die Notwendigkeit einer Stärkung der raumordnerischen Instrumente zur Steuerung des Windenergieausbaus, die sich allein auf raumbedeutsame Vorhaben beschränkt.

In einem Raumordnungsplan werden die Ziele der Raumordnung für eine bestimmte Fläche konkret festgelegt; dabei kann die Nutzung der Windenergie innerhalb bestimmter Standorte konzentriert und zugleich außerhalb dieser Gebiete im Plangebiet ausgeschlossen werden. Für nachfolgende Planungsebenen sind Ziele der Raumordnung strikt verbindlich, aber Grundsätze sind nur in der Abwägung zu berücksichtigen. Dazu gehören auch die gebietsbezogenen Festlegungen in Raumordnungsplänen. Nach § 7 Abs. 3 ROG, der inhaltlich § 8 Abs. 7 ROG 2008 entspricht, können also Vorrang-, Vorbehalts- und Eignungsgebiete festgelegt werden. Dabei kommt aber nur die Festlegung von Vorrang- und Eignungsgebieten als Ziele der Raumordnung in Betracht. Für eine raumordnerische Steuerung i.S.d. § 35 Abs. 3 S. 3 BauGB ist jedoch eine außergebietliche Wirkung der Raumordnungsziele notwendig. Nur Eignungsflächen entfalten – anders als Vorranggebiete – sowohl nach innen als auch nach außen ihre Wirkung. Damit kommt nur diesem Gebietstyp Zielcharakter zu.

Einem Raumordnungsplan, der bestimmte Flächen für raumbedeutsame Windenergieanlagen mit der Ausschlusswirkung im übrigen Plangebiet festlegt, muss ein schlüssiges Plankonzept für den gesamten Außenbereich zugrunde

479 Bei etwa 30.000 bestehende Windenergieanlagen sind bis 2050 noch ca. 35.000 zusätzlich zu errichten, http://www.naturschutz-energiewende.de/aktuelles/flaechenverfuegbarkeit-fuer-die-energiewende/ (Aufruf am 19.07.2021).

liegen, das hinreichend nachvollziehbar ist. Dieses Plankonzept ist zwingend abschnittsweise auszuarbeiten:

Im ersten Arbeitsschritt sind diejenigen Bereiche als Tabuzonen zu ermitteln, die für die Errichtung von Windrädern nicht verfügbar sind; dabei ist eine Einteilung in harte und weiche Tabuflächen vorzunehmen. Bei harten Tabuzonen handelt es sich um Bereiche, die aus tatsächlichen oder rechtlichen Gründen für die Windenergienutzung schlechthin ungeeignet und damit auch einer Abwägung zwischen der Windkraft und widerstreitenden Belangen generell entzogen sind. Unter weichen Tabuzonen sind demgegenüber Flächen zu verstehen, in denen nach dem Willen der Gemeinde und des Trägers der Regionalplanung die Nutzung der Windenergie von vornherein ausgeschlossen werden soll; dabei sind die weichen Tabuflächen der planerischen Abwägung zuzuordnen. In einem weiteren Arbeitsschritt sind die nach Abzug der Tabuzonen verbleibenden Potenzialflächen für die in § 35 Abs. 1 Nr. 5 BauGB privilegierte Windenergie unter Beachtung des Abwägungsgebots zu überprüfen, mit der Folge, dass dort der Windkraftnutzung substanziell Raum gegeben werden muss.

Allerdings wird in der Literatur und Rechtsprechung die gestufte Vorgehensweise zur Ermittlung von Konzentrationszonen für Windräder teils kritisch hintergefragt, weil diese – u.a. die Abgrenzung zwischen harten und weichen Tabubereichen im ersten Arbeitsschritt – komplex und damit schwierig ist. Dies zeigt sich etwa bei Abstandsflächen und Raumordnungszielen:

Die Abstände der Windräder zur Wohnbebauung werden – abhängig vom Verbot schädlicher Umwelteinwirkungen durch Lärm i.S.d. § 5 Abs. 1 BImSchG – mal als harte, mal als weiche Tabuzonen gesehen: die Schutzabstände aus § 5 Abs. 1 Nr. 1 BImSchG als harte und die Vorsorgeabstände aus § 5 Abs. 1 Nr. 2 BImSchG als weiche Tabukriterien. Jedoch ist es nicht möglich, den Abstand in § 5 Abs. 1 Nr. 1 BImSchG, der abhängig von der Anzahl der Windräder und deren – je nach Größe – verschiedenen Schallpegeln ist, als hartes Tabu exakt zu fassen, etwa weil es dabei an Kenntnis der konkreten Anlagenhöhen und -typen fehlt. Daher wird bei der Festlegung von harten Tabuzonen ein Typisierungs- und Beurteilungsspielraum angenommen. Aber die Schwierigkeiten der Abgrenzung von harten und weichen Tabuflächen bleiben – aus bereits erwähnten Gründen wie Mangel an Kenntnis der Anlagenarten – trotzdem bestehen. Dies könnte im Ergebnis also für eine alternative Planungsmethodik sprechen, indem Abstandsflächen insgesamt als weiche Tabuzonen angesehen werden, da es unsicher ist, welche Abstände zu harten bzw. weichen Tabubereichen zählen.

Außerdem sind bei der Festlegung harter Tabuflächen für Windenergieanlagen auch raumordnerische Zielvorgaben aufgrund der Anpassungspflicht des § 1 Abs. 4 BauGB bzw. § 4 Abs. 1 ROG zu beachten. Die zielförmigen Festsetzungen in einem Raumordnungsplan haben also – neben der Steuerungsfunktion nach § 35 Abs. 3 S. 3 BauGB – Bindungswirkung gegenüber den örtlichen Plangebern. Darunter sind insbesondere Eignungsgebiete in § 7 Abs. 3 S. 2 Nr. 3 ROG zu verstehen, d.h. diese Flächen werden als harte Tabukriterien angesehen. Mittels der Anpassungspflicht an die Ziele der Raumordnung können die Zielaussagen im Rahmen der Bauleitplanung umgesetzt und konkretisiert werden; dies setzt eine jeweilige Einzelfallprüfung voraus. Ein Bauleitplan, der diese Bindungswirkung missachtet, ist jedoch nichtig. Der durch die Ausweisung eines Raumordnungsplans eingetretenen Ausschlusswirkung kommt daher grundsätzlich ein Anwendungsvorrang zu.

Die genaue Unterscheidung der beiden Arten von Tabuzonen ist aber nach der höchstrichterlichen Rechtsprechung noch erforderlich, und zwar die oben beschriebene mehrstufige Prüfung. Das Bundesverwaltungsgericht hat die Bewertungskriterien zur Ermittlung des substanziellen Raumgebens nicht abschließend geklärt, sondern empfohlen, sich nach vom für den Planer zuständigen Oberverwaltungsgericht entwickelten verschiedenen Kriterien zu richten. Es hat jedenfalls ausgeführt, dass die Konzentrationsplanung des § 35 Abs. 3 S. 3 BauGB der Windenergie substanziell Raum verschaffen müsse; sie dürfe gleichzeitig nicht als Mittel dazu genutzt werden, die Errichtung von Windrädern komplett zu verhindern. Jedoch lässt sich die Frage zur Grenze dieser unzulässigen Verhinderungsplanung nicht abstrakt beantworten, sondern von den Instanzgerichten anhand der örtlichen Verhältnisse im Einzelfall. Durch diese Gerichte wurden zwar verschiedene Modelle, etwa unterschiedliche Vergleichsgrößen entwickelt, aber diese weisen keine Exklusivität auf. Dem Planer wird dennoch vorgeschlagen, auf diesem Flächenmaßstab zu schauen.

Des Weiteren kann das Substanzkriterium – verstanden als Konkretisierung der Verhinderungsplanung – durch eine quantitative Mengenvorgabe zur räumlichen Verteilung der Windkraftnutzung definiert werden. Eine planerische Mengenvorgabe ist in einigen Bundesländern wie Sachsen und Rheinland-Pfalz auf Landesebene vorhanden und eine gesetzliche in Hessen. Auf Bundesebene besteht aber keine planerische Vorgabe in quantitativer Hinsicht, auch keine gesetzliche. Eine bundesrechtliche Mengenvorgabe könnte jedoch – soweit sie keine zielförmige Vorgabe ist – in einem Bundesraumordnungsplan des § 17 Abs. 3 ROG als bloße Orientierungsvorgabe ausgestaltet werden; daneben könnte sie als neuer oder ergänzender Grundsatz des § 2 Abs. 2 Nr. 6 S. 8 ROG eingefügt werden. Da die Mengenvorgabe auf Bundesebene aber bei der raumplanerischen Abwägung zu berücksichtigen ist, wäre sie schwer umsetzbar.

Bei der Konzentrationsplanung für die Windenergie kann außerdem als Ziel der Raumordnung festgelegt werden, dass diese Zonen einem Repoweringvorhaben vorbehalten sind. Dies gilt, wenn alte Anlagen an anderen Standorten abgebaut werden. Eine solche Repoweringfestlegung erfordert eine Ermächtigung für die Raumordnungsplanung; dies ergibt sich aus § 7 Abs. 1 S. 2 ROG. Außerdem unterstützt die Vorschrift in § 249 Abs. 1 BauGB eine Repowering-Anlage, wonach die Möglichkeit der Ersetzung von Altanlagen durch Neuanlagen insbesondere für die Flächennutzungsplanung ausgeweitet wird. Aber diese Regelung kann auch im Rahmen der Raumordnungsplanung hinsichtlich ihrer Steuerung der Windkraftnutzung anwendbar sein, weil die Zielfestlegung mit der Wirkung des § 35 Abs. 3 S. 2, 3 BauGB eine Bindungswirkung für die Flächennutzungsplanung entfaltet.

D. Auswirkung bayerischer Regelungen auf die raumordnerische Steuerung von Standorten für Windenergieanlagen

I. Regionalplanung als Raumordnung

Die Raumordnung ist gut geeignet für größere Teilgebiete, verschiedene raumrelevante Belange untereinander auszugleichen.[1] Im gesetzlichen Regelfall ist der Regionalplan das dafür vorgesehene Handlungsinstrument und dient somit als regionale Raumordnung insbesondere der zentralen Steuerung und Koordinierung der konkurrierenden Nutzungen des Raums.[2] Er ist zudem ein Teil der Raumordnungsplanung für das Landesgebiet und damit aus der Landesplanung heraus zu entwickeln. Der Regionalplan darf aber nicht durch räumliche Teilpläne der landesweiten Raumordnungsplanung ersetzt werden, weil er eine eigenständige raumbezogene Planungsebene ist.[3] Hinsichtlich der Inhalte der Regionalpläne sind die Regelung der §§ 7 und 13 ROG anzuwenden.

Für die raumordnerischen Festlegungen zur Energiewende und Windenergie könnte u. a. § 13 Abs. 5 ROG eine bedeutende Rolle spielen.[4] Danach sollen die landesweiten und regionalen Raumordnungspläne i.S.d. § 13 Abs. 1 ROG Festsetzungen zur Raumstruktur enthalten. Hierzu gehören insbesondere drei sog. Kerninhalte: die anzustrebende Siedlungs- und Freiraumstruktur sowie die zu sichernden Standorte und Trassen für Infrastruktur. Darunter kann die Regelung für die Nutzung des Freiraums, also § 13 Abs. 1 S. 1 Nr. 2 ROG, als Grundlage für die Standortsteuerung von Windrädern dienen, weil sich die Errichtung von solchen Anlagen auf die Umwelt, u. a. den Freiraum häufig negativ auswirkt.[5] Darüber hinaus können die Festlegungen zur Raumstruktur

---

1 *Grotefels*, ZUR 2021, 25 (26).

2 *Grotefels*, in: Kment (Hrsg.), ROG Kommentar, § 13 Rn. 39; *Hofmann*, in: Kment (Hrsg.), ROG Kommentar, § 7 Rn. 7; nach *Grotefels*, ZUR 2021, 25 (26), geht es auf Ebene der Raumordnung darum, „*die unterschiedlichen Raumnutzungen und -funktionen einander so zuzuordnen, dass sie sich wechselseitig nicht stören und dass Flächen gegen störende Nutzungen abgesichert werden*".

3 *Grotefels*, in: Kment (Hrsg.), ROG Kommentar, § 13 Rn. 46, 63; *Hofmann*, in: Kment (Hrsg.), ROG Kommentar, § 7 Rn. 7.

4 *Grotefels*, ZUR 2021, 25 (28).

5 Eingehend dazu *Köck/Bovet*, NuR 2008, 529 (529 ff.).

in den Raumordnungsplänen wegen der Verwendung des Wortes „sollen" als Festlegungspflicht ausgelegt werden; aber nicht immer wird es als Verpflichtung gesehen.[6]

Außerdem ist die Aufzählung der Kerninhalte – wegen der Verwendung des Wortes „insbesondere" in § 13 Abs. 5 ROG – nicht abschließend, so dass Festsetzungen zur Raumstruktur mit neuartigem Inhalt insbesondere zur Konkretisierung der in § 2 ROG genannten Grundsätze der Raumordnung erfolgen können.[7] So könnte beispielsweise der mit der ROG-Novelle 2017 eingeführte § 2 Abs. 2 Nr. 6 S. 3 ROG, der erstmalig eine *„quantifizierte Vorgabe"* als Grundsatz formuliert, als Indiz dafür gewertet werden, dass bestimmte zahlenmäßige Vorgaben oder Richtwerte für den Flächenanteil der erneuerbaren Energien, u. a. Windenergie festgelegt werden können; aber die Zulässigkeit solcher Mengenziele ist noch nicht endgültig geklärt.[8] Dabei handelt es sich daher nur um eine untergeordnete Vorgabe in einem Raumordnungsgrundsatz, so dass es von größerer Bedeutung zu sein scheint, dass die Zulässigkeit der Mengenvorgaben nach den allgemeinen Anforderungen an die Rechtmäßigkeit raumordnerischer Festlegungen beurteilt wird.[9] Auf Landesebene könnte zudem die Ausweisung der Mengenvorgaben für die Windkraftnutzung erfolgen, etwa wegen einer gestuften Planungshierarchie und dem zuvor erwähnten Entwicklungsgebot nach § 13 Abs. 2 S. 1 ROG aber auch auf Regionalebene.[10]

Besonders hervorzuheben ist ferner bei Mindestausweisungen als Rechtmäßigkeitsanforderung das Abwägungsgebot in § 7 Abs. 2 ROG, dem der Raumordnungsplan, auch seine einzelnen Festlegungen genügen müssen.[11] Daran werden oftmals undifferenzierte Festlegungen, wie weit Windräder von der Wohnbebauung entfernt sein sollen, scheitern, weil hier ggf. die Berücksichtigung von standortspezifischen Gegebenheiten nicht ausreichend erfolgt.[12] Andererseits

6 *Grotefels*, ZUR 2021, 25 (28); *Grotefels*, in: Kment (Hrsg.), ROG Kommentar, § 13 Rn. 109.

7 *Grotefels*, ZUR 2021, 25 (30); *Grotefels*, in: Kment (Hrsg.), ROG Kommentar, § 13 Rn. 107, 110.

8 Siehe zu quantitativen Mengenvorgaben zum Ausbau der Windenergie näher in C. Kapitel III. 3. c) bb).

9 *Grotefels*, ZUR 2021, 25 (30).

10 *Grotefels*, ZUR 2021, 25 (30); *Kümper*, in: Kment (Hrsg.), ROG Kommentar, § 3 Rn. 71; siehe außerdem die Beispiele bei *Kindler*, Zur Steuerungskraft der Raumordnungsplanung, S. 180.

11 *Grotefels*, ZUR 2021, 25 (30); eingehend dazu *Kümper*, in: Kment (Hrsg.), ROG Kommentar, § 3 Rn. 36 ff.

12 *Grotefels*, ZUR 2021, 25 (30 f.).

können die in Raumordnungsplänen festgelegten Mindestabstände teilweise eine Überschreitung des in einzelnen Fällen nach dem Immissionsschutzrecht einzuhaltenden Abstands zur Folge haben.[13] Daraus lässt sich jedenfalls ersehen, dass Pauschal-Abstände nicht ausreichend mit dem Grundsatz zum Windenergieausbau abgewogen werden könnten.[14]

II. Rechtsgrundlagen der Regionalplanung

1. Verfassungsrechtliche Grundlagen

a) Rahmenkompetenz des Bundes bis zur Föderalismusreform I im Überblick

Bis zur Föderalismusreform im Jahr 2006 hat Art. 75 Abs. 1 Nr. 4 GG a.F. dem Bund einen gesetzlichen Rahmen für die Gesetzgebung eingeräumt, den die Bundesländer dann nach ihren jeweiligen Bedürfnissen durch Landesgesetze ausfüllen konnten. Danach war die Rahmenkompetenz für den Bereich der Raumordnung in den Ländern zuerkannt. Die Raumordnung war also sowohl dem Gesamtstaat als auch den Bundesländern zugänglich und wurde von beiden gemeinsam bestimmt.[15] Allerdings war die inhaltliche Reichweite der Gesetzgebungskompetenz des Bundes gem. Art. 75 Abs. 1 Nr. 4 GG a.F. umstritten.[16] Hinsichtlich dieser Frage hat das Bundesverfassungsgericht in seinem Gutachten von 1954 geäußert, dass sich die geschriebene Zuständigkeit zur Regelung der Raumordnung darauf beschränke, die Grundzüge der Landes- und Regionalplanung festzulegen.[17] Dieser Kompetenztitel war und ist vor allem zur Kompetenz auf dem Bereich des Bodenrechts nach Art. 74 Abs. 1 Nr. 18 GG abzugrenzen, das die städtebauliche Planung – in Gestalt von Flächennutzungs- und Bebauungsplänen – umfasst.[18] Diese beinhaltet zudem die unmittelbaren

13 *Grotefels*, ZUR 2021, 25 (31).

14 *Grotefels*, ZUR 2021, 25 (31); auch kritisch zu pauschalen Abständen *Plappert/Rudolph/Vollmer*, Auswirkungen von Mindestabständen zwischen Windenergieanlagen und Siedlungen, S. 21.

15 *Grotefels/Petschulat*, in: ARL (Hrsg.), Handwörterbuch der Stadt- und Raumentwicklung, S. 2780.

16 Vgl. *Appold*, in: Festschrift Hoppe, S. 23.

17 BVerfG, Gutachten, v. 16.06.1954, 1 PBvV 2.52 – juris Rn. 89; so auch *Hangst*, Regionalplanung im Bundesstaat, S. 75.

18 BVerfG, Gutachten, v. 16.06.1954, 1 PBvV 2.52 – juris Rn. 86.

Rechtsbeziehungen des Menschen zum Grund und Boden,[19] während die Raumordnung keine unmittelbare Außenwirkung gegenüber dem Bürger erzeugen darf.[20] Durch das Baurechtsgutachten des Bundesverfassungsgerichts war dem Bund außerdem eine ungeschriebene ausschließliche Gesetzgebungszuständigkeit kraft Natur der Sache für die Raumordnung auf Bundesebene zuerkannt.[21] Durchgehend könnte die *„Rechtswirkung der Pläne verschiedener Stufen oder verschiedenen Inhaltes"* nur durch den Bund geregelt werden, weil *„die Einpassung der Pläne ineinander zum allgemeinen Rahmen der Raumordnung gehört"*.[22]

Hinsichtlich der Rahmengesetzgebungskompetenz traten aber wiederkehrende Auslegungsfragen auf: Das konkrete Problem war nicht, dass sich der Bund bei seinen Rahmenvorgaben auf die Grundrisse einer Länderregelung beschränkte, sondern dass dieser Rahmen so konkret wurde, dass die Länder innerhalb des unter Art. 75 GG a.F. fallenden Bereichs über nahezu keinen Spielraum verfügten, um eigene Akzente zu setzen.[23] Im Zuge der Föderalismusreform wurde die Rahmenkompetenz damit abgeschafft. Als Folge dieser Abschaffung wurde die Raumordnung vielmehr der konkurrierenden Gesetzgebung nach Art. 72 Abs. 1 GG i.V.m. Art. 74 Abs. 1 Nr. 31 GG zugeordnet, verbunden mit einem Abweichungsrecht der Länder gem. Art. 72 Abs. 3 GG im Bereich der Raumordnung.[24]

b) Verfassungsänderungen durch die Föderalismusreform I

aa) Verteilung der Gesetzgebungskompetenzen für die Raumordnung

Mit der Föderalismusreform aus dem Jahr 2006[25] wurde die Verteilung der Zuständigkeiten zwischen Bund und Ländern neu geordnet. Dies führte einerseits zur Auflösung der Rahmengesetzgebung, andererseits zu einer Neugestaltung des Bund-Länder-Verhältnisses mit dem Ziel, die Demokratie auf Landesebene zu stärken.[26] So werden nämlich regionalbezogene Sachgebiete und

---

19 BVerfG, Gutachten, v. 16.06.1954, 1 PBvV 2.52 – juris Rn. 75.

20 *Kment*, NuR 2010, 392 (393).

21 BVerfG, Gutachten, v. 16.06.1954, 1 PBvV 2.52 – juris Rn. 87.

22 BVerfG, Gutachten, v. 16.06.1954, 1 PBvV 2.52 – juris Rn. 91.

23 *Sturm*, Der deutsche Föderalismus, S. 276; *Grotefels/Petschulat*, in: ARL (Hrsg.), Handwörterbuch der Stadt- und Raumentwicklung, S. 2780; vgl. BVerfG, Urt. v. 27.07.2004, 2 BvF 2.02 – juris Rn. 81 ff.

24 BT-Drs. 16/10292, S. 18; *Durner*, NuR 2009, 373 (373 f.).

25 BGBl. I S. 2034.

26 Vgl. BT-Drs. 16/813, S. 8 f.; ausführlich dazu *Sturm*, Der deutsche Föderalismus, S. 275 f.

solche Materien, die nicht zwingend einer bundesgesetzlichen Regelung bedürfen, auf die Länder verlagert und damit von ihnen geregelt.[27] In der Verfassungspraxis sind jedoch die Kompetenzen im Bereich der Gesetzgebung überwiegend dem Bund übertragen bzw. auf Bund und Länder spezifisch verteilt, namentlich auf die konkurrierende Gesetzgebungszuständigkeit nach Art. 72 GG.[28]

Insbesondere der Kompetenztitel der Raumordnung aus Art. 75 Abs. 1 Nr. 4 GG a.F. bleibt seit der Föderalismusreform von 2006 in einem Teil der konkurrierenden Gesetzgebungskompetenz nach Art. 74 Abs. 1 Nr. 31 GG erhalten.[29] In diesem Bereich verbleibt bei den Ländern die Befugnis zur Gesetzgebung, solange und soweit der Bund seine Gesetzgebungskompetenz nicht genutzt hat. Ob und inwieweit der Bund tätig wird, obliegt aber seinem Ermessen.[30] Macht er also von seiner Gesetzgebungsbefugnis nicht ganz oder nur teilweise Gebrauch, wird diese den Bundesländern eingeräumt.[31] Der Bund hat damit die konkurrierende Kompetenz u. a. auf dem Gebiet der Raumordnung, wobei der Nachweis einer Erforderlichkeit in Art. 72 Abs. 2 GG nicht mehr nötig ist.[32] Hinsichtlich

27 So *Hangst*, Regionalplanung im Bundesstaat, S. 83 f.; BT-Drs. 16/813, S. 9: Eine Stärkung der ausschließlichen Kompetenz der Länder erfolgt zum einen *„durch eine gegenständliche Begrenzung fortbestehender Kompetenztitel“*. Dies gilt etwa für das Ladenschluss-Gaststättenrecht aus Art. 74 Abs. 1 Nr. 11 GG und das Erschließungsbeitragsrecht des Art. 74 Abs. 1 Nr. 18 GG sowie bei der Lärmbekämpfung nach Art. 74 Abs. 1 Nr. 24 GG. Zum anderen erfolgt die gestärkte Länderzuständigkeit *„durch völlige Streichung von Kompetenztiteln aus dem Katalog der konkurrierenden Gesetzgebung“*.

28 *Grotefels/Petschulat*, in: ARL (Hrsg.), Handwörterbuch der Stadt- und Raumentwicklung, S. 2780 f.; ähnlich nach *Sturm*, Der deutsche Föderalismus, S. 276, ist der Weg zur Föderalismusreform I *„weit weniger radikal. Hierfür können Gründe sprechen, die sich aus den sachlichen Notwendigkeiten einer fortgesetzten Bund-Länder-Kooperation ergeben“*.

29 BT-Drs. 16/10292, S. 18; nach *Thiele*, JA 2006, 714 (715), bleibt der Kompetenzkatalog in Art. 74 GG erhalten und wurde z. B. um den Bereich der Raumordnung erweitert, der sich der Rahmengesetzgebungskompetenz aus Art. 75 Abs. 1 GG a.F. entnehmen ließ; *Sturm*, Der deutsche Föderalismus, S. 280 f.

30 *Grotefels/Petschulat*, in: ARL (Hrsg.), Handwörterbuch der Stadt- und Raumentwicklung, S. 2780.

31 *Grotefels/Petschulat*, in: ARL (Hrsg.), Handwörterbuch der Stadt- und Raumentwicklung, S. 2780.

32 BT-Drs. 16/10292, S. 18; *Thiele*, JA 2006, 714 (716): Vor der Föderalismusreform I musste *„der Bund im Rahmen der konkurrierenden Gesetzgebungskompetenz neben einem Titel aus dem Katalog des Art. 74 Abs. 1 GG stets auch eine Erforderlichkeit nach Art. 72 Abs. 2 GG nachweisen“*.

der Raumordnung kommt im Übrigen dem Bund die ungeschriebene Kompetenz aus der Natur der Sache zu; aber sie bezieht sich nur auf die Bundesraumordnung einschließlich der Raumordnung in der deutschen ausschließlichen Wirtschaftszone.[33] Der Bund hat das Raumordnungsgesetz 2008 auch gestützt auf die neue konkurrierende Gesetzgebungskompetenz und auf die Kompetenz kraft Natur der Sache erlassen.[34] In diesem Punkt besteht aber noch keine Einigkeit darüber, ob eine Zuständigkeit nach der Natur der Sache für die Raumordnung des Bundes weiterhin besteht oder durch die Änderung aus Art. 74 Abs. 1 Nr. 31 GG hinfällig geworden ist.[35]

Der neue Art. 72 Abs. 3 GG gibt allerdings den Bundesländern die Möglichkeit, in einigen Bereichen der konkurrierenden Gesetzgebung abweichende Regelungen festzulegen, auch wenn der Bund von seinem Gesetzgebungsrecht Gebrauch gemacht hat.[36] Auch die Raumordnung ist – ohne textliche Unterscheidung nach Raumordnung in Bund und Ländern – Gegenstand des Abweichungskompetenz der Länder in Art. 72 Abs. 3 S. 1 Nr. 4 GG. Damit wird den Ländern also die Abweichungsbefugnis im Falle der Raumordnung eröffnet. Dadurch kommt es sodann zu einer „Ping-Pong-Gesetzgebung" zwischen Bund und Ländern; auf beiden Ebenen können die Gesetze wechselseitig außer Kraft gesetzt werden, denn im Verhältnis zwischen Bundes- und Landesrecht gilt das jeweils spätere Gesetz, so Art. 72 Abs. 3 S. 3 GG.[37] Dies betrifft auch die Gesetzgebung für die Raumordnung: Ist diese Materie im Wege der konkurrierenden Gesetzgebung aus Art. 74 Abs. 1 Nr. 31 GG durch Bundesgesetz erlassen worden, kann hiervon nach Maßgabe des Art. 72 Abs. 3 S. 1 Nr. 4 GG durch Landesgesetz abgewichen werden. Insofern können abweichende landesrechtliche Regelungen bereits nach der Verkündigung der Bundesvorschriften, die der Abweichungsmöglichkeit unterliegen, getroffen werden. Dabei ist zu beachten, dass Bundesgesetze nach Art. 72 Abs. 3 S. 2 GG erst sechs Monate nach ihrem Erlass in Kraft treten, wobei ihr früheres Inkrafttreten nur durch Zustimmung des Bundesrates

---

33 *Bartram*, Ziele der Raumordnung, S. 37; BT-Drs. 16/10292, S. 18; BVerfG, Gutachten, v. 16.06.1954, 1 PBvV 2.52 – juris Rn. 87.

34 *Bartram*, Ziele der Raumordnung, S. 37; BT-Drs. 16/10292, S. 18.

35 *Kindler*, Zur Steuerungskraft der Raumordnungsplanung, S. 232 f.; so bereits: D. Kapitel II. 1. B) bb).

36 *Thiele*, JA 2006, 714 (716); *Degenhart*, NVwZ 2006, 1209 (1212); *Durner*, NuR 2009, 373 (374); *Sturm*, Der deutsche Föderalismus, S. 277.

37 *Battis/Kersten*, DVBl. 2007, 152 (156 f.); *Degenhart*, NVwZ 2006, 1209 (1212); *Schmitz/Müller*, RuR 2007, 456 (458); siehe auch: *Erbguth*, ZUR 2019, 195 (196).

möglich ist.[38] Dadurch sollen die Länder die Möglichkeit gewinnen, vor dem Inkrafttreten der Bundesregelung diese bereits außer Kraft zu setzen, bzw. ein von Bundesrecht abweichendes Landesrecht zu erlassen.[39]

bb) Abweichungskompetenz der Länder

(1) Reichweite des Abweichungsrechts

Durch die Föderalismusreform 2006 ist in der Literatur eine große Diskussion um die Gesetzgebungskompetenz im Bereich der Raumordnung, insbesondere um den Abweichungsvorbehalt zugunsten der Bundesländer, dem gem. Art. 72 Abs. 3 S. 1 Nr. 4 GG die Raumordnung unterstellt ist, ausgelöst worden. Alle Ziffern aus Art. 72 Abs. 3 S. 1 GG knüpfen zwar grundsätzlich an die Vollkompetenz des Bundes in Art. 74 Abs. 1 Nr. 28 bis 33 GG an, ermöglichen aber zugleich den Ländern, von Bundesregelungen ihrerseits durch Gesetz abzuweichen.[40] Die Kollisionsnorm des Art. 31 Abs. 1 GG wird hier außer Kraft gesetzt.[41] Innerhalb des Kompetenztitels nach Art. 72 Abs. 3 S. 1 GG existieren jedoch abweichungsfeste Kernbereiche,[42] die aus den Gegenständen der Länderabweichungsbefugnis ausgeschlossen sind. So können die Länder in den Bereichen des Jagdwesens, des Naturschutzes und der Landschaftspflege sowie des Wasserhaushalts nach Art. 72 Abs. 3 S. 1 Nr. 1, 2 und 5 GG keine abweichenden Regelungen treffen. Demgegenüber steht ihnen das Recht zur uneingeschränkten Abweichung z. B. für die Regelung der Raumordnung i.S.d. Art. 72 Abs. 3 S. 1 Nr. 4 GG zu.[43] Daraus lässt sich jedoch nicht schließen, dass im Hinblick auf die Raumordnungsmaterie

---

38 *Schmitz/Müller*, RuR 2007, 456 (457); dazu: im Gesetzentwurf BT-Drs. 16/813, S. 11, war mit einem früheren Inkrafttreten des Bundesgesetzes eine Zwei-Drittel-Mehrheit der Stimmen im Bundesrat notwendig; siehe auch *Degenhart*, NVwZ 2006, 1209 (1212).

39 Vgl. BT-Drs. 16/813, S. 11; hierzu *Battis/Kersten*, DVBl. 2007, 152 (156); *Schmitz/Müller*, RuR 2007, 456 (457).

40 *Uhle*, in: Maunz/Dürig, GG Kommentar, Stand: 01.01.2021, Art. 72 Rn. 200; *Hangst*, Regionalplanung im Bundesstaat, S. 87 f.; *Battis/Kersten*, DVBl. 2007, 152 (156).

41 *Degenhart*, NVwZ 2006, 1209 (1212); nach *Kment*, in: Jarass/Pieroth, GG Kommentar, Art. 72 Rn. 32, ist die Vorgabe des Art. 72 Abs. 3 S. 3 GG, dass im Bereich der Abweichungsgesetzgebung i.S.d. Art. 72 Abs. 3 S. 1 GG „*im Verhältnis von Bundes- und Landesrecht das jeweils spätere Gesetz vorgeht, ist eine Spezialregelung zu Art. 31 GG*".

42 BT-Drs. 16/813, S. 11; siehe auch *Erbguth*, ZUR 2019, 195 (195).

43 *Battis/Kersten*, DVBl. 2007, 152 (156); *Schmitz/Müller*, RuR 2007, 456 (461 f.); *Spannowsky*, UPR 2007, 41 (41); ähnlich *Runkel*, ZUR 2019, 210 (211).

kein abweichungsresistenter Kernbereich bestehen könnte.[44] Vielmehr ist eine Beantwortung dieser Fragestellung durch eine tiefere Verfassungsinterpretation zu gewinnen.[45] Aus der wörtlichen, historischen, systematischen und teleologischen Auslegung kann aber nicht auf die Annahme eines abweichungsfesten Kerns für den Titel der Raumordnung geschlossen werden.[46]

Aber auch der Sichtweise, Art. 72 Abs. 3 S. 1 Nr. 4 GG als abweichungsresistent anzusehen,[47] wurde nicht zugestimmt.[48] Dies führt dann zur Schlussfolgerung, dass den Bundesländern das Tor zur Abweichung weit offen stehen könnte, d.h. die Länder eine Befugnis zur Totalabweichung, die sich auch auf die Raumordnung des Bundes erstrecken könnte, haben würden.[49] Denn nach dem Wortlaut bestehen keine Unterschiede zwischen der konkurrierenden Gesetzgebung nach Art. 74 Abs. 1 Nr. 31 GG und der Länderabweichungsbefugnis aus Art. 72 Abs. 3 S. 1 Nr. 4 GG.[50] Dem Zugriff der Ländergesetzgeber sind zudem die Regelungsmaterien, die dem Bund kraft Natur der Sache obliegen, entzogen;[51] damit kann sich die Abweichungsmöglichkeit für die Bundesländer nicht auf die gesamte Gesetzgebungsmaterie Raumordnung beziehen.[52]

---

44 *Battis/Kersten*, DVBl. 2007, 152 (157 f.); *Schmitz/Müller*, RuR 2007, 456 (460 ff.); *Spannowsky*, UPR 2007, 41 (45); siehe auch: *Schmitz/Jornitz*, DVBl. 2013, 741 (742); eingehend dazu *Hangst*, Regionalplanung im Bundesstaat, S. 169 ff.

45 *Battis/Kersten*, DVBl. 2007, 152 (158); *Schmitz/Müller*, RuR 2007, 456 (461 f.); *Spannowsky*, ZfBR 2007, 221 (221); ähnlich dazu *Hoppe*, DVBl. 2007, 144 (146).

46 Ausführlich dazu *Schmitz/Müller*, RuR 2007, 456 (461 f.).

47 Beispielhaft für die Anerkennung eines abweichungsfesten Kerns im Bereich der Raumordnung: *Battis/Kersten*, DVBl. 2007, 152 (152 ff.); *Kment*, NuR 2006, 217 (217 ff.).

48 *Hangst*, Regionalplanung im Bundesstaat, S. 170.

49 *Spannowsky*, UPR 2007, 41 (44 f.); *Schmitz/Müller*, RuR 2007, 456 (462); *Uhle*, in: Maunz/Dürig, GG Kommentar, Stand: 01.01.2021, Art. 72 Rn. 219; dagegen insbesondere *Bartram*, Ziele der Raumordnung, S. 41 f.

50 *Schmitz/Müller*, RuR 2007, 456 (459 f.); *Bartram*, Ziele der Raumordnung, S. 40; ferner *Hangst*, Regionalplanung im Bundesstaat, S. 170 ff.: Da die Länderabweichungsbefugnis in Art. 73 Abs. 3 S. 1 Nr. 4 GG neu ist, kann sich der Kompetenztitel Raumordnung dort allein *„auf Art. 74 Abs. 1 Nr. 31 GG als Nachfolgeregelung des Art. 75 Abs. 1 Nr. 4 GG a.F.“* beziehen.

51 Eingehend dazu *Spannowsky*, UPR 2007, 41 (42 ff.); *Bartram*, Ziele der Raumordnung, S. 40 f.

52 Zutreffend dazu *Kindler*, Zur Steuerungskraft der Raumordnungsplanung, S. 235; so auch *Bartram*, Ziele der Raumordnung, S. 40 ff.; *Battis/Kersten*, DVBl. 2007, 152 (158); *Spannowsky*, UPR 2007, 41 (51); *Grotefels/Petschulat*, in: ARL (Hrsg.), Handwörterbuch der Stadt- und Raumentwicklung, S. 2782; *Hangst*, Regionalplanung im Bundesstaat, S. 170 ff.

Trotzdem stellt sich noch die Frage, ob ein abweichungsfester Bereich der Raumordnung für das gesamte Staatsgebiet besteht, also ob sich dieser aus der Bundeskompetenz nach der Natur der Sache ableiten lässt.[53] Dies ist fraglich, weil für die ungeschriebene ausschließliche Zuständigkeit des Bundes kraft Natur der Sache für die Raumordnung in Bezug auf den staatlichen Gesamtraum neben der Neuordnung der konkurrierenden Gesetzgebung kein Raum wäre.[54] Im Überschneidungsbereich tritt also die ungeschriebene Gesetzgebungszuständigkeit aus der Natur der Sache hinter die ausdrücklich geschriebene konkurrierende Kompetenz zurück.[55] Dies ist jedoch von Bedeutung, wenn die Frage, inwieweit das Abweichungsrecht der Länder hinsichtlich seiner inhaltlichen Reichweite begrenzt wird, kontrovers diskutiert wird, weil *„die Kompetenz kraft Natur der Sache für die auf den Gesamtraum bezogene Raumordnung des Bundes zwar durch die konkurrierende Gesetzgebungszuständigkeit verdeckt ist, aber zumindest als Auslegungshilfe wieder wirksam wird, wenn die Länder in diesen von der Kompetenz kraft Natur der Sache erfassten Bereich vordringen"*.[56] Dann nämlich wird das Prinzip der Bundestreue herangezogen, wonach die Wahrnehmung der Länderabweichungsbefugnis den allgemeinen verfassungsrechtlichen Bindungen unterliegt.[57] Der Bund und die Länder müssen bei der Inanspruchnahme ihrer eigenen Kompetenzen insbesondere Rücksicht aufeinander nehmen; selbst wenn Maßnahmen an sich von Rechtsnormen gedeckt sind, dürfen sie nicht ohne Rücksicht auf die Gesamtinteressen des Bundesstaates getroffen werden, d.h. das Bundesrecht hat insofern immer Vorrang.[58]

Schließlich ist es nicht anzuzweifeln, dass sich ein abweichungsresistenter Kern für den Themenbereich der Raumordnung nicht ergibt, der sich auch nicht aus ungeschriebenen ausschließlichen Zuständigkeiten und Verfassungsprinzipien ableiten lässt.[59] Diese Ansicht wird durch das Bundesverfassungsgericht,

---

53 *Schulze-Fielitz*, NVwZ 2007, 249 (255).

54 *Spannowsky*, UPR 2007, 41 (44 f.); *ders*, ZfBR 2007, 221 (221 f.); vgl. hierzu *Bartram*, Ziele der Raumordnung, S. 41 f.; *Durner*, NuR 2009, 373 (374); siehe auch *Schmitz/Müller*, RuR 2007, 456 (462).

55 *Spannowsky*, ZfBR 2007, 221 (222).

56 *Spannowsky*, ZfBR 2007, 221 (222).

57 *Schulze-Fielitz*, NVwZ 2007, 249 (254); *Bartram*, Ziele der Raumordnung, S. 41.

58 Vgl. BVerfG, Beschl. v. 30.03.2013, 2 BvF 1.05 – juris Rn. 87: Keine missbräuchliche Ausübung von einer dem Bund durch das Grundgesetz eingeräumten Kompetenz; ähnlich dazu *Spannowsky*, ZfBR 2007, 221 (222); ferner *Schulze-Fielitz*, NVwZ 2007, 249 (254); *Bartram*, Ziele der Raumordnung, S. 41.

59 *Schmitz/Müller*, RuR 2007, 456 (462); ähnlich *Bartram*, Ziele der Raumordnung, S. 41.

den Verfassungsgesetzgeber und Teile der Literatur bestätigt.[60] Hieraus folgt außerdem auch, dass der abweichungsfeste Kernbereich eng zu verstehen wäre, also sich die Raumordnungsmaterie i.S.d. Art. 72 Abs. 3 S. 1 Nr. 4 GG nur auf die Raumordnung für die Bundesländer beziehen müsste.[61]

Die Einführung der Abweichungsrechte der Länder könnte zudem zu einem Kompetenz-Debakel im Hinblick auf die Raumordnungsmaterie führen.[62] Jedoch hat sich diese Problematik bislang nur als theoretisches Problem gezeigt.[63] Die meisten Landesgesetzgeber setzen sich also *„neben das Raumordnungsgesetz des Bundes und versuchen sich in der Ergänzung der bestehenden Bundesregelungen"*.[64] Darüber hinaus aber hat ein Bundesland, nämlich der Freistaat Bayern, über die Möglichkeit der Abweichungsregelung nachgedacht;[65] demzufolge hat er mittels der Anwendung der Abweichungsgesetzgebung seinerseits ein Vollgesetz des Raumordnungsgesetzes geregelt, mit dem Zweck, das Raumordnungsgesetz des Bundes abzulösen.[66] Das bayerische Landesplanungsgesetz ist jedoch vielen Bereichen des Raumordnungsgesetzes 2008 – teilweise sogar wörtlich – entnommen.[67] Daneben hat der bayerische Gesetzgeber auch

60 BT-Drs. 16/10292, S. 19; so schon BT-Drs. 16/2069, S. 13; vgl. BVerfG, Gutachten, v. 16.06.1954, 1 PBvV 2.52 – juris Rn. 89; so auch *Bartram*, Ziele der Raumordnung, S. 40 ff.; *Schmitz/Müller*, RuR 2007, 456 (462); ähnlich dazu *Hangst*, Regionalplanung im Bundesstaat, S. 172; *Grotefels/ Petschulat*, in: ARL (Hrsg.), Handwörterbuch der Stadt- und Raumentwicklung, S. 2782; *Hoppe*, DVBl. 2007, 144 (147 f.).

61 Aber anders: Nach *Erbguth*, ZUR 2019, 195 (197), darf *„selbst in Zweifelfällen keine enge oder weite Auslegung der Bundes- oder Länderabweichungskompetenzen erfolgen, sondern allein eine solche an Art. 72 Abs. 3 GG und seiner Stellung in der Gesamtvorschrift orientierte statthaft ist"*; ferner nach Kindler, Zur Steuerungskraft der Raumordnungsplanung, S. 235, hat der Verfassungsgesetzgeber eine klare Bezeichnung des abweichungsfesten Bereichs *„trotz kontroverser Diskussionen und unterschiedlicher Vorschläge im Gesetzgebungsverfahren gerade nicht vorgenommen"*.

62 *Hoppe*, DVBl. 2007, 144 (152); *Schmitz/Jornitz*, DVBl. 2013, 741 (746); ähnlich dazu *Degenhart*, NVwZ 2006, 1209 (1213).

63 *Klein/Schneider*, DVBl. 2006, S. 1549 (1553).

64 *Kindler*, Zur Steuerungskraft der Raumordnungsplanung, S. 236 f.; auch nach *Bartram*, Ziele der Raumordnung, S. 43, werden die meisten Länder *„über eine funktionierende Musterregelung des Bundes froh sein"*; zuletzt *Schmitz*, ZUR 2019, 203 (207 f.).

65 Eingehend dazu *Numberger*, ZUR 2019, 217 (217 ff.); ähnlich *Schmitz*, ZUR 2019, 203 (207); hinweisend auf extreme Positionen der Landesplanung und Planungsphilosophie in Bayern: *Hoppe*, DVBl. 2007, 144 (150 ff.).

66 BayLT-Drs. 16/10945, S. 1, 17.

67 BayLT-Drs. 16/10945, S. 16; ausführlich zur Bewertung des bayerischen Landesplanungsgesetzes: *Schmitz/Jornitz*, DVBl. 2013, 741 (744 ff.); so bereits zur Frage einer

einige Abweichungen vom Bundesrecht und besondere Akzentsetzungen Bayerns beabsichtigt.[68]

Schließlich ist für mehrere Regelungsgegenstände nicht immer klar, ob eine Abweichungsbefugnis der Länder besteht – mit der Folge der Rechtsunübersichtlichkeit; aus diesem Grund wird die Frage erörtert, ob ein Zitiergebot für eine solche Kompetenz zur Anwendung kommt.[69] Denn hilfreich könnte hier sein, dass ein Landesgesetzgeber jeweils verdeutlicht, von welcher Bundesregelung abgewichen wird.[70] Die Frage des Zitiergebots wurde bereits im Rahmen der Föderalismusreform 2006 diskutiert und damit die Grundlage für die heute bestehende Dokumentation vom abweichenden Landesrecht gebildet.[71] Dies zeigt sich beispielsweise darin, dass in der Datenbank „Gesetze im Internet" jeweils in einer Fußnote der Bundesnorm abweichende Landesgesetze aufgeführt werden.[72] In dieser Online-Datenbank verweisen die Fußnotenhinweise des Raumordnungsgesetzes *„zu pauschal auf jede Regelung des Bayerischen Landesplanungsgesetzes; die relevante raumordnungsrechtliche Regelung zeigt sich einem nur mühsam"*.[73]

Das Zitiergebot in Art. 72 Abs. 3 GG erweist sich zwar – im Zusammenhang mit der Schaffung von Rechtssicherheit – als sinnvoll,[74] kann aber nicht angeordnet werden, insbesondere weil die Rechtsfolgen bei nachträglichen Veränderungen des Bundesrechts, also des Raumordnungsgesetzes, nach erfolgten

---

das Bundesrecht allein wiederholenden Landesregelung *Schmitz/Müller*, RuR 2007, 456 (459); ferner *Kment*, in: Jarass/Pieroth, GG Kommentar, Art. 72 Rn. 30, wonach *„die bloße Wiederholung des Bundesrechts"* keine Abweichung ist.

68 BayLT-Drs. 16/10945, S. 16 f.; *Schmitz/Jornitz*, DVBl. 2013, 741 (745 f.).

69 *Kindler*, Zur Steuerungskraft der Raumordnungsplanung, S. 237; *Uhle*, in: Maunz/Dürig (Hrsg.), GG Kommentar, Stand: 01.01.2021, Art. 72 Rn. 284; näher *Zsinka*, Das Zitiergebot für die Abweichungsgesetzgebung, S. 221 ff.; siehe außerdem dazu *Runkel*, ZUR 2019, 210 (212).

70 *Runkel*, ZUR 2019, 210 (212); eingehend zu Funktionen des Zitiergebots *Zsinka*, Das Zitiergebot für die Abweichungsgesetzgebung, S. 216 ff.

71 *Zsinka*, Das Zitiergebot für die Abweichungsgesetzgebung, S. 225 ff.; *Uhle*, in: Maunz/Dürig (Hrsg.), GG Kommentar, Stand: 01.01.2021, Art. 72 Rn. 285.

72 *Zsinka*, Das Zitiergebot für die Abweichungsgesetzgebung, S. 231.

73 *Kindler*, Zur Steuerungskraft der Raumordnungsplanung, S. 237.

74 *Kindler*, Zur Steuerungskraft der Raumordnungsplanung, S. 238; anhand der Bundesrechtsdatenbank im Internet kann die inhaltliche Reichweite des Abweichungsrechts leichter bestimmt werden, so *Zsinka*, Das Zitiergebot für die Abweichungsgesetzgebung, S. 231.

Zitierungen im davon abweichenden Landesrecht andere sein können.[75] Außerdem hat zumindest der Landtag innerhalb einer Frist von sechs Monaten nach Art. 72 Abs. 3 S. 2 GG noch Zeit, um bis zum Inkrafttreten der Bundesnorm Änderungsgesetze auszuarbeiten.[76] Damit können die Rechtsfolgen allein in der Auslegung raumordnungsrechtlicher Vorschriften zu suchen sein.[77]

(2) Abweichende Landesgesetzgebung im Verhältnis zum Raumordnungsgesetz 2017 aus bayerischer Sicht

Wie bereits oben ausgeführt, wird im Rahmen der Abweichungsgesetzgebung das Verhältnis von Bundes- und Landesrecht durch die Regelung des Art. 72 Abs. 3 S. 3 GG bestimmt, wonach das jeweils spätere Recht in der Anwendung vorgeht. Dies hat die Frage nach der Definition des jeweils späteren Gesetzes nach sich gezogen,[78] vor allem auch in Bezug auf die Novelle des Raumordnungsgesetz 2017. Beispielsweise ist fraglich, was bei der ROG-Novelle 2017 das spätere Gesetz ist. Um diese Frage zu beantworten, wird es wohl auf die vom ROG-Änderungsgesetz 2017 verwendeten drei unterschiedlichen Regelungstechniken ankommen: Änderungen bestehender Vorschriften des Raumordnungsgesetzes 2008, Umsortierungen und Vollregelungen.[79]

Mit dem Inkrafttreten des Raumordnungsgesetzes 2017 könnte jedenfalls – im Sinne des Art. 72 Abs. 3 S. 3 GG – die Gültigkeit des bayerischen Landesplanungsgesetzes 2012 zweifelhaft sein. Denn der Freistaat Bayern hat bislang auf das Bundesänderungsgesetz nicht reagiert und zugleich *„die Reichweite und die Bedeutung des Anwendungsvorrangs des Raumordnungsgesetzes 2017 gegenüber dem bayerischen Landesplanungsgesetz 2012“* ignoriert.[80] Wie oben erwähnt, gibt

75 *Runkel*, ZUR 2019, 210 (212); *Zsinka*, Das Zitiergebot für die Abweichungsgesetzgebung, S. 232.

76 *Zsinka*, Das Zitiergebot für die Abweichungsgesetzgebung, S. 232.

77 *Runkel*, ZUR 2019, 210 (212).

78 *Erbguth*, ZUR 2019, 195 (200); siehe auch *Numberger*, ZUR 2019, 217 (220).

79 Eingehend dazu *Runkel*, ZUR 2019, 210 (214 f.); zum späteren Gesetz im Rahmen der Abweichungsgesetzgebung *Erbguth*, ZUR 2019, 195 (200); ferner *Runkel*, ZUR 2019, 210 (213 f.); nach *Schmitz*, ZUR 2019, 203 (205), löst ein Bundesänderungsgesetz, das auf ein Abweichungsgesetz der Länder folgt, nur insoweit den Anwendungsvorrang aus, als das bundesrechtliche Änderungsgesetz eine materielle Änderung hatte bzw. als Vollgesetz neu erlassen wurde.

80 *Numberger*, ZUR 2019, 217 (219); aber Niedersachen hat sein Landesplanungsgesetz innerhalb der Frist aus Art. 72 Abs. 3 S. 2 GG auf das ROG-Änderungsgesetz 2017 reagiert und damit an die Änderungen durch die ROG-Novelle 2017 angepasst, so *Runkel*, ZUR 2019, 210 (214).

die Vorschrift des Art. 72 Abs. 3 S. 3 GG im Rahmen der Abweichungskompetenz dem jeweils späteren Bundes- oder Landesrecht Anwendungsvorrang. In diesem Fall hat aber der Gesetzgeber des ROG-Änderungsgesetzes 2017 bestimmt, dass der Bundesgesetzgeber im Einzelfall auf diesen Vorrang verzichtet,[81] so § 27 Abs. 3 ROG 2017. Er wollte also im Ergebnis von seiner Gesetzgebungsbefugnis aus Art. 72 Abs. 3 S. 3 GG gegenüber dem bayerischen Landesplanungsgesetz 2012 keinen Gebrauch machen.[82] Jedoch wird die aus dem „Ping-Pong-Effekt" zwischen Bundes- und abweichendem Landesrecht i.S.d. Art. 72 Abs. 3 S. 3 GG resultierende Rechtsunsicherheit nicht durch das Überleitungsrecht des § 27 Abs. 3 ROG vermieden.

Darüber hinaus wird es nicht auf solche Regelungstechniken, derer sich das Raumordnungsgesetz 2017 bedient, ankommen, um den Geltungsvorrang vor dem bayerischen Landesplanungsgesetz zu begründen.[83] Es handelt sich bei der ROG-Novelle 2017 um eine Vollregelung, selbst wenn sie inhaltsgleich zum Raumordnungsgesetz 2008 ist; das bayerische Landesplanungsgesetz 2012 gilt nicht mehr für den gesamten Anwendungsbereich des Raumordnungsgesetzes 2017, es sei denn, dass das novellierte Bundesrecht *„ausdrücklich durch Nichtgebrauch der konkurrierenden Gesetzgebung nach Art. 72 Abs. 1 GG ergänzendes Landesrecht"* weiterhin zulässt.[84]

c) Planungshoheit als Teil der kommunalen Selbstverwaltungsgarantie

Art. 28 Abs. 2 S. 1 GG sichert den Gemeinden das Recht, die Angelegenheiten der örtlichen Gemeinschaft eigenverantwortlich zu regeln. Davon wird insbesondere die Planungshoheit für den Bereich der Bauleitplanung geschützt. Sie besteht in der Befugnis, für das jeweilige Gemeindegebiet die städtebauliche Entwicklung planerisch zu steuern, namentlich die daraus resultierende Art der Bodennutzung darzustellen.[85] Die Planungshoheit wird aber dabei nicht grenzenlos gewährleistet, sondern im Rahmen der Gesetze, weil das Gemeindegebiet

81 *Runkel*, ZUR 2019, 210 (216).

82 *Numberger*, ZUR 2019, 217 (219).

83 *Numberger*, ZUR 2019, 217 (220).

84 *Numberger*, ZUR 2019, 217 (220).

85 *Kment*, NuR 2018, 217 (221); *Kment*, in: Jarass, GG Kommentar, Art. 28 Rn. 31; vgl. hierzu auch *Grotefels/Petschulat*, in: ARL (Hrsg.), Handwörterbuch der Stadt- und Raumentwicklung, S. 2786.

sich zugleich auf überörtliche Interessen erstreckt.[86] Das Selbstverwaltungsrecht einschließlich der Planungshoheit i.S.d. Art. 28 Abs. 2 S. 1 GG kann also durch den Gesetzesvorbehalt begrenzt werden.[87] So zeigt sich beispielsweise, dass die Planungshoheit durch das gesetzlich geregelte Zielanpassungsgebot nach § 1 Abs. 4 BauGB eingeschränkt wird, d.h. dass die kommunale Planung an Raumordnungsziele gebunden werden soll.[88] Dies gilt aber nur insoweit, als es zu Zielkonflikten mit der Bauleitplanung kommt.[89] Schränken jedoch Standortausweisungen als Ziele der Raumordnung in einem Regionalplan die städtebauliche Planungshoheit einzelner Gemeinden ein, so muss dies durch überörtliche Interessen von höherem Gewicht gerechtfertigt sein und vor allem dem Grundsatz der Verhältnismäßigkeit genügen.[90] Je intensiver das Ziel der Raumordnung die gemeindliche Planungshoheit beschränkt, desto größer müssen die überörtlichen Belange sein.[91] Dieser hohe Konkretisierungsgrad einer Standortfestlegung in einem Regionalplan ist jedenfalls unbedingt auf das erforderliche Maß zu begrenzen und den Gemeinden Raum für ihre Planung zu lassen.[92]

2. Regionalplanerische Gebietsfestlegungen

a) Planungsrecht der Bundesländer im Überblick

Die drei in § 7 Abs. 4 ROG 1998 genannten Gebietstypen Vorrang-, Vorbehalts- und Eignungsgebiet wurden nicht von allen Bundesländern abschließend übernommen. So ist die Kategorie des Eignungsgebiets in einigen Bundesländern nicht vorgesehen, während die Regelung der anderen Gebietstypen in allen Lan-

---

86 *Grotefels/Petschulat*, in: ARL (Hrsg.), Handwörterbuch der Stadt- und Raumentwicklung, S. 2785 f.

87 Eingehend dazu *Kment*, in: Jarass, GG Kommentar, Art. 28 Rn. 36; *Kment*, NuR 2018, 217 (221 ff.).

88 *Kment*, NuR 2018, 217 (221 f.); *Spannowsky*, ZfBR 2015, 445 (445); siehe auch BVerfG, Beschl. v. 07.10.1980, 2 BvR 584.76 – juris Rn. 96.

89 *Spannowsky*, ZfBR 2015, 445 (448).

90 BVerwG, Urt. v. 15.05.2003, ZUR 2004, 91 (91 ff.); BVerwG, Urt. v. 10.11.2011, 4 CN 9.10 – juris Rn. 12; zuletzt: VerfGH, Urt. v. 01.12.2020, BeckRS 2020, 35658 Rn. 101; ferner *Hentschel*, Umweltschutz bei Errichtung und Betrieb von Windkraftanlagen, S. 200 f.; näher zum Verhältnismäßigkeitsgebot in: *Kment*, NuR 2018, 217 (222 ff.).

91 *Hentschel*, Umweltschutz bei Errichtung und Betrieb von Windkraftanlagen, S. 200.

92 *Hentschel*, Umweltschutz bei Errichtung und Betrieb von Windkraftanlagen, S. 200; siehe außerdem dazu *Grotefels/Petschulat*, in: ARL (Hrsg.), Handwörterbuch der Stadt- und Raumentwicklung, S. 2786; BVerwG, Urt. v. 15.05.2003, ZUR 2004, 91 (92 ff.).

desplanungsgesetze getroffen ist. Die Vorschrift in § 7 Abs. 4 ROG 1998 enthält – nach der Rechtsprechung[93] – einen Katalog von beispielhaften Möglichkeiten zur Festlegung von bestimmten Gebietsarten, wonach sogar ein neuer Typ, z. B. ein reines Ausschlussgebiet, entwickelt werden kann; zugleich können die raumordnungsrechtlich geregelten Festlegungsmöglichkeiten durch die Bundesländer eingeschränkt werden.[94] Des Weiteren steht – wie bereits erwähnt – den Ländern das Abweichungsrecht z. B. im Bereich der Raumordnung i.S.d. Art. 72 Abs. 3 S. 1 Nr. 4 GG zu, wobei es nicht als abweichungsfest angesehen wird. Ihnen steht es damit frei, ihre eigenen Gebietskategorien festzusetzen – positiv wie negativ.[95] Davon haben einige Bundesländer schon Gebrauch gemacht. Sie haben also auf der Grundlage der Abweichungsbefugnisse zusätzlich noch eigene Gebietsarten – insbesondere sog. Ausschlussgebiete – in ihrem Landesplanungsgesetz geschaffen. Anhand folgender Beispiele zeigt sich, dass sich die landesrechtlichen Planungsgesetze auf die Standortsteuerung von Windkraftanlagen durch die Raumordnungsplanung stark auswirken:

So sah z. B. das Landesplanungsgesetz Baden-Württemberg vor, neben den Vorrang- und Vorbehaltsgebieten auch Ausschlussgebiete festzulegen. Nach § 11 Abs. 7 S. 1 LplG BW 2003 waren Standorte für regionalbedeutsame Windenergienutzung als Vorranggebiete, bzw. weiße Gebiete, und die restlichen Flächen als Ausschlussgebiete, d.h. schwarze Gebiete, festzulegen. In diesem Bundesland war danach eine sog. Schwarz-Weiß-Planung möglich. In der Literatur wurde zutreffend festgestellt, dass diese Formulierung eine zwingende Vorgehensweise zur Konzentrationsplanung des § 35 Abs. 3 S. 3 BauGB war, die vom Landesgesetzgeber vorgeschrieben war, d.h. dass sie einen Planungsbefehl enthielt.[96] Als Folge dieser Rechtslage verblieb den Regionalplanungsträgern keine Möglichkeit zum Verzicht auf die regionalplanerische Windenergiesteuerung und zugleich den Gemeinden kein Handlungsspielraum für die Bauleitplanung mehr.[97]

---

93 BVerwG, Urt. v. 01.07.2010, 4 C 6.09 – juris Rn. 16.

94 *Krappel/Freiherr*, ZfBR 2012, 65 (66); *Grotefels*, in: Kment (Hrsg.), ROG Kommentar, § 7 Rn. 43 f.; siehe außerdem dazu auch *Manssen*, in: Festschrift Bartlsperger, S. 367.

95 *Krappel/Freiherr*, ZfBR 2012, 65 (66 f.); aber in den Raumordnungsplänen auf Landesebene waren *„keine weiteren Positivgebiete in Ergänzung der Aufzählung in § 8 Abs. 7 ROG 2008"* zu finden, so *Schmidtchen*, Klimagerechte Energieversorgung im Raumordnungsrecht, S. 261 f.

96 Näher dazu *Schmidtchen*, Klimagerechte Energieversorgung im Raumordnungsrecht, S. 266 f.; *Nonnenmacher*, VBlBW 2012, 256 (256 ff.).

97 *Kindler*, Zur Steuerungskraft der Raumordnungsplanung, S. 192; ferner *Schmidtchen*, Klimagerechte Energieversorgung im Raumordnungsrecht, S. 266.

Mit der Änderung des baden-württembergischen Landesplanungsgesetzes 2012 wurde der zuvor bestehende Konzentrationsplanungsbefehl allerdings zum Konzentrationsplanungsverbot.[98] Nach § 11 Abs. 7 S. 1 LplG BW n.F. können Standorte von Windkraftanlagen künftig nur noch als Vorranggebiete festgesetzt werden; zugleich müssen keine Ausschlussgebiete mehr ausgewiesen werden.[99] Dadurch wird die bisherige Schwarz-Weiß-Lösung von einer Weiß-Grau-Lösung abgelöst, um den Windenergieausbau erheblich zu beschleunigen: Die grauen Gebiete stehen nunmehr den Kommunen für die Planung von Windenergieanlagen zur Verfügung.[100] Die daraus resultierende Stärkung des gemeindlichen Selbstverwaltungsrechts lässt eine Zunahme der Flächen für die Windkraftnutzung erwarten.[101] Demgegenüber wurde durch die Novelle des Landesplanungsgesetzes den Trägern der Regionalplanung das Instrument der Konzentrationsplanung gem. § 35 Abs. 3 S. 3 BauGB genommen, weil der zwingende Ausschluss der Windenergie außerhalb der von der Regionalplanung festzulegenden Vorranggebiete fehlt. Dies gilt gewissermaßen als Neustart der regionalplanerischen Steuerung der Windkraftnutzung in Baden-Württemberg.[102] Aber die daraus resultierenden positiven Effekte für die Ausbauziele der Landesregierung sind bisher ausgeblieben.[103]

Auch in Rheinland-Pfalz gibt es eine gesetzliche Regelung zu Ausschlussgebieten durch das Landesplanungsgesetz. Nach § 6 Abs. 2 Nr. 3 LplG RP können neben den Vorrang- und ggf. auch Vorbehaltsgebieten auch Gebiete festgelegt werden, in denen *„bestimmte raumbedeutsame Funktionen oder Nutzungen ausgeschlossen sind“*. Der rheinland-pfälzische Landesgesetzgeber hat auf die Möglichkeit von Eignungsgebietsfestlegungen verzichtet;[104] stattdessen kommen die Ausschlussgebiete zum Einsatz. Zur räumlichen Steuerung der Windenergienutzung können in den Regionalplänen Vorranggebiete zur Windkraftgewinnung

98 Eingehend zur neuen Rechtslage nach der Neufassung des Landesplanungsgesetzes in Baden-Württemberg 2012 bei *Schmidtchen*, Klimagerechte Energieversorgung im Raumordnungsrecht, S. 267 ff.

99 LT-Drs. 15/1368, S. 2, 5 f.; siehe außerdem dazu *Nonnenmacher*, VBlBW 2012, 256 (257 f.).

100 *Schmidtchen*, Klimagerechte Energieversorgung im Raumordnungsrecht, S. 269 f.

101 *Krappel/Freiherr*, ZfBR 2012, 65 (67), die von einer Rekommunalisierung der Planung von Windenergieanlagen sprechen.

102 *Krappel/Freiherr*, ZfBR 2012, 65 (67).

103 *Kindler*, Zur Steuerungskraft der Raumordnungsplanung, S. 193.

104 *Krappel/Freiherr*, ZfBR 2012, 65 (69).

ausgewiesen werden. Zudem ist auch hier der Bau von Windrädern in bestimmten Bereichen auszuschließen.[105]

Im Saarland existiert ebenfalls die Regelung des § 3 Abs. 2 SLPG, wonach außer der in § 7 Abs. 3 ROG genannten Gebietskategorien auch Ausschlussgebiete festgelegt werden können.[106] Hierbei geht der saarländische Landesgesetzgeber von der Abweichungsgesetzgebung nach Art. 72 Abs. 3 S. 1 Nr. 4 GG aus.[107] Die saarländische Regelung sieht auch eine andere Gebietsart, nämlich Ausschlussgebiete, vor.

b) Insbesondere: Entwicklung in Bayern

Das bayerische Landesplanungsgesetz von 2004 wurde durch das Bundesraumordnungsgesetz zu großen Teilen ersetzt. Der Freistaat Bayern hat im Jahr 2012 – in Ausübung der Abweichungskompetenz[108] – sein Landesrecht novelliert. Dies hat sich nicht nur auf die raumordnerische Konzentrationszonenfestlegung beschränkt, sondern hat als Vollgesetz das Bundesrecht ersetzt.[109] So können durch die Ausweisung von Vorrang- und Ausschlussgebieten aus Art. 14 Abs. 2 S. 1 BayLplG 2012 die Rechtsfolgen des § 35 Abs. 3 S. 3 BauGB erreicht werden. Deshalb soll eine Übersicht der bayerischen Gebietsfestlegungen näher dargestellt werden:

---

105 *Krappel/Freiherr*, ZfBR 2012, 65 (69).

106 Siehe dazu: *Krappel/Freiherr*, ZfBR 2012, 65 (70); *Grotefels*, in: Kment (Hrsg.), ROG Kommentar, § 7 Rn. 85.

107 *Grotefels*, in: Kment (Hrsg.), ROG Kommentar, § 7 Rn. 41, 44.

108 *Schmitz/Jornitz*, DVBl. 2013, 741 (744 ff.), wonach das neue bayerische Landesplanungsgesetz in zwei Teile aufgeteilt werden kann: „*die Kodifikation der aus dem Raumordnungsgesetz übernommenen Regelungen einerseits sowie Abweichungen und eigene Akzentuierungen andererseits*". Anders als im Saarland stellt in Bayern das Landesrecht u. a. über Gebietsfestlegungen teilweise keine Abweichung gegenüber dem Bundesrecht dar; wohl auch *Goppel*, BayVBl. 2012, 225 (228); anders in: *Schmidtchen*, Klimagerechte Energieversorgung im Raumordnungsrecht, S. 274; aber nach *Hentschel*, Umweltschutz bei Errichtung und Betrieb von Windkraftanlagen, S. 266, kann in allen Bundesländern auf die Gebietsarten nach § 8 Abs. 7 ROG 2008 bei der Aufstellung der Raumordnungspläne zurückgegriffen werden, „*unabhängig davon, ob sie ursprünglich alle Gebietskategorien in ihr Landesrecht übernommen hatten oder nicht*".

109 BayLT-Drs. 16/10945, S. 16; siehe außerdem dazu *Krappel/Freiherr*, ZfBR 2012, 65 (67).

Art. 14 Abs. 2 S. 1 BayLplG sieht die Möglichkeit vor, in Raumordnungsplänen als weitere Art von Gebietsfestlegungen neben den Vorrang- und Vorbehaltsgebieten auch Ausschlussgebiete auszuweisen. Art. 14 Abs. 2 S. 3 BayLplG enthält – abweichend vom Bundesrecht – eine Grenzvorgabe für die Reichweite der Belange, für die in Regionalplänen Vorrang- und Vorbehaltsbereiche ausgewiesen werden können. Die Belange werden ausdrücklich im Landesentwicklungsprogramm Bayern bestimmt. Nach dem Landesentwicklungsprogramm 2013 können in den Regionalplänen vor allem für den Bereich der Windkraft neben den Vorrang- und Vorbehaltsgebieten auch Ausschlussgebiete festgesetzt werden.[110]

Nach Art. 14 Abs. 2 S. 2 BayLplG werden – in Abweichung von § 7 Abs. 3 ROG – die Typen des Eignungsgebiets und des Vorranggebiets mit der Wirkung von Eignungsgebieten explizit ausgeschlossen. Dies wurde damit begründet, dass die strikte außergebietliche Ausschlusswirkung von Eignungsgebieten „*zu einer fachlich nicht immer gerechtfertigten Schwarz-Weiß-Lösung*" führte.[111] Zudem ist ihre innergebietliche Wirkung nach dem Argument des bayerischen Gesetzgebers gegen Eignungsflächen nicht hinreichend geklärt.[112] Unabhängig davon gab es aber kein Bedürfnis, sich der Festsetzung dieser Gebiete zu bedienen.[113] Für Bayern besonders bedeutsam ist vielmehr die Lösung zur differenzierten Standortsteuerung von Windenergieanlagen.[114] Die Steuerungswirkung des § 35 Abs. 3 S. 3 BauGB kann also durch die Kombination von Vorrang- und Ausschlussgebieten erzielt werden.[115] Diese Lösung erscheint „*jenseits der mit dem Eignungsgebiet verbundenen Schwarz-Weiß-Lösung*" möglich.[116] Daraus folgt keine Einschränkung der raumordnerischen Konzentrationszonenplanung.

110 *Krappel/Freiherr*, ZfBR 2012, 65 (68); dazu wird außerdem auf Nr. 2.2 des bayerischen Windenergie-Erlasses von 2016 verwiesen, so AllMBl. S. 1642.

111 BayLT-Drs. 16/10945, S. 22.

112 BayLT-Drs. 16/10945, S. 22; kritisch dargestellt bei: *Goppel*, BayVBl. 2012, 225 (228); *Voigt*, Das Raumordnungsgesetz 2009 und das Bayerische Landesplanungsgesetz 2012, S. 169; dazu bereits oben: C. Kapitel II. 2. a) bb).

113 *Schreiber*, BayVBl. 2012, 741 (744).

114 Vgl. *Manssen*, BayVBl. 2005, 485 (488).

115 *Voigt*, Das Raumordnungsgesetz 2009 und das Bayerische Landesplanungsgesetz 2012, S. 169; *Schreiber*, BayVBl. 2012, 741 (744); ähnlich *Manssen*, BayVBl. 2005, 485 (488); vgl. BVerwG, Urt. v. 01.07.2010, NVwZ 2011, 240 (241).

116 *Schreiber*, BayVBl. 2012, 741 (744); siehe auch *Voigt*, Das Raumordnungsgesetz 2009 und das Bayerische Landesplanungsgesetz 2012, S. 169.

Vor diesem Hintergrund erklärt sich die häufig erwähnte träge Windenergieplanung in Bayern weniger mit Blick auf die Rechtslage, als vielmehr aus landespolitischen Erwägungen – wie zuletzt auch mit der Initiative zur Einführung der bayerischen Abstandsregelung für Windkraftanlagen belegt.[117] Allerdings wurde und wird der Ausbau der Windkraft im Freistaat Bayern mit dieser Abstandsregel ganz erheblich erschwert bzw. gebremst. Daher ist zunächst erforderlich, die bayerische Abstandsregelung und ihre Auswirkungen auf die raumordnerische Standortsteuerung näher zu untersuchen:

III. Auswirkung der bayerischen 10H-Abstandsregel auf die raumordnerische Steuerung

1. Änderungen infolge der BauGB-Novellen 2014 und 2020

Der 2014 neu eingeführte § 249 Abs. 3 BauGB beinhaltet eine Länderöffnungsklausel, die länderspezifische Abstandsregelungen zu Wohnbebauungen für nach § 35 Abs. 1 Nr. 5 BauGB privilegierte Windenergieanlagen ermöglicht. Die Vorschrift wurde 2020 geändert, wobei sie auch die Gesetzgebungsbefugnis der Länder beibehaltet, aber – anders als in der alten Öffnungsklausel – inhaltlich einschränkt. Deshalb soll zunächst ihre Entstehungsgeschichte skizziert werden. Zu prüfen sind zudem Inhalte und Wirkungen in Form der Gegenüberstellung des § 249 Abs. 3 BauGB in den Fassungen von 2014 und 2020 sowie insbesondere die Umsetzung der entsprechenden Regelung in Bayern:

a) Länderöffnungsklausel in § 249 Abs. 3 BauGB für Abstände zu Windkraftanlagen

aa) Entstehungsgeschichte

Durch das auf dem Entwurf der Bundesregierung zurückgehende Gesetz von 15.07. 2014 wurde der am 01.08.2014 in Kraft getretene § 249 Abs. 3 BauGB neu angefügt und zugleich seine Übersicht[118] entsprechend angepasst.[119] Die

117 *Kindler*, Zur Steuerungskraft der Raumordnungsplanung, S. 190; vgl. *Schmidtchen*, Klimagerechte Energieversorgung im Raumordnungsrecht, S. 278 f.

118 Streichung der Wörter „in der Bauleitplanung".

119 BGBl. I S. 954; siehe dazu etwa *Scheidler*, in: Schrödter (Hrsg.), BauGB Kommentar, § 249 Rn. 33; *Söfker*, in: Ernst/Zinkahn/Bielenberg/Krautzberger (Hrsg.), BauGB Kommentar, Stand: 01.05.2021, § 249 Rn. 1b ff.; *Albrecht/Zschiegner*, NVwZ 2015 1093 (1093 f.); *Decker*, ZfBR 2015, 322 (322); *Grüner*, NVwZ 2015, 108 (108 f.).

Öffnungsklausel in der Fassung von 2014 gab – wie beschrieben – den Ländern die Möglichkeit, durch Landesgesetze eine Regelung für Abstände zwischen Windkraftanlagen und Wohnbebauungen einzuführen. Dies ist zeitlich befristet gewesen, nämlich bis zum 31.12.2015.[120] Von der 2014 eingeführten Länderöffnungsklausel hat seinerzeit allein der Freistaat Bayern Gebrauch gemacht.[121]

Mit dem am 09.10.2019 beschlossenen Klimaschutzprogramm 2030[122] setzt die Bundesregierung einzelne Maßnahmen z. B. mit Gesetzen um, um die Klimaschutzziele zu erreichen. Dabei sollen *„neue Abstandsregelungen die Akzeptanz für die Windkraft ebenso erhöhen wie neue finanzielle Vorteile für Kommunen, in denen Windräder gebaut werden“*.[123] Dem folgend war im Entwurf des geplanten Kohleausstiegsgesetzes ein pauschaler bundesweiter Mindestabstand von 1.000 Metern für künftige Windkraftanlagen unter Einfügung eines neuen § 35a BauGB vorgesehen.[124] Mit einer derartigen Regelung können allerdings regionalspezifische Gegebenheiten gar nicht oder schwierig berücksichtigt werden. Daraus könnten schließlich zunehmende Akzeptanzprobleme bei den Betroffenen entstehen. Außerdem kann – wegen der Öffnungsklausel auf Landesebene – durch entsprechende Landesgesetze vom bundeseinheitlichen Abstand wenigstens nach unten abgewichen werden.[125]

Nach dem hieraus resultierenden Scheitern des § 35a BauGB-Referentenentwurfs wurde die Änderung der seit 2014 bereits bestehenden Länderöffnungsklausel am 13.08.2020 im Bundesgesetzblatt verkündet und ist einen Tag danach in Kraft getreten.[126] Hierdurch soll die Entscheidung über die für Windräder jeweils einzuhaltenden Abstände zu Wohngebäuden nun zeitlich unbefristet weitgehend den Bundesländern überlassen werden. Dabei sind die landesgesetzlichen Mindestabstände auf höchstens 1.000 Meter begrenzt, um die Akzeptanz

---

120 Eingehend zur zeitlichen Befristung des § 249 Abs. 3 S. 1 BauGB i.d.F. 2014: *Decker*, ZfBR 2015, 322 (324).

121 BayLT-Dr. 17/2137, S. 2; *Grünewald*, in: Spannowsky/Manssen (Hrsg.), BayBO Kommentar, Stand: 01.04.2021, Art. 82 Rn. 20.

122 https://www.bundesregierung.de/breg-de/themen/klimaschutz/klimaschutzprogramm-2030-1673578 (Aufruf am 07.10.2021); siehe auch *Grigoleit/Operhalsky/Strothe*, UPR 2020, 321 (321); *Decker*, ZfBR 2021, 19 (19).

123 https://www.bundesregierung.de/breg-de/themen/klimaschutz/klimaschutzprogramm-2030-1673578 (Aufruf am 07.10.2021).

124 BT-Drs. 19/15739, S. 1; siehe außerdem dazu bei: *Decker*, ZfBR 2021, 19 (19).

125 *Decker*, ZfBR 2021, 19 (19).

126 BGBl. I S. 1728.

von Windenergievorhaben zu erhöhen.[127] Die Neufassung des § 249 Abs. 3 BauGB hat sich somit gegen eine pauschale bundesweite Abstandsregelung von 1.000 Metern durchgesetzt.

Des Weiteren gilt die neue Höchstgrenze nicht für vorhandene Landesgesetze mit höheren Mindestabständen, die Bayern nämlich, wie erwähnt, im Rahmen der befristet möglichen Landesgesetzgebung des § 249 Abs. 3 BauGB a.F. geregelt hat. Die bayerische Abstandsregelung würde also fort gelten und könnte – unter bestimmten Voraussetzungen – geändert werden; diese Klarstellung wurde in den 2020 neu eingefügten § 249 Abs. 3 S. 4 BauGB aufgenommen.[128]

bb) Inhalt und Wirkung der Länderöffnungsklausel

Die Wiedereinführung der lang diskutierten Öffnungsklausel wirft noch diverse Fragen vor allem hinsichtlich des Bezugspunkts für die Abstandsregelung auf; denn der heutige § 249 Abs. 3 BauGB entspricht in wesentlichen strukturellen und inhaltlichen Beziehungen dem früheren § 249 Abs. 3 BauGB. Jedoch beinhaltet die neue Fassung in einem bedeutsamen Bereich Abweichungen der alten. Dies sollte daher im Vergleich zum 2014 geltenden Recht erklärt werden.

§ 249 Abs. 3 S. 1 BauGB a.F. hat den Landesgesetzgebern schon erlaubt, unter Zugrundelegung eines bestimmten Abstands von Windrädern zu baulichen Nutzungen durch entsprechendes Landesgesetz Regelungen zur Anwendbarkeit des Privilegierungstatbestands des § 35 Abs. 1 Nr. 5 BauGB zu treffen.[129] Dies ist auch durch die seit 2020 geltende Fassung des § 249 Abs. 3 BauGB wieder eingeführt worden. Allerdings ist dabei die neue Ermächtigung der Länder u. a. unter zwei – inhaltlichen und zeitlichen – Gesichtspunkten geändert bzw. konkretisiert worden, so etwa in § 249 Abs. 3 S. 1 und 2 BauGB:

Die Neuregelung des § 249 Abs. 3 S. 1 BauGB gibt den Bundesländern die Möglichkeit, durch landesrechtliche Regelung bestimmte Mindestabstände,[130] für die nach § 249 Abs. 3 S. 2 BauGB das Höchstmaß von 1.000 Metern definiert wird, – zeitlich unbeschränkt – festzulegen, während in der Altregelung des

127 *Söfker*, in: Ernst/Zinkahn/Bielenberg/Krautzberger (Hrsg.), BauGB Kommentar, Stand: 01.05.2021, § 249 Rn. 1c.

128 *Söfker*, in: Ernst/Zinkahn/Bielenberg/Krautzberger (Hrsg.), BauGB Kommentar, Stand: 01.05.2021, § 249 Rn. 1c; nach *Decker*, ZfBR 2021, 19 (20), kann dahingehend verstanden werden, dass es sich bei § 249 Abs. 3 S. 4 BauGB n.F. um eine *„Bayern-Klausel“* handelt.

129 BT-Drs. 18.1301, S. 6; *Söfker*, in: Ernst/Zinkahn/Bielenberg/Krautzberger (Hrsg.), BauGB Kommentar, Stand: 01.05.2021, § 249 Rn. 27.

130 Zur Verwendung des Plural „Mindestabstände“ in: BT-Drs. 19.20148, S. 27.

§ 249 Abs. 3 S. 1 BauGB vom Wortlaut her allein ein bestimmter Abstand gefasst ist. Inhalt der neuen Länderöffnungsklausel ist daher innerhalb des 1.000-Meter-Abstands die Entprivilegierung der Windkraft.[131] Die maximalen Abstände von Windrädern sind hierbei zu verstehen als Abstände, die – anders als § 249 Abs. 3 S. 1 BauGB a.F. – zu baulichen Nutzungen zu Wohnzwecken einzuhalten sind. Damit ist klargestellt, dass der Schutz der gewerblichen oder industriellen Nutzung gegenüber Windenergieanlagen nicht notwendig ist.[132] Die frühere Gesetzesbefugnis der Länder hat sich demgegenüber nicht auf bauliche Nutzungen zu Wohnzwecken beschränkt, d.h. sie hat offengelassen, zu welchen Nutzungen Abstände vorgesehen werden konnten.[133] Der neue § 249 Abs. 3 S. 1 und 2 BauGB schafft folglich im Hinblick auf die schutzwürdige Nutzung – nämlich die bauliche Nutzung zu Wohnzwecken – Klarheit.

Im Übrigen ist der in § 249 Abs. 3 BauGB gewählte Begriff „Bauliche Nutzung zu Wohnzwecken" nicht zu eng zu verstehen, weil er sich aber nicht aus dem Gesetz ergibt.[134] Dafür spielen solche Wohngebäude oder Wohnungen, die sich in den bekannten bauplanungsrechtlichen Kategorien[135] befinden, keine Rolle.[136] Allerdings war in einem § 35a BauGB-Entwurf vorgesehen, dass *„künftig Windenergieanlagen im ganzen Bundesgebiet 1.000 Meter Mindestabstand zu Siedlungen und Gebieten mit mehr als fünf Wohngebäuden einhalten sollen"*.[137]

---

131 *Grigoleit/Operhalsky/Strothe*, UPR 2020, 321 (321); so auch in: *Decker*, ZfBR 2021, 19 (19); *Söfker*, in: Ernst/Zinkahn/Bielenberg/Krautzberger (Hrsg.), BauGB Kommentar, Stand: 01.05.2021, § 249 Rn. 47b.

132 *Decker*, ZfBR 2021, 19 (21 f.); näher *Söfker*, in: Ernst/Zinkahn/Bielenberg/Krautzberger (Hrsg.), BauGB Kommentar, Stand: 01.05.2021, § 249 Rn. 38 f.

133 *Scheidler*, in: Schrödter (Hrsg.), BauGB Kommentar, § 249 Rn. 35; *Decker*, ZfBR 2015, 322 (325); ferner nach *Söfker*, in: Ernst/Zinkahn/Bielenberg/Krautzberger (Hrsg.), BauGB Kommentar, Stand: 01.05.2021, § 249 Rn. 57a, hat sich Bayern, das die Kompetenz zur Festlegung von Mindestabständen des § 249 Abs. 3 a.F. genutzt hat, aber auf Wohngebäude bezogen.

134 Nach *Grigoleit/Operhalsky/Strothe*, UPR 2020, 321 (322), ist der Rechtsbegriff der baulichen Nutzung zu Wohnzwecken i.S.d. § 249 Abs. 3 BauGB *„weiter als der des Wohngebäudes. Wohngebäudes ist Gebäude, die ganz oder teilweise Wohnzwecken dienen"*; ferner *Decker*, ZfBR 2021, 19 (21).

135 So etwa Bauliche Nutzung zu Wohnzwecken im Innen- und Außenbereich nach §§ 30, 34 oder 35 Abs. 4, 6 BauGB

136 *Decker*, ZfBR 2021, 19 (21); näher dazu *Grigoleit/Operhalsky/Strothe*, UPR 2020, 321 (322).

137 BT-Drs. 19/15739, S. 1; siehe auch *Decker*, ZfBR 2021, 19 (21 f.); *Grigoleit/Operhalsky/Strothe*, UPR 2020, 321 (322 f.).

Dies ist aber in der Neufassung des § 249 Abs. 3 BauGB entfallen. Sie beinhaltet nun keine Beschränkung auf mehr als fünf Wohnhäuser, die im Wortlaut des § 35a BauGB-Entwurf vorgeschrieben waren. Auch Landesgesetzgeber sollten daher diese Beschränkung nicht wieder aufgreifen.[138] Unter der baulichen Nutzung zu Wohnzwecken i.S.d. § 249 Abs. 3 BauGB n.F. fällt daher auch eine singuläre Wohnbebauung.[139] Allerdings wäre die Auslegung im Hinblick auf die Anzahl der Wohnungen in ihrer Nähe der privilegierten Windenergienutzung im Außenbereich nicht besonders zu empfehlen, da durch § 35 Abs. 1 Nr. 5 BauGB keine Entscheidung über den konkreten Standort von Windvorhaben getroffen wird.

Der neue § 249 Abs. 3 S. 3 BauGB entspricht ansonsten inhaltlich dem alten § 249 Abs. 3 S. 2 BauGB, wonach die weiteren Einzelheiten, die *„insbesondere zur Abstandsfestlegung und zu den Auswirkungen der festgelegten Abstände auf Ausweisungen in geltenden Flächennutzungs- und Raumordnungsplänen"* gehören, in den Landesgesetzen nach § 249 Abs. 3 S. 1 BauGB zu regeln sind. Durch eine entsprechende Vorschrift wird die Ergänzung der inhaltlichen Reichweite des § 249 Abs. 3 S. 1 und 2 BauGB in Bezug auf Einzelheiten vorgenommen, und zwar die Konkretisierung der Landesgesetzgebung hinsichtlich weiterer Einzelheiten.[140] Aus dem Wortlaut der Norm „sind zu regeln" sowie dem „insbesondere" folgt zudem eine Verpflichtung der Landesgesetzgeber einerseits, die nur beispielhafte Aufzählung im Hinblick auf Einzelheiten andererseits.[141]

Dass die in § 249 Abs. 3 S. 3 BauGB genannten Ausweisungen solche Planungen nach § 35 Abs. 3 S. 3 BauGB meinen, knüpft an § 249 Abs. 3 S. 1 und 2 BauGB an.[142] Daraus ergibt sich, dass durch die landesrechtliche Abstandsregelung eine Fläche, die als Konzentrationszone insbesondere in Raumordnungsplänen, die die Raumordnungsziele enthalten, ausgewiesen wurde, eingeschränkt werden

138 *Grigoleit/Operhalsky/Strothe*, UPR 2020, 321 (322 f.).

139 *Decker*, ZfBR 2021, 19 (22).

140 Vgl. dazu *Söfker*, in: Ernst/Zinkahn/Bielenberg/Krautzberger (Hrsg.), BauGB Kommentar, Stand: 01.05.2021, § 249 Rn. 48.

141 *Decker*, ZfBR 2021, 19 (23 f.); siehe zur Vorfassung des § 249 Abs. 3 S. 2 BauGB *Scheidler*, NuR 2014, 673 (677); *Decker*, ZfBR 2015, 322 (327); aber dagegen BayVerfGH, Entsch. v. 09.05.2016, BeckRS 2016, 45749 Rn. 84: Keine unbedingte Verpflichtung für den Landesgesetzgeber; zustimmend *Ludwigs*, NVwZ 2016, 986 (989).

142 *Söfker*, in: Ernst/Zinkahn/Bielenberg/Krautzberger (Hrsg.), BauGB Kommentar, Stand: 01.05.2021, § 249 Rn. 50.

könnte.[143] Nach einer solchen Rechtslage könnte – wegen der Beschränkung der Privilegierung des § 35 Abs. 1 Nr. 5 BauGB – keine damit verbundene Steuerungswirkung mehr entstehen.[144] Vor diesem Hintergrund wird die landesgesetzliche Befugnis, z. B. in einen geltenden Raumordnungsplan einzugreifen, daher die kommunale Planungshoheit aus Art. 28 Abs. 2 GG zu berücksichtigen haben.[145]

Im Übrigen ermöglichte die Altregelung des § 249 Abs. 3 S. 3 BauGB den Ländern, von den im Landesgesetz nach § 249 Abs. 3 S. 1 BauGB 2014 geregelten Mindestabständen abzuweichen. Damit wurde eine Flexibilisierungsmöglichkeit für die Abstandsregel eingeräumt. So fiel ein Vorhaben zur Windenergienutzung abweichend von dem landesrechtlich festgelegten Abstand, also bei dessen Unterschreitung, dennoch unter den Privilegierungstatbestand i.S.d. § 35 Abs. 1 Nr. 5 BauGB, und führte mithin nicht zu dessen Entprivilegierung.[146] Eine solche Abweichungsmöglichkeit in § 249 Abs. 3 S. 3 BauGB a.F. hat der Freistaat Bayern genutzt und damit die Regelung des Art. 82 Abs. 3 BayBO für gemeindefreie Gebiete geschaffen.[147] In der Neufassung des § 249 Abs. 3 BauGB findet sich allerdings keine vergleichbare Vorschrift.[148] Die Gründe dafür sind zwar nicht eindeutig zu erkennen. Mit der Formulierung im Plural „Mindestabstände" hat aber zudem der Gesetzgeber verdeutlicht, dass „auch *unterschiedliche Mindestabstände für unterschiedliche Wohnnutzungen festgelegt werden* können".[149]

Mit dem neu angefügten § 249 Abs. 3 S. 4 Hs. 1 BauGB gelten zudem – wie schon ausgeführt – Landesgesetze, die auf der Grundlage des alten § 249 Abs. 3 BauGB bis zum 14.08.2020 beschlossen wurden, fort. Sie können unter folgenden Voraussetzungen geändert werden, dass „*die wesentlichen Elemente der in dem fortgeltenden Landesgesetz enthaltenen Regelung beibehalten werden*", so § 249 Abs. 3 S. 4 Hs. 2 BauGB. Nach der früheren Länderöffnungsklausel konnten sich aber die Länder bis Ende 2015 für das Abstandsflächenrecht

---

143 *Decker*, ZfBR 2021, 19 (23); ausführlich dazu *Söfker*, in: Ernst/Zinkahn/Bielenberg/Krautzberger (Hrsg.), BauGB Kommentar, Stand: 01.05.2021, § 249 Rn. 50 ff.

144 *Decker*, ZfBR 2021, 19 (23); ferner zur alten Regelung des § 249 Abs. 3 S. 2 BauGB in: *Scheidler*, NuR 2014, 673 (677).

145 *Scheidler*, in: Schrödter (Hrsg.), BauGB Kommentar, § 249 Rn. 39.

146 *Decker*, ZfBR 2015, 322 (328).

147 *Decker*, ZfBR 2021, 19 (24); siehe auch *Decker*, ZfBR 2015, 322 (328); näher dazu *Grünewald*, in: Spannowsky/Manssen (Hrsg.), BayBO Kommentar, Stand: 01.04.2021, Art. 82 Rn. 36 ff.

148 *Decker*, ZfBR 2021, 19 (24).

149 BT-Drs. 19.20148, S. 27.

entscheiden; hiervon hat allein Bayern rechtzeitig Gebrauch gemacht. Vor diesem Hintergrund ergeben sich somit aus der Anwendung der seit 2020 geltenden Vorschrift sowohl eine Art Bestandsschutz für das bayerische Landesgesetz nach § 249 Abs. 3 BauGB a.F. als auch eine Veränderungsmöglichkeit.[150] Die Änderung der Abstandsregelung zur Windenergie in Bayern kann allerdings nur erfolgen, sofern dadurch nicht grundsätzlich größere Mindestabstände festgelegt werden.[151] Demzufolge kann sich der bayerische Landesgesetzgeber auf § 249 Abs. 3 S. 4 Hs. 2 BauGB 2020 i.V.m. § 249 Abs. 3 BauGB 2014 nur dahingehend stützen, dass Bayern gehindert ist, höhere als die bestehenden landesrechtlichen Abstände vorzusehen.[152] Unabhängig davon ist außerdem z. B. eine Aufhebung der bayerischen Regelung möglich.[153]

b) Umsetzung der Länderöffnungsklausel in Bayern

Als einziges Bundesland hatte der Freistaat Bayern zur Umsetzung der alten Länderöffnungsklausel in § 249 Abs. 3 S. 1 BauGB – mit Wirkung von 21.11.2014 – eine entsprechende Regelung zu Mindestabständen aufgenommen, nämlich Art. 82 BayBO.[154] Demnach greift die gesetzliche Außenbereichsprivilegierung zugunsten der Windenergienutzung gem. § 35 Abs. 1 Nr. 5 BauGB nur noch außerhalb der Mindestabstände der 10-fachen Anlagenhöhe[155] zur nächsten Wohnbebauung. Sie findet demgegenüber innerhalb der festgelegten Abstandsflächen keine Anwendung mehr. Unter Berücksichtigung dieser Einschränkungen soll die sog. 10H-Regelung zur Windenergie im Überblick untersucht werden:

Art. 82 Abs. 1 BayBO ist Grundnorm für die abstandsbezogene Einschränkung der Privilegierung von Windkraftanlagen im Außenbereich. Demnach sind solche Anlagen – wie ausgeführt – nur noch ab einem Abstand vom Zehnfachen ihrer jeweiligen Höhe zu bestimmten Wohngebäuden[156] privilegiert zu-

---

150 *Grigoleit/Operhalsky/Strothe*, UPR 2020, 321 (321); *Decker*, ZfBR 2021, 19 (20); siehe außerdem dazu *Söfker*, in: Ernst/Zinkahn/Bielenberg/Krautzberger (Hrsg.), BauGB Kommentar, Stand: 01.05.2021, § 249 Rn. 56.

151 BT-Drs. 19.20148, S. 27.

152 *Decker*, ZfBR 2021, 19 (24).

153 *Söfker*, in: Ernst/Zinkahn/Bielenberg/Krautzberger (Hrsg.), BauGB Kommentar, Stand: 01.05.2021, § 249 Rn. 56.

154 BayGVBl. 2014, S. 478; dazu BayLT-Dr. 17/2137, S. 2 ff.

155 Die Anlagenhöhe von Windrädern wird in Art. 82 Abs. 2 S. 1 BayBO definiert.

156 Damit sind Wohngebäude geschützt in Plangebieten i.S.d. § 30 BauGB sowie in Innenbereichsflächen nach § 34 BauGB, soweit die Wohngebäude darin nicht nur

lässig.[157] Dies bedeutet, dass die bayerische 10H-Regelung nur noch eine relative Privilegierung für Windkraftanlagen in Bayern abhängig von ihrer jeweiligen Höhe und ihrem zur Wohnnutzung einzuhaltenden Mindestabstand ermöglicht.

Bei der Errichtung von Windrädern in Bayern ist ein Abstand in zehnfacher Anlagenhöhe zur Wohnbebauung einzuhalten, wonach der Anwendungsbereich des § 35 Abs. 1 Nr. 5 BauGB räumlich eingeschränkt wird. Auch unter Anwendung der bayerischen 10H-Regel sollen Standorte für Windenergieanlagen durch Planungen nach § 35 Abs. 3 S. 3 BauGB grundsätzlich gesteuert werden. Jedoch geht die mit der Konzentrationsplanung verbundene Steuerungskraft in Bayern dann verloren, wenn Windvorhaben wegen der 10H-Regelung nicht privilegiert sind.[158] Denn infolge der soeben erwähnten Aufhebung der Privilegierung entfällt eine wesentliche Anforderung an die Darstellung von Konzentrationszonen. Im Ergebnis kann dort dann – mangels Privilegierung – kein substanzieller Raum für die Windkraftnutzung entstehen.

§ 249 Abs. 3 S. 2 BauGB a.F., der dem heutigen § 249 Abs. 3 S. 3 BauGB entspricht, enthält einen Regelungsauftrag an den Landesgesetzgeber. Demnach muss er in seinem Landesgesetz die Auswirkungen der festgelegten Mindestabstände von Windkraftanlagen auf bereits bestehende Ausweisungen von Konzentrationsflächen in Flächennutzungs- und Raumordnungsplänen bestimmen. Der bayerische Gesetzgeber hat dies in Art. 82 Abs. 4 BayBO umgesetzt; damit werden jedoch lediglich geplante Festsetzungen in Flächennutzungsplänen geschützt.[159] Der Schutz nach Art. 82 Abs. 4 Nr. 1 bis 3 BayBO besteht allerdings nur unter folgenden Voraussetzungen: Die Darstellungen waren bis zum Stichtag des 21.11.2014 bereits vorhanden, und weder die planende Gemeinde noch die betroffene Nachbargemeinde haben bis zum 21.05.2015 Einspruch gegen diese Darstellung eingelegt.[160] Sind alle drei Voraussetzungen erfüllt, greift die

---

ausnahmsweise zulässig sind, sowie in Bereichen von Außenbereichssatzungen des § 35 Abs. 6 BauGB.

157 *Grünewald*, in: Spannowsky/Manssen (Hrsg.), BayBO Kommentar, Stand: 01.04.2021, Art. 82 Rn. 21, wonach die Regelung in Art. 82 Abs. 1 BayBO als relative Bestimmung zu verstehen ist, weil *„sie sich nach der Höhe der einzelnen Anlage richtet"*.

158 *Grünewald*, in: Spannowsky/Manssen (Hrsg.), BayBO Kommentar, Stand: 01.04.2021, Art. 82 Rn. 42.

159 *Decker*, in: Busse/Kraus (Hrsg.), BayBO Kommentar, Stand: 01.05.2021, Art. 82 Rn. 64.

160 Näher zum bedingten Bestandsschutz für bestehende Flächennutzungspläne bei: *Grünewald*, in: Spannowsky/Manssen (Hrsg.), BayBO Kommentar, Stand: 01.04.2021,

10H-Abstandsregel des Art. 82 Abs. 1 BayBO nicht, d.h. in diesen Fällen gilt auch eine entsprechende Konzentrationsflächenausweisung innerhalb eines Mindestabstands der 10-fachen Anlagenhöhe unverändert fort.[161] Dadurch können privilegierte Windräder innerhalb der Konzentrationszonen weiterhin uneingeschränkt gebaut werden. Nach der Übergangsregelung des Art. 83 Abs. 1 BayBO findet im Übrigen die 10H-Regelung keine Anwendung, sofern bei der zuständigen Behörde bis zum Stichtag 04.02.2014 ein Genehmigungsantrag für die Errichtung von Windrädern vollständig eingereicht wurde.[162] Demnach bleiben solche Anlagen mit einem geringeren als dem Mindestabstand der 10-fachen ihrer Höhe privilegiert zulässig; sie genießen mithin Bestandsschutz.[163] Diese Stichtagsregelung gewährt den Betroffenen, die im Vertrauen auf die bisherige Rechtslage, also die uneingeschränkte Privilegierung des § 35 Abs. 1 Nr. 5 BauGB, geplant haben, die Eigentumsgarantie.[164]

Im Gegensatz zu den oben beschriebenen Regelungen im Hinblick auf bestehende Flächennutzungspläne lässt die bayerische Umsetzung des § 249 Abs. 3 S. 2 BauGB a.F. zwar eine ausdrückliche Aussage zu bestehenden Regionalplänen, die Ausweisungen zur Nutzung der Windkraft i.S.d. § 35 Abs. 3 S. 3 BauGB enthalten, vermissen. Allerdings ist dem Regelungsinhalt des Art. 82 Abs. 4 BayBO eindeutig zu entnehmen, dass Regionalplänen, die zum Zeitpunkt des Inkrafttretens des Art. 82 BayBO bereits wirksam waren, kein Bestandsschutz gewährt wird. Dies ist dahingehend zu verstehen, dass die festgelegte Abstandsvorgabe – als späteres Gesetz – für die zuvor genannten Pläne uneingeschränkt gilt.

Jedoch besagt der allgemeine Grundsatz des intertemporalen Rechts im Verwaltungsrecht, dass *„neue Rechtsnormen grundsätzlich ab sofort und für die Zukunft gelten sollten, unabhängig davon, wie die Materie bislang geregelt war“*.[165]

Art. 82 Rn. 45 ff.; *Decker*, in: Busse/Kraus (Hrsg.), BayBO Kommentar, Stand: 01.05.2021, Art. 82 Rn. 67 ff.

161 *Würfel/Werner*, BayVBl. 2015, 109 (113); *Fülbier/Wegner*, ZUR 2015, 149 (153).

162 BayLT-Dr. 17/2137, S. 8; ausführlich dazu *Fülbier/Wegner*, ZUR 2015, 149 (151 f.); nach dem BayVerfGH, Entsch. v. 09.05.2016, BeckRS 2016, 45749 Rn. 152 ist Art. 83 Abs. 1 BayBO verfassungsrechtlich nicht zu beanstanden; siehe auch VGH München, Beschl. v. 31.07.2017, NuR 2017, 782 Rn. 12.

163 BayLT-Dr. 17/2137, S. 8.

164 BayLT-Dr. 17/2137, S. 8; *Scheidler*, in: Schrödter (Hrsg.), BauGB Kommentar, § 249 Rn. 44; ferner *Grünewald*, in: Spannowsky/Manssen (Hrsg.), BayBO Kommentar, Stand: 01.11.2019, Art. 83 Rn. 4, 22.

165 *Koch*, Grundsätze des intertemporalen Verwaltungsprozessrechts, S. 68; *Ludwigs*, NVwZ 2016, 986 (989).

Danach bleibt ein nach altem Gesetz bestehendes Rechtsverhältnis grundsätzlich unberührt, wobei sich aber sein weiteres Schicksal nach neuem Recht richten soll.[166] Dies bedeutet, dass der Grundsatz des intertemporalen Verwaltungsrechts aus wichtigen Gründen eingeschränkt werden kann. In diesen Fällen kann eine Ausnahme in der Hinsicht gemacht werden, dass eine neue Regelung rückwirkend für die Beurteilung des Entstehens und Fortbestands eines alten Gesetzes anwendbar ist.[167] Es erscheint vor diesem Hintergrund durchaus sachgerecht, dass der Regelungsauftrag des alten § 249 Abs. 3 S. 2 BauGB vom sog. *„beredten Schweigen"* der Landesgesetzgeber zum fehlenden Bestandsschutz für vorhandene Festsetzungen in Regionalplänen erfüllt ist.[168] Dies führt daher zu der Schlussfolgerung, dass die 10H-Regelung für bereits geltende Regionalpläne gilt. Im Ergebnis können sie ihre Steuerungswirkung nach § 35 Abs. 3 S. 3 BauGB verlieren; hieraus folgt gegebenenfalls ein Anpassungsbedarf für die gestörten Regionalpläne.[169]

Der bayerische Verfassungsgerichtshof hat die 10H-Abstandsregelung des Art. 82 Abs. 1 bis 4 BayBO in seiner Entscheidung vom 09.05.2016 gebilligt. Er hat aber Art. 82 Abs. 5 BayBO, der den Gemeinden die Pflicht auferlegt, *„bei der Aufstellung von Bauleitplänen, die für Windkraftanlagen einen geringeren als den in Art. 82 Abs. 1 BayBO festgelegten Mindestabstand festsetzen wollen, im Rahmen der Abwägung nach § 1 Abs. 7 BauGB auf eine einvernehmliche Festlegung mit betroffenen Nachbargemeinden hinzuwirken"*, als verfassungswidrig beanstandet und damit für nichtig erklärt.[170] Denn diese Vorschrift hat die den Ländern durch § 249 Abs. 3 BauGB eröffnete Gesetzgebungskompetenz offenkundig in schwerwiegender Weise überschritten.[171] Die Länderöffnungsklausel gestattet allein landesgesetzliche Regelungen zu den Einzelheiten eines Abstands

166 *Koch*, Grundsätze des intertemporalen Verwaltungsprozessrechts, S. 68.

167 *Koch*, Grundsätze des intertemporalen Verwaltungsprozessrechts, S. 68.

168 BayVerfGH, Entsch. v. 09.05.2016, BeckRS 2016, 45749 Rn. 186; *Ludwigs*, NVwZ 2016, 986 (989); dagegen nach *Decker*, ZfBR 2021, 19 (23), genügt ein beredtes Schweigen zum fehlenden Bestandsschutz für Raumordnungspläne nicht, d.h. ein entsprechender Regelungsauftrag ist nicht erfüllt. Eine landesrechtliche Regelung, also Art. 82 Abs. 4 BayBO, bleibt hinter diesem Auftrag zurück; zustimmend *Kindler*, Zur Steuerungskraft der Raumordnungsplanung, S. 196.

169 BayVerfGH, Entsch. v. 09.05.2016, BeckRS 2016, 45749 Rn. 186; *Ludwigs*, NVwZ 2016, 986 (989); *Grünewald*, DVBl. 2015, 1353 (1358).

170 BayVerfGH, Entsch. v. 09.05.2016, BeckRS 2016, 45749 Rn. 189 ff.

171 *Scheidler*, in: Schrödter (Hrsg.), BauGB Kommentar, § 249 Rn. 45; *Luther*, NuR 2016, 809 (811); *Ludwigs*, NVwZ 2016, 986 (990); *Grünewald*, DVBl. 2015, 1353 (1358).

für privilegierte Windkraftanlagen und zu den Auswirkungen des festgelegten Mindestabstands auf bereits bestehende Pläne. Diese Klausel eröffnet aber den Ländern keine Regelungsmöglichkeiten für künftige Planungen. Zudem ist die interkommunale Abstimmung i.S.d. § 2 Abs. 2 S. 1 BauGB abschließend geregelt – mit der Folge, dass kein Raum für ergänzendes Landesrecht ist.[172] Mit der BayBO-Novelle wurde daher Art. 82 Abs. 5 BayBO konsequentermaßen aufgehoben.[173]

In der weiteren Entscheidung zur 10H-Regel kam mangels Gesetzgebungsbefugnis keine Handlungspflicht des Landesgesetzgebers in Betracht, die Abstandsregelung auf Windkraftanlagen als in § 35 Abs. 1 Nr. 1 bis 4 BauGB privilegierte Nebenanlagen oder als sonstige Vorhaben des § 35 Abs. 2 BauGB zu erweitern.[174]

2. Verfassungsrechtliche Bewertung der bayerischen 10H-Abstandsregelung

Die Länderöffnungsklausel des § 249 Abs. 3 BauGB wirft unter verschiedenen Gesichtspunkten verfassungsrechtliche Bedenken auf. Insbesondere um nicht hinreichend zu rechtfertigende Eingriffe in die Eigentumsgarantie sowie in die Garantie der kommunalen Selbstverwaltung und einen Verstoß gegen das Gleichbehandlungsgebot zu beurteilen, kommt es jedoch auf die landesgesetzliche – hier: bayerische – Umsetzung an. Daher ist im Folgenden zuerst die Vereinbarkeit der 10H-Abstandsregelung mit Art. 14, 28 Abs. 2 und Art. 3 GG zu prüfen:

a) Eingriff in die Eigentumsgarantie des Art. 14 Abs. 1 GG

Einer der wesentlichen Inhalte der Eigentumsgarantie nach Art. 14 Abs. 1 S. 1 GG ist im Hinblick auf das Eigentum an einem Grundstück die Baufreiheit als das Recht des Eigentümers, seine Grundstücksfläche grundsätzlich zu bebauen.[175] Dazu gehört auch das Recht, auf dem betreffenden Grundstück ein

---

172 BayVerfGH, Entsch. v. 09.05.2016, BeckRS 2016, 45749 Rn. 192; *Luther*, NuR 2016, 809 (812); *Ludwigs*, NVwZ 2016, 986 (990); *Grünewald*, DVBl. 2015, 1353 (1358).

173 BayGVBl. 2018, S. 531.

174 BayVerfGH, Urt. v. 13.10.2016, BeckRS 2016, 55391 Rn. 21; *Scheidler*, in: Schrödter (Hrsg.), BauGB Kommentar, § 249 Rn. 45.

175 *Albrecht/Zschiegner*, NVwZ 2015, 1093 (1094); *Papier/Shirvani*, in: Maunz/Dürig (Hrsg.), GG Kommentar, Stand: 01.01.2021, Art. 14 Rn. 164; ausführlich zur Baufreiheit *Schröter*, Die Zulässigkeit von Bauvorhaben im Außenbereich, S. 106 ff.

Windrad zu errichten oder dort seine Errichtung zuzulassen.[176] Allerdings gilt die Baufreiheit als Inhalt des Grundeigentums nicht schrankenlos, sondern kann nach Art. 14 Abs. 1 S. 2 GG durch ein Gesetz, das in erster Linie auf Bundes- und Landesebene erlassen wird, also durch das Baugesetzbuch und die Landesbauordnungen eingeschränkt werden.[177] So kann etwa durch die Einführung eines übermäßigen Mindestabstands für Windkraftanlagen zu Wohngebieten, z. B. des bayerischen 10H-Abstands, die bauliche Nutzbarkeit von hinreichend windhöffigen Grundstücken beschränkt werden.[178] Dabei handelt es sich um einen gesetzgeberischen Eingriff in die Baufreiheit als Bestandteil der Grundrechtsgarantie in Art. 14 Abs. 1 S. 1 GG.

Vor diesem Hintergrund bestehen erhebliche verfassungsrechtliche Bedenken. Diese können aber insbesondere dadurch ausgeräumt werden, dass die Errichtung von Windrädern im Außenbereich gem. § 35 BauGB im beschränkten Umfang zulässig ist.[179] Solche Anlagen werden zwar in Folge der 10H-Regelung entprivilegiert, aber können nach § 35 Abs. 2 BauGB – unter grundsätzlich strengen Voraussetzungen – zugelassen werden. Dabei ist insbesondere zu beachten, dass die Entprivilegierung der Windkraftnutzung innerhalb der festgelegten Abstandsflächen keine qualitativ neue Verletzung der Baufreiheit betroffener Grundeigentümer ist; denn die Entprivilegierung führt nicht zu einer qualitativ anderen Situation als sie der Privilegierung vorbehalten ist.[180] Vielmehr muss ggf. ein Eingriff in die materielle Baufreiheit des Eigentümers von Grundstücken, die – mit und ohne die Privilegierung der Windenergienutzung – nicht nach Belieben baulich genutzt werden können, gerechtfertigt sein.[181] Allerdings kann eine vollkommene Baufreiheit in diesen Fällen nicht gegeben sein, weil sie den Zweck des § 35 BauGB, den Außenbereich grundsätzlich von baulichen Anlagen freizuhalten, klar verfehlen würde. Dass die Windenergie nur unter strengen Voraussetzungen zulässig sein soll, liegt schon in dem Gebot größtmöglicher Schonung des Außenbereiches. Daraus lässt sich die Einschränkung

176 *Albrecht/Zschiegner*, NVwZ 2015, 1093 (1094).

177 Nach *Albrecht/Zschiegner*, NVwZ 2015, 1093 (1094).

178 *Grünewald*, in: Spannowsky/Manssen (Hrsg.), BayBO Kommentar, Stand: 01.04.2021, Art. 82 Rn. 27 ff.; siehe auch *Decker*, in: Busse/Kraus (Hrsg.), BayBO Kommentar, Stand: 01.05.2021, Art. 82 Rn. 16 ff.

179 Eingehend zur Vereinbarkeit des § 35 BauGB mit dem Eigentumsrecht aus Art. 14 Abs. 1 GG bei: *Schröter*, Die Zulässigkeit von Bauvorhaben im Außenbereich, S. 110 ff.

180 *Kindler*, Zur Steuerungskraft der Raumordnungsplanung, S. 198.

181 *Kindler*, Zur Steuerungskraft der Raumordnungsplanung, S. 198.

der materiellen Baufreiheit des Grundstücksnutzers – im Anwendungsbereich des § 35 BauGB – rechtfertigen.[182]

In diesem Zusammenhang hinkt aber die verfassungsrechtliche Rechtfertigung einer landesgesetzlichen Abstandsregel, die zur Entprivilegierung von Windrädern und mithin zu Möglichkeiten der Zulassung solcher Anlagen führen kann. Denn mit der Länderöffnungsklausel und ihrer Umsetzung in Bayern kann das Ziel des § 35 BauGB, den Außenbereich vor möglichen Belastungen durch Windenergieanlagen zu schützen, und damit den Eingriff in Art. 14 Abs. 1 GG zu rechtfertigen, nicht ganz gelingen. Durch die bayerische Abstandsregel kann vielmehr etwa der Schutz der Bevölkerung vor optischen Immissionen von Windrädern im Außenbereich gewährt werden; dahinter steht insgesamt der Zweck der Verbesserung der Akzeptanz derartiger Anlagen in der Bevölkerung.[183] Aus diesem Grund kann auch eine Beschränkung der Außenbereichsgrundstückseigentümer in ihrer Bautätigkeit auf solchen Grundstücken gerechtfertigt werden.

Allerdings kann bei der Verhältnismäßigkeitsprüfung die Erforderlichkeit einer landesgesetzlichen Abstandsregelung, die der Vermeidung einer optischen Bedrängung dient, bezweifelt werden.[184] Denn eine optisch bedrängende Wirkung von Windkraftanlagen kann – nach der Rechtsprechung – bei Entfernung von mindestens dem Dreifachen der Gesamthöhe der geplanten Anlagen nicht mehr entstehen.[185] Insofern kann der große Schutzabstand in Bayern deutlich über das notwendige Maß hinausgehen. Der Landesgesetzgeber ist aber *„durch richterrechtlich herausgebildete Lösungsansätze“* nicht gehindert, eine pauschale Abstandsregel festzulegen.[186] Denn mit der Wahl eines bayerischen 10H-Abstands hat er nur die allgemeine Akzeptanzförderung von Windrändern im Auge; dem Nachbarschutz wird hier aber nach Ansicht des Gesetzgebers auf

182 *Kindler*, Zur Steuerungskraft der Raumordnungsplanung, S. 198 f.; ferner *Schröter*, Die Zulässigkeit von Bauvorhaben im Außenbereich, S. 110 f.; siehe außerdem dazu BayVerfGH, Entsch. v. 09.05.2016, BeckRS 2016, 45749 Rn. 149;

183 BT-Drs. 18/1310, S. 7; BayLT-Drs. 17/2137, S. 6; *Albrecht/Zschiegner*, NVwZ, 1093 (1094); ferner *Grünewald*, in: Spannowsky/Manssen (Hrsg.), BayBO Kommentar, Stand: 01.04.2021, Art. 82 Rn. 28.

184 *Albrecht/Zschiegner*, NVwZ 2015, 1093 (1095 f.); ablehnend dazu *Albrecht/Zschiegner*, NVwZ 2015, 1254 (1257 f.); *Grünewald*, in: Spannowsky/Manssen (Hrsg.), BayBO Kommentar, Stand: 01.04.2021, Art. 82 Rn. 30 f.

185 Dazu bereits oben: B. Kapitel II. 2.

186 *Grünewald*, in: Spannowsky/Manssen (Hrsg.), BayBO Kommentar, Stand: 01.04.2021, Art. 82 Rn. 31; ferner BayVerfGH, Entsch. v. 09.05.2016, BeckRS 2016, 45749 Rn. 133.

diese Weise – die Abwehr schädlicher Einwirkungen solcher Anlagen – nicht Rechnung getragen.[187]

b) *Eingriff in die kommunale Selbstverwaltungsgarantie*

Hinsichtlich der Länderöffnungsklausel könnten weitere verfassungsrechtliche Bedenken, die auf einen Eingriff in die Planungshoheit als Element der gemeindlichen Selbstverwaltung in Art. 28 Abs. 2 GG zielen, entstehen.[188] Eine solche Einschränkung würde allerdings nur dann vorliegen, soweit die Privilegierung für Windenergieanlagen nach § 35 Abs. 1 Nr. 5 BauGB von einer landesgesetzlichen Abstandsregelung auf der Grundlage von § 249 Abs. 3 BauGB abhängt. Innerhalb der betroffenen Schutzabstände gelten also die Anlagen nicht mehr als privilegiert und dadurch entfällt die kommunale Planungs- und Steuerungsmöglichkeit. Denn die planerische Steuerung durch die Konzentrationszonenplanung i.S.d. § 35 Abs. 3 S. 3 BauGB erfasst nur privilegierte Vorhaben.

§ 249 Abs. 3 S. 3 BauGB gibt den Ländern die Befugnis, weitere Einzelheiten zu den Auswirkungen der von ihnen selbst festgelegten Abstände auf Darstellungen von Flächen zur Nutzung der Windenergie in bestehenden Flächennutzungs- und Raumordnungsplänen in den Landesgesetzen zu regeln.[189] Dies schlägt sich etwa in Art. 82 Abs. 4 BayBO nieder, wonach ein bedingter Bestandsschutz nur für bis zum Stichtag des 21.11.2014 vorhandene Standortplanung durch die Gemeinde gewährt wird.[190] Durch diese Regelung bleibt eine solche Planung auch dann weiterhin wirksam, wenn sich die bereits zuvor ausgewiesenen Konzentrationszonen innerhalb der in Art. 82 Abs. 1 BayBO normierten Abstandsflächen befinden. Der Landesgesetzgeber reduziert hier allein zusätzliche städtebauliche Planungsmöglichkeiten für die Windkraftnutzung, verletzt aber nicht tiefer die gemeindliche Planungshoheit, als sie durch § 35 Abs. 1 BauGB eingeschränkt wird.[191] Die bayerische Abstandsregel erscheint damit im Hinblick auf die Selbstverwaltungsgarantie der Gemeinden als unbedenklich.

---

187 *Grünewald*, in: Spannowsky/Manssen (Hrsg.), BayBO Kommentar, Stand: 01.04.2021, Art. 82 Rn. 31; BayVerfGH, Entsch. v. 09.05.2016, BeckRS 2016, 45749 Rn. 148.

188 *Albrecht/Zschiegner*, NVwZ 2015, 1093 (1097); anders *Grüner*, NVwZ 2015, 108 (111); *Ludwigs*, NVwZ 2016, 986 (987); *Kindler*, Zur Steuerungskraft der Raumordnungsplanung, S. 201.

189 BT-Drs. 18/1310, S. 7; *Söfker*, in: Ernst/Zinkahn/Bielenberg/Krautzberger (Hrsg.), BauGB Kommentar, Stand: 01.05.2021, § 249 Rn. 48.

190 *Grünewald*, in: Spannowsky/Manssen (Hrsg.), BayBO Kommentar, Stand: 01.04.2021, Art. 82 Rn. 43; siehe dazu ausführlich in D. Kapitel III. 3.

191 *Kindler*, Zur Steuerungskraft der Raumordnungsplanung, S. 201.

Aber trotzdem stellt sich für Bayern verfassungsrechtlich noch die Frage nach einem Eingriff in die kommunale Planungshoheit, wenn eine Nachbarkommune durch ihre befristete Widerspruchsbefugnis des Art. 82 Abs. 4 Nr. 3 BayBO die Windenergieplanung einer anderen Gemeinde wertlos machen kann.[192] Durch diese Vorschrift wird die Entprivilegierung der innerhalb der Abstandsflächen geplanten Anlagen ermöglicht und somit in die Planungshoheit der planenden Gemeinde eingegriffen. Dies betrifft jedoch nicht den Schutzbereich des Art. 28 Abs. 2 GG, weil die Gemeinde – trotz des Einspruchs der Nachbargemeinde – durch eine entsprechende Bauleitplanung Flächen für Windenergieanlagen innerhalb des gesetzlichen Abstands weiterhin uneingeschränkt festlegen kann.[193] Diese Möglichkeit wird durch die Länderöffnungsklausel nicht beeinflusst.

Hinzu kommt, dass insbesondere das interkommunale Abstimmungsgebot in § 2 Abs. 2 BauGB dem Schutz der benachbarten Gemeinden dient; es verfolgt das Ziel eines gegenseitigen Interessenausgleichs.[194] Für einen solchen Abstimmungsbedarf ist maßgeblich, inwieweit sich die Bauleitplanung einer planenden Gemeinde auf eine Nachbarkommune auswirkt. Dabei handelt es sich folglich um eine Ausprägung des in § 1 Abs. 7 BauGB enthaltenen Abwägungsgebots. Das gemeindenachbarliche Abstimmungsgebot gibt *„aber kein Recht auf Verhinderung einer Planung oder gar auf deren Änderung"*.[195] Durch den Widerspruch einer Nachbargemeinde kann indes die Konzentrationsplanung einer planenden Gemeinde insgesamt wirkungslos und somit die 10H-Abstandsregelung aktiviert werden.[196] Dabei handelt es sich allerdings um eine einseitige unangemessene Lösung.[197] Vor diesem Hintergrund ist die Verletzung der Planungshoheit durch das Widerspruchsrecht in Art. 82 Abs. 4 Nr. 3 BayBO unverhältnismäßig und damit verfassungswidrig.[198]

192 *Grünewald*, in: Spannowsky/Manssen (Hrsg.), BayBO Kommentar, Stand: 01.04.2021, Art. 82 Rn. 64.

193 BayVerfGH, Entsch. v. 09.05.2016, BeckRS 2016, 45749 Rn. 183.

194 *Grünewald*, in: Spannowsky/Manssen (Hrsg.), BayBO Kommentar, Stand: 01.04.2021, Art. 82 Rn. 72; siehe außerdem dazu *Nonnenmacher*, VBlBW 2012, 256 (261).

195 *Ludwigs*, NVwZ 2016, 986 (989); ebenso *Decker*, in: Busse/Kraus (Hrsg.), BayBO Kommentar, Stand: 01.05.2021, Art. 82 Rn. 74.

196 *Ludwigs*, NVwZ 2016, 986 (989).

197 *Grünewald*, in: Spannowsky/Manssen (Hrsg.), BayBO Kommentar, Stand: 01.04.2021, Art. 82 Rn. 72.

198 *Ludwigs*, NVwZ 2016, 986 (989); ebenso *Decker*, in: Busse/Kraus (Hrsg.), BayBO Kommentar, Stand: 01.05.2021, Art. 82 Rn. 74; *Grünewald*, in: Spannowsky/Manssen

Jedenfalls sieht das interkommunale Abstimmungsgebot „*weder die Notwendigkeit einer Zustimmung der Nachbargemeinde zu einer bestimmten Bauleitplanung vor noch die Möglichkeit eines Widerspruchs im Sinne eines Vetos*".[199] Zudem ermächtigt § 249 Abs. 3 S. 3 BauGB die Länder nicht zur Schaffung eines neuen interkommunalen Konfliktlösungsinstruments. Die einer benachbarten Kommune nach Art. 82 Abs. 4 Nr. 3 BayBO eingeräumte Widerspruchsbefugnis normiert nicht die Bauleitplanung, vielmehr nur die Auswirkungen der 10H-Regelung auf vorhandene Standortplanung. Diese Regelung sieht aber auch nicht den Umfang ihrer Wirkung vor, sondern allein das Widerspruchsrecht, so dass keine Rechtfertigung der Befugnis zum Widerspruch gegen die Fortgeltung der Konzentrationsplanung gegeben sein muss.[200]

c) Gleichbehandlungsgebot

Weiterhin erscheint eine landesgesetzliche Abstandsvorschrift nach § 249 Abs. 3 BauGB im Hinblick auf die Gleichbehandlung unterschiedlicher Baugebietstypen verfassungsrechtlich nicht unproblematisch.[201] So besteht etwa nach Art. 82 Abs. 1 BayBO die Abstandsforderung von Windkraftanlagen u. a. zu Wohngebäuden in Gebieten mit Bebauungsplänen nach § 30 BauGB, also zu Wohngebäuden in verschiedenen Baugebieten nach der Baunutzungsverordnung.[202] Da diese Vorschrift der Abstufung der Gebiete nach ihrer differenzierten Schutzbedürftigkeit dient, folgt daraus, dass für Windenergieanlagen abgestufte Schutzabstände notwendig sind. Wenn eine landesrechtliche Abstandsregelung einen pauschalen Mindestabstand hier: der 10-fachen Anlagenhöhe festlegt, ist folglich – ohne sachlichen Grund – der Gleichheitssatz des Art. 3 Abs. 1 GG verletzt.[203]

(Hrsg.), BayBO Kommentar, Stand: 01.04.2021, Art. 82 Rn. 72; dagegen BayVerfGH, Entsch. v. 09.05.2016, BeckRS 2016, 45749 Rn. 177 ff.

199 BayGVBl 2014, S. 478.

200 *Grünewald*, in: Spannowsky/Manssen (Hrsg.), BayBO Kommentar, Stand: 01.04.2021, Art. 82 Rn. 73.

201 *Albrecht/Zschiegner*, NVwZ 2015, 1093 (1096); *Albrecht/Zschiegner*, NVwZ 2015, 1254 (1257); siehe außerdem dazu *Kindler*, Zur Steuerungskraft der Raumordnungsplanung, S. 202.

202 *Albrecht/Zschiegner*, NVwZ 2015, 1093 (1096); eingehend dazu *Albrecht/Zschiegner*, NVwZ 2015, 1254 (1257 f.).

203 *Albrecht/Zschiegner*, NVwZ 2015, 1093 (1096); *Kindler*, Zur Steuerungskraft der Raumordnungsplanung, S. 202; ähnlich nach *Albrecht/Zschiegner*, NVwZ 2015, 1254 (1257), sind innerhalb einer landesgesetzlichen Abstandsvorschrift nach § 249 Abs. 3

3. Auswirkung auf die Konzentrationszonenplanung

a) Allgemeines

aa) 10H-Regelung und Tabuzonenproblematik

Derzeit besteht noch Unsicherheit darüber, inwieweit Abstände mit der 10H-Regelung für Windkraftanlagen zu harten oder weichen Tabuzonen werden. Diese Abgrenzungsprobleme werden hier erneut dargestellt:[204]

Das mit dem Gesetz eingeführte 10H-Abstandkriterium könnte als Merkmal harter Tabuzonen, die aus bestimmten Gründen für die Windkraftnutzung schlechthin gesperrt werden, behandelt werden: Denn die davon betroffenen Abstandsflächen bilden vermeintlich ein rechtliches Hindernis für die Ausweisung als Windenergiestandorte.[205] Innerhalb der 10H-Abstandszone könnte also durch Wegfall der Privilegierung die genehmigungsrechtliche Durchsetzbarkeit eines Projekts wie die Errichtung von Windkraftanlagen nicht gewährleistet werden.[206]

Diesem Standpunkt kann jedoch nicht gefolgt werden: Es ist auch innerhalb der landesrechtlich geregelten Mindestabstandsflächen möglich, Baurecht für die Windkraftnutzung zu schaffen, weil mit der 10H-Regelung nur die Privilegierung entzogen werden kann.[207] Dies bedeutet, dass eine Anlage auf diesen Flächen nicht per se ungenehmigt, sondern nur entprivilegiert ist; sie kann hier nach § 35 Abs. 2 BauGB auch zugelassen werden. Darauf kommt es aber bei der Einstufung der 10H-Abstandsfläche als harte oder weiche Tabuzone nicht an. Dies liegt daran, dass ein nicht privilegiertes Vorhaben nicht im Anwendungszugriff des § 35 Abs. 3 S. 3 BauGB liegt.

Die raumplanerische Konzentrationsplanung hat keinen Zugriff mehr auf die Mindestabstandsbereiche.[208] Mit einer planerischen Positivausweisung kann hier kein Flächenpotenzial für die Nutzung durch Windkraftanlagen mehr gesichert werden, d.h. die Abstandflächen stehen für die Windenergiegewinnung nicht zur Verfügung. Sie werden daher als harte Tabubereiche eingestuft.

BauGB „*umfänglich verschiedene Abstandserfordernisse festzusetzen*"; dagegen BayVerfGH, Entsch. v. 09.05.2016, BeckRS 2016, 45749 Rn. 158 ff.

204 Zur Tabuzonenproblematik bereits: C. Kapitel III. 3. b) bb) (1) (a).

205 *Albrecht/Zschiegner*, NVwZ 2015, 1093 (1099); *Tyczewski*, BauR 2014, 934 (940); offen dazu *Scheidler*, NuR 2018, 361 (363).

206 *Albrecht/Zschiegner*, NVwZ 2015, 1093 (1099).

207 *Decker*, ZfBR 2015, 322 (329).

208 *Kindler*, Zur Steuerungskraft der Raumordnungsplanung, S. 205.

Trotzdem bleibt hier aufgrund der Schwierigkeit bei der Festlegung der Größe dieser Zonen noch die Kritik, weil im Rahmen der Konzentrationsplanung die konkreten Arten und Standorte der Anlage noch nicht bekannt sind. Mit diesen fehlenden Kenntnissen ist es schwerlich möglich, eine genaue Größe des Mindestabstands festzusetzen. Dies ist auch bei den der 10H-Abstandsvorschrift unterliegenden Flächen der Fall, weil ihre Größe 10H keine allgemein feste darstellt; denn vielmehr hängt das Ausmaß der nach Art. 82 Abs. 1 BayBO geregelten Zone von der Höhe der jeweiligen Anlagen ab.[209]

Die kommunalen Plangeber können zudem durch ihre Bauleitpläne Baurecht für Windenergieanlagen schaffen, ohne hier an den zehnfachen Mindestabstand gebunden zu sein. Im Wege entsprechender Bauleitpläne ist ein solcher Abstand kein dauerhaftes rechtliches Hemmnis und die Kommune kann damit auch in der 10H-Zone neue Windräder planen.[210] Die Abstandsregelung ist hier also nicht starr ausgestaltet und die davon betroffenen Flächen sind damit im Rahmen gemeindlicher Bauleitpläne weiche Tabuzonen.[211] Durch den alten Art. 82 Abs. 5 BayBO wurde außerdem die Beteiligung der Nachbargemeinde bei der Aufstellung von Bauleitplänen, die für Windkraftanlagen einen geringeren als den Mindestabstand von 10H festsetzen wollen, vorgesehen.[212] Er galt aber nur für die künftigen gemeindlichen Planungen und überschritt somit die den Ländern durch § 249 Abs. 3 BauGB übertragene Kompetenz im Bereich der Gesetzgebung.[213] Er wurde vom Gericht als verfassungswidrig angesehen und mit der BayBO-Novelle 2018 aufgehoben.[214]

bb) 10H-Regelung und Substanzkriterium

Es ist ferner zu bedenken, welche Konsequenzen die bayerische Regelung des 10H-Abstands für die substanzielle Schaffung von Raum haben kann. Das Substanzkriterium muss – nach der Rechtsprechung – auf Ebene der Konzentrationsflächenplanung, die lediglich die privilegiert zulässigen Windkraftvorhaben

---

209 *Scheidler*, NuR 2018, 361 (364).

210 *Kindler*, Zur Steuerungskraft der Raumordnungsplanung, S. 205 f.; siehe auch dazu *Scheidler*, NuR 2018, 361 (364).

211 *Kindler*, Zur Steuerungskraft der Raumordnungsplanung, S. 205.

212 BayGVBl. 2014, S. 478.

213 *Grünewald*, in: Spannowsky/Manssen (Hrsg.), BayBO Kommentar, Stand: 01.04.2021, Art. 82 Rn. 78.1 ff.; siehe auch dazu *Luther*, NuR 2016, 809 (811).

214 BayVerfGH, Entsch. v. 09.05.2016, BeckRS 2016, 45749 Rn. 189 ff.; BayGVBl. 2018, S. 531; so auch *Grünewald*, in: Spannowsky/Manssen (Hrsg.), BayBO Kommentar, Stand: 01.04.2021, Art. 82 Rn. 78 ff.

betrifft, erfüllt werden; ansonsten ist diese Planung rechtswidrig. Es kann sich, soweit die 10H-Regelung zum Tragen kommt, nur noch auf weiterhin privilegierte Windräder ab 10H-Mindestabstand beziehen.[215] Dadurch wird die Potenzialfläche im Plangebiet entsprechend reduziert. Es kann hier überhaupt nicht in Abrede gestellt werden, dass *„die Einräumung eines substanziellen Raums für die privilegierte Windenergie durch die Abstandsflächenregelung des Art. 82 BayBO erheblich erschwert wurde“*.[216] Es wäre daher auch konsequent, die Mindestabstände als harte Tabuzonen einzuordnen. Denn da der Plangeber innerhalb der Konzentrationsplanung auf diese Bereiche keinen Zugriff mehr hat, können auch die Flächen, die innerhalb der Abstandsflächen liegen, nicht bei der Beurteilung des substanziellen Raums in die Betrachtung mit einbezogen werden.[217] Dies liegt daran, dass die Ausschlussflächen solche sind, die schon kraft Gesetzes als Konzentrationszonen ausscheiden, und die Bezugsgröße zur Bestimmung des Substanzgebots den danach verbleibenden Potenzialflächen entspricht. Ausgehend von dem durch die Einführung der hohen Schutzabstände verringerten Flächenpotenzial für die Windenergie sind daher die von dieser Regelung erfassten Flächen als harte Tabuzonen zu behandeln. Dabei handelt es sich jedoch – vor allem angesichts der bayerischen 10H-Regelung – um eine vom Gesetzgeber gewollte Einschränkung.[218]

Im Hinblick auf diese Einordnung könnte allerdings ein damit verbundenes Abstandserfordernis einen Eingriff in die gemeindliche Planungshoheit darstellen, weil ein Abstand von 10H, der zu einer harten Tabuzone wird, eine Voraussetzung für privilegierte Windvorhaben ist und sich die planerische Steuerungsmöglichkeit aus einer solchen Privilegierung ableitet.[219] Die Anforderung zum Substanzkriterium an die Konzentrationsplanung beruft sich also auf die gesetzgeberische Einschätzung, das Vorhaben bevorzugt im Außenbereich zuzulassen.[220] Soweit aber die 10H-Abstandsregel zur Anwendung kommt, gilt diese Einschätzung nicht mehr, da innerhalb der Schutzabstände, die dieser Norm unterliegen, die Privilegierung der Windenergie in § 35 Abs. 1 Nr. 5

---

215 https://www.stmb.bayern.de/assets/stmi/buw/baurechtundtechnik/anwendungshinweise_der_10_h-regelung_stand_juni_2016.pdf (Aufruf am 07.12.2021).

216 *Luther*, NuR 2016, 809 (812); siehe auch dazu *Scheidler*, NuR 2018, 361 (364).

217 *Kindler*, Zur Steuerungskraft der Raumordnungsplanung, S. 207; aber anders *Grigoleit/Operhalsky/Strothe*, UPR 2020, 321 (325).

218 Zutreffend: *Kindler*, Zur Steuerungskraft der Raumordnungsplanung, S. 207.

219 Siehe dazu bereits in D. Kapitel III. 2. a); *Albrecht/Zschiegner*, NVwZ 2015, 1093 (1097); anders *Kindler*, Zur Steuerungskraft der Raumordnungsplanung, S. 207.

220 *Scheidler*, NuR 2018, 361 (364).

BauGB eben nicht mehr existiert.[221] Daraus kann gefolgert werden, dass sich aufgrund der bayerischen 10H-Abstandsregelung die Flächen für Windkraftanlagen verringert haben und mithin sicherlich das Flächenpotenzial knapp ist. Bei der Standortwahl für die Windenergie im Spannungsfeld mit anderen Nutzungen würde es zudem nicht zu einem anderen Ergebnis kommen, als letztlich die zuvor genannte Folge durch die 10H-Ausgestaltung in Bayern, weil die Nutzung der Windkraft nicht auf andere Flächen gedrängt wird.[222] Aber jedenfalls setzt die Privilegierung den Ausbau der Windenergie voraus; demnach ist eine landesrechtliche Regelung, die das Windvorhaben einschränkt, zwar zulässig, muss sich allerdings – aus Gründen der Rechtssicherheit – im bundesrechtlichen Rahmen bewegen.[223] Insofern hat die Landesregierung anzustreben, dass die bundesweiten Ausbauziele erreicht werden. Demzufolge ist – vor allem bei der Einführung einer landesgesetzlichen Abstandsnorm – sicherzustellen, dass der Windenergie weiterhin substanziell Raum verschafft wird.[224]

Soweit aber eine Gemeinde der Windkraft als privilegiertes Vorhaben nicht hinreichend Raum schaffen kann, kommt eine anderweitige Planungsmöglichkeit, nämlich die Möglichkeit der Aufstellung von Bebauungsplänen für die Windkraftnutzung durch die Gemeinden, in Betracht. Es stellt sich hier die Frage, ob positive Standortzuweisungen durch einen Bebauungsplan *„auf das Substanzkriterium angerechnet werden“* können.[225] Dies wäre etwa denkbar, wenn weitere Flächen – trotz anderweitiger Positivplanung – für die Windenergie zur Verfügung stehen. Allerdings erhöht sich dabei der Planungsaufwand, um dem Erfordernis des Substanziell-Raum-Schaffens hinreichend nachzukommen d.h. die Aufstellung eines Bebauungsplans aus einem Flächennutzungsplan ist aufwendiger als die Konzentrationsplanung im Flächennutzungsplan, aber auch im Raumordnungsplan, mit der Wirkung des § 35 Abs. 3 S. 3 BauGB.[226] Aber das Ziel des Substanzkriteriums ist: Im Rahmen einer solchen Konzentrationsflächenplanung soll *„durch eine hinreichend quantitative Ausweisung“*

---

221 *Scheidler*, NuR 2018, 361 (364).

222 *Kindler*, Zur Steuerungskraft der Raumordnungsplanung, S. 207; aber zum uneingeschränkten Festhalten an der Forderung des Substanziell-Raum-Schaffens *Albrecht/Zschiegner*, NVwZ 2015, 1093 (1099).

223 *Grigoleit/Operhalsky/Strothe*, UPR 2020, 321 (325).

224 So auch *Grigoleit/Operhalsky/Strothe*, UPR 2020, 321 (325): *„Würde es durch einen Mindestabstand zu einer Situation kommen, in der Windenergieanlagen nicht mehr privilegiert zulässig sind, dürfte das Land eine solche Regelung nicht erlassen“*.

225 *Kindler*, Zur Steuerungskraft der Raumordnungsplanung, S. 206.

226 *Luther*, NuR 2016, 809 (812 f.).

begründet sein, dass der übrige Planungsraum von Windrädern freigehalten wird.[227] Dies kann folglich durch die Einbeziehung unterschiedlicher Planungsweisen erreicht werden.[228]

b) Folgen der 10H-Regelung für die Regionalplanung

Wie in § 249 Abs. 3 S. 2 BauGB a.F. zum Ausdruck kommt, muss der Landesgesetzgeber, der von der Länderöffnungsklausel Gebrauch macht, die weiteren Einzelheiten regeln, zu denen auch die Auswirkungen auf bereits geltende Flächennutzungs- und Raumordnungspläne gehören. Jedoch enthält die Regelung in Art. 82 Abs. 4 BayBO keine ausdrückliche Aussage zu den Auswirkungen des festgelegten Mindestabstands auf geltende Regionalpläne. Sie gewährt daher keinen Bestandsschutz für bestehende Regionalpläne mit der Ausschlusswirkung des § 35 Abs. 3 S. 3 BauGB. Dieses Fehlen wurde vom Gericht als unbeachtlich beurteilt.

Die gerichtliche Entscheidung über die Unbeachtlichkeit der fehlenden Aussage zu bestehenden Regionalplänen in Art. 82 Abs. 4 BayBO wird durch den im intertemporalen Verwaltungsrecht allgemein geltenden Grundsatz der sofortigen Anwendung neuer Rechtsnormen bestätigt.[229] Dabei bleiben die nach bisherigem Recht eingetretenen Rechtsfolgen – diesem Grundsatz der Sofortwirkung entsprechend – unberührt bestehen, d.h. ihre Beurteilung richtet sich grundsätzlich nach dem Recht, das zum Zeitpunkt der Anwendung der Rechtsnorm in Geltung war.[230] Eine Ausnahme kann jedoch in folgenden Fällen gemacht werden: Eine Neuregelung tritt rückwirkend in Kraft oder die Beurteilung von zuvor entstandenen Rechtsverhältnissen bleibt künftig nach der Altregelung noch vorübergehend zulässig.[231] Dementsprechend kann aus dem „*Umkehrschluss der expliziten Bestandsschutzregelung für Flächennutzungspläne in Art. 82 Abs. 4 BayBO*" gefolgert werden, dass der Grundsatz der Sofortwirkung und Nichtrückwirkung einschlägig ist.[232] Es erscheint insofern durchaus sachgerecht, dass der Auftrag des § 249 Abs. 3 S. 2 BauGB a.F. durch beredtes Schweigen zum

227 *Kindler*, Zur Steuerungskraft der Raumordnungsplanung, S. 207.

228 So auch *Kindler*, Zur Steuerungskraft der Raumordnungsplanung, S. 206 f.; *Luther*, NuR 2016, 809 (812 f.).

229 Siehe oben dazu D. Kapitel III. 1. b); *Ludwigs*, NVwZ 2016, 986 (989); näher *Koch*, Grundsätze des intertemporalen Verwaltungsprozessrechts, S. 68.

230 *Koch*, Grundsätze des intertemporalen Verwaltungsprozessrechts, S. 68.

231 *Koch*, Grundsätze des intertemporalen Verwaltungsprozessrechts, S. 68.

232 *Ludwigs*, NVwZ 2016, 986 (989).

Fehlen einer Vorschrift zur Auswirkung der 10H-Regelung auf Regionalpläne zustande kommt.[233] Für bestehende Regionalpläne gilt somit die bayerische Regelung eines 10H-Abstands. Es ist daher wahrscheinlich, dass geltende Regionalpläne – als Folge der 10H-Regelung – ihre Steuerungswirkung im Rahmen des § 35 Abs. 3 S. 3 BauGB verlieren können und ggf. einer entsprechenden Anpassung bedürfen.[234]

Eine Ausweisung von Konzentrationszonen im Regionalplan ist also nur noch an solchen Stellen möglich, an denen ein Abstand von 10H eingehalten werden kann.[235] Wenn eine Zieländerung nach dem Inkrafttreten eines Bauleitplans aufgrund der 10H-Abstandsregel getroffen wird, können bestehende Bauleitpläne diesen Zielen der Raumordnung widersprechen.[236] So wurde etwa ein Teil der Gemeindegebiete, die bisher als Vorranggebiete für die Windenergie im Flächennutzungsplan dargestellt sind, wegen landesrechtlicher Vorgaben nicht als Vorranggebiete im Regionalplan festgesetzt. Auch in diesen Fällen wird das Verhältnis zwischen Raumordnung und Bauleitplanung entscheidend durch die Anpassungspflicht nach § 1 Abs. 4 BauGB geprägt. Damit haben die Gemeinden nicht nur ihre Bauleitpläne den Raumordnungszielen anzupassen, sondern es wird darüber hinaus insbesondere auch die Pflicht zur fortlaufenden Anpassung der Bauleitpläne an geänderte Ziele der Raumordnung jedenfalls dann statuiert, wenn *„die Anpassung materiell rechtlich und zeitlich erforderlich ist"*.[237]

Den Ersthinweisen zur bayerischen 10H-Regelung ist außerdem zu entnehmen, dass die Bestandsschutzregelung des Art. 82 Abs. 4 BayBO für regionalplanerische Festsetzungen von Vorrang-, Vorbehalts- und Ausschlussflächen nicht anwendbar sei und der 10H-Mindestabstand somit für bereits bestehende Regionalpläne gelte. Mittels eines Bebauungsplans könne indes hier auch eine

233 *Ludwigs*, NVwZ 2016, 986 (989); siehe dazu BayVerfGH, Entsch. v. 09.05.2016, BeckRS 2016, 45749 Rn. 186.

234 *Grünewald*, in: Spannowsky/Manssen (Hrsg.), BayBO Kommentar, Stand: 01.04.2021, Art. 82 Rn. 63; *Ludwigs*, NVwZ 2016, 986 (989); *Luther*, NuR 2016, 809 (812).

235 *Luther*, NuR 2016, 809 (812).

236 *Schrödter/Wahlhäuser*, in: Schrödter (Hrsg.), BauGB Kommentar, § 1 Rn. 126; näher zur Auswirkung von nachträglich geänderten Zielen der Raumordnung nach dem Inkrafttreten eines Bauleitplans auf den Flächennutzungsplan *Schrödter/Wahlhäuser*, in: Schrödter (Hrsg.), BauGB Kommentar, § 1 Rn. 148 f.; siehe auch dazu *Kümper*, ZfBR 2018, 119 (124 ff.).

237 *Luther*, NuR 2016, 809 (812); nach *Kümper*, ZfBR 2018, 119 (124 ff., 127) ist die Anpassung der Bauleitpläne an Ziele der Raumordnung entbehrlich, soweit diese Ziele im Rahmen des § 35 BauGB unmittelbar als Zulassungshindernis wirken.

Unterschreitung des 10H-Abstands erfolgen, soweit darüber die Konkretisierung der regionalplanerischen Festsetzung von Vorranggebieten für die Windkraftnutzung zulässig sei. Dies bleibe bei Vorbehaltsgebieten nach Abwägung auch gleich. In Ausschlussgebieten könne allerdings der Abstand der 10H-Regelung über einen Bebauungsplan nicht unterschritten werden und davon unabhängig die Errichtung von Windenergieanlagen unzulässig sein.[238] Darüber hinaus verbleiben solche Flächen, die weder Vorrang- oder Vorbehaltsgebiete noch Ausschlussgebiete sind, d.h. unbeplante weiße Flächen. Auf diesen Bereichen im Außenbereich sind Windräder, sofern sie den 10H-Mindestabstand einhalten, privilegiert zulässig, wenn ihnen keine öffentlichen Belange entgegenstehen. Die Plangeber der Flächennutzungsplanung können sodann diese Anlagen innerhalb der Weißflächen in Regionalplänen durch die gemeindliche Konzentrationsplanung steuern.[239]

4. Auswirkungen auf die Akzeptanz und den Windenergieausbau

a) Verständnis von Akzeptanz im Überblick

Die 10H-Regelung verfolgt generell den Zweck, die Akzeptanz von lokalen Windrädern, die für den Windenergieausbau unverzichtbar ist, zu fördern.[240] Hier kann also – neben den gesetzlichen und planerischen Steuerungsinstrumenten zum Ausbau der Windkraft – die Akzeptanz auch als Steuerung dieses Ausbaus verstanden werden. Aus diesem Grund soll zuerst allgemein auf das Akzeptanzverständnis eingegangen werden, bevor u. a. Einflüsse der 10H-Abstände auf die Akzeptanz der Windenergie auf lokaler Ebene thematisiert werden.

Bezüglich der Definition des abstrakten Akzeptanzbegriffs insbesondere im Bereich erneuerbarer Energien wurde – in der Wissenschaft – das Konzept der sozialen Akzeptanz entwickelt: Danach lassen sich die drei Ebenen sozio-politische, marktbezogene und lokale oder projektbezogene Akzeptanz ableiten.[241] Die sozio-politische Akzeptanz bezieht sich auf die allgemeine

238 *Grünewald*, DVBl. 2015, 1353 (1358); so auch *Grünewald*, in: Spannowsky/Manssen (Hrsg.), BayBO Kommentar, Stand: 01.04.2021, Art. 82 Rn. 62; vgl. https://www.innenministerium.bayern.de/assets/stmi/buw/baurechtundtechnik/ersthinweise_zum_inkrafttreten_der10_h-regelung.pdf (Aufruf am 18.12.2021).

239 Siehe oben: C. Kapitel III. 3. b).

240 BayLT-Dr. 17/2137, S. 1, 6.

241 *Wüstenhagen/Wolsink/Bürer*, Energy Policy 2007, 2683 (2684 ff.), die von *„three dimensions of social acceptance, namely socio-political acceptance, community acceptance*

gesellschaftliche Akzeptanzdimension, die die politischen Mechanismen oder Energietechnologien umfasst und die generelle Unterstützung politischer Entscheidungsträger betrifft. Bei der Marktakzeptanz handelt es sich hingegen um die Zustimmung von Seiten der Investoren, Konsumenten oder weitere Akteure, die zur marktbezogenen Akzeptanz beitragen, wie Unternehmen oder Stromnetzbetreiber. Die dritte mögliche Akzeptanzebene betrifft die Projektakzeptanz, die sich durch Anwohner, lokale Interessenvertreter oder örtliche Behörden vor allem in konkreten Standortentscheidungen oder Anlagenprojekten widerspiegelt.

Bei der Betrachtung von erneuerbaren Energieanlagen, hier von Windrädern, ist die Unterscheidung aber insbesondere zwischen sozio-politischer Akzeptanz und lokaler Akzeptanz zu behandeln. Deutlich ist dabei, dass sich die sozio-politische oder gesellschaftliche Akzeptanz für die Nutzung und den Ausbau der Windenergie an Land seit Jahren konstant auf einem hohen Niveau bewegt.[242] Jedoch fällt die projektbezogene bzw. lokale Akzeptanz von Windkraftvorhaben häufiger niedriger aus. Die Mehrheit der Menschen ist auch gegenüber derartigen Anlagen im Wohnumfeld positiv eingestellt, aber nur unter bestimmten Bedingungen wie ohne Belastungen durch Lärm, Schattenwurf oder Infraschall.[243] Diese hohe Zustimmung schwankt z. B. auf Grund der Anlagenart, der Anlagenzahl oder den bereits wahrgenommenen Beeinträchtigungen vor Ort. So kann in einem Teil der betroffenen Bevölkerung Widerstand entstehen und prinzipielle Befürworter des Windenergieausbaus können auf lokaler Ebene zu

---

and market acceptance" sprechen; aber nach *Schweizer-Ries/Rau/Zoellner*, Akzeptanz erneuerbarer Energien, S. 93, 111 f., lässt sich die Akzeptanz durch zwei Dimensionen darstellen: Bewertungsebene wie Befürwortung und Ablehnung, Handlungsebene wie aktive Unterstützung und Widerstand. Hier werden aber nur Befürwortung und aktives Engagement als Akzeptanz verstanden, weil die positive Bewertung eines Akzeptanzobjektes durch ein Akzeptanzsubjekt zu einer hohen Akzeptanz führt. Allerdings muss sich dabei die Akzeptanz nicht notwendigerweise in einer Handlung äußern; siehe auch *Wunderlich*, Akzeptanz und Bürgerbeteiligung für Erneuerbare Energien, S. 4; zuletzt *Kindler*, Zur Steuerungskraft der Raumordnungsplanung, S. 42 ff.

242 Siehe oben dazu B. Kapitel II. 2; vgl. *FA Wind*, Umfrage zur Akzeptanz der Windenergie an Land – Herbst 2021, S. 5, wonach seit 2015 im Durchschnitt mehr als ca. 80 Prozent aller Befragten die Nutzung und den Ausbau der Windenergie an Land als wichtig oder als sehr wichtig erachten.

243 Vgl. *IASS*, Soziales Nachhaltigkeitsbarometer der Energie- und Verkehrswende 2021, S. 20 f.; *FA Wind*, Umfrage zur Akzeptanz der Windenergie an Land – Herbst 2021, S. 7 f., 13 f.

Gegnern werden. Daraus geht im Bereich der Nutzung und des Ausbaus der Windenergie hervor, dass das Thema Akzeptanz vor Ort mehr im Fokus stehen sollte als die gesellschaftliche oder marktbezogene Akzeptanz.

Die lokale Akzeptanz gegenüber den Windkraftanlagen hängt maßgeblich von mehreren Gegebenheiten vor Ort ab, wobei etwa die Sichtbarkeit der Anlagen, die Beteiligungsmöglichkeit oder die genossenschaftliche Teilhabe zentrale Faktoren sind.[244] In diesem Zusammenhang ist aber davon auszugehen, dass es kaum möglich ist, den Einfluss von einer Akzeptanzgenese in Studien abzubilden, weil die Einflussfaktoren der Anlagen auf die Akzeptanz vor Ort regional sehr unterschiedlich ausgeprägt sind. Allerdings zeigen sich dabei unabhängig vom Standort ähnliche Ergebnisse, also kaum bedeutsame Unterschiede. Während die Systematisierung der relevanten Einflussfaktoren bei der Steigerung der Akzeptanz der Windenergieanlagen im Wohnumfeld hilfreich sein kann, so geschieht die lokale Akzeptanzbewertung schlussendlich im Einzelnen, also an sich mit Vor- und Nachteilen der Windkraft aus Sicht der Anwohner. Typische Konfliktpotenziale wie Lärm-, Schatten- oder Naturschutzkonflikte als Nachteile haben bei der Planung von Windrädern einen großen Einfluss auf die Akzeptanz vor Ort.[245]

Einige der projektbezogenen Genesen können jedoch durch den Gesetzgeber so ausgenommen werden, dass auf die Erhöhung der Akzeptanz gegenüber der Windkraft in der ansässigen Bevölkerung als Gesetzeszweck abgestellt wird.[246] So werden z. B. Abstandsregelungen oder Grenzwerte schon präzise formuliert.[247] Jedoch ist hier zu beachten, dass die Existenz solcher rechtlichen Möglichkeiten allein möglicherweise nicht ausreicht, um die Akzeptanzfrage zu lösen. Es ist deshalb zu untersuchen, wie die bayerische Abstandsregelung die Akzeptanz vor Ort bzw. den Ausbau der Windenergienutzung beeinflusst:

---

244 So etwa *Geßner/Zeccola*, Akzeptanzfaktoren in der Energiewende, S. 142 ff. mit Blick auf die Teilung von Einflussfaktoren der Energiewendeakzeptanz in drei Gruppen auf das Akzeptanzsubjekt, -objekt und -kontext bezogene Faktoren; ferner nach *Kindler*, Zur Steuerungskraft der Raumordnungsplanung, S. 51 ff., lassen sich die Akzeptanzfaktoren in drei Gruppen *„anlagen-, verfahrens- und beteiligtenbezogene Faktoren"* teilen. Die Autorin spricht jedoch davon, dass *„eine Unterscheidung in der Zeitachse sich nicht eignet, da alle Faktoren, wie die Akzeptanz selbst, variabel und veränderbar sind"*.

245 Siehe oben: B. Kapitel II. 1.

246 *Geßner/Zeccola*, Akzeptanzfaktoren in der Energiewende, S. 136, 153.

247 Eingehend zur Übertragung der Akzeptanzgenesen in das Recht *Geßner/Zeccola*, Akzeptanzfaktoren in der Energiewende, S. 146 ff.

b) *Einfluss der 10H-Regelung auf die Akzeptanz und den Windenergieausbau*

Mit der Länderöffnungsklausel und ihrer Umsetzung in Bayern kann das Ziel des § 35 Abs. 1 Nr. 5 BauGB häufig nicht gelingen, Windenergieanlagen im Außenbereich planungsrechtlich abzusichern. Insgesamt ist festzustellen, dass die Windkraftnutzung eingeschränkt wird. Jedoch hat sich der Freistaat Bayern 2014 entschieden, die Öffnungsklausel zu nutzen, um Mindestabstände zu Wohnbereichen zu erhöhen. Damit verfolgt der Landesgesetzgeber den Zweck, den Schutz von Wohnbebauungen vor Windrädern zu gewährleisten und somit die Akzeptanz in der Bevölkerung gegenüber solchen Anlagen zu steigern.

Aber eine Korrelation zwischen Abständen wie der 10H-Regelung und der Akzeptanz vor Ort ist nicht ohne Zweifel.[248] So hat eine vergleichende Analyse der Umweltpsychologie gezeigt, dass die Abstandsregel von 10H zur Förderung der lokalen Akzeptanz gegenüber der Windkraft schlicht nicht geeignet ist, weil ein Zusammenhang der beiden nicht nachweisbar ist.[249] Die 10H-Regelung könnte vielmehr die Nutzung und den Ausbau der Windenergie massiv gefährden. Dabei müssten stattdessen Flächen für das Erreichen der Ausbauziele zur Verfügung stehen.[250] Diese sind oftmals Räume, die aus anderen Gründen wie aus Natur- und Landschaftsschutzgründen,[251] von Windrädern freigehalten wurden. In diesen Fällen würden damit verbundene Nutzungskonkurrenzen und Druck auf diese Flächen entstehen – mit der Folge, dass solche Flächenansprüchen einen negativen Einfluss auf die Akzeptanz vor Ort hätten.[252] Zudem hat bei der lokalen Akzeptanzbewertung ein allgemeiner gesellschaftlicher Vorteil wie die Erreichung der Ausbauziele in Bayern nur ein geringes Gewicht.

Auf die Akzeptanz gegenüber lokalen Windenergieanlagen können sich aber Mindestabstände auch positiv auswirken. Selbst wenn die Abstandsregel von 10H – wie schon erwähnt – den Spielraum für die planerische Steuerung

248 So zuletzt: BVerfG, Beschl. v. 24.03.2021, NJW 2021, 1723 (1723 ff.).

249 *Hübner/Pohl*, Mehr Abstand – mehr Akzeptanz?, S. 21 f.; siehe auch *Plappert/Rudolph/Vollmer*, Auswirkungen von Mindestabständen zwischen Windenergieanlagen und Siedlungen, S. 21.

250 *Plappert/Rudolph/Vollmer*, Auswirkungen von Mindestabständen zwischen Windenergieanlagen und Siedlungen, S. 6, 21.

251 Siehe oben: B. Kapitel II. 1 b).

252 *Plappert/Rudolph/Vollmer*, Auswirkungen von Mindestabständen zwischen Windenergieanlagen und Siedlungen, S. 6; siehe außerdem dazu *Kindler*, Zur Steuerungskraft der Raumordnungsplanung, S. 209.

von Standorten des § 35 Abs. 3 S. 3 BauGB erheblich reduziert, können innerhalb solcher Abstandsflächen Baurechte für die Windenergienutzung weiterhin geschaffen werden, nämlich mittels eines Bebauungsplans.[253] Jedoch müssen die Mehrheit von Gemeinderatsmitgliedern dafür stimmen; dieses Abstimmungsergebnis fällt nicht selten positiv aus, aber nicht immer.[254] Hier ist also zu konstatieren, dass die hohe Akzeptanz vor Ort mit der Abstimmung der Ratsmitglieder einhergeht. Es bedarf daher bei der Errichtung von Windrädern innerhalb der Schutzabstände auch Anstrengungen zur Steigerung der lokalen Akzeptanz.[255] Hinzu kommt, dass Mindestabstände mit der 10H-Regelung die Wohnbebauungen vor negativen Einflüssen der Windenergie schützen, insbesondere wenn es an einer die standortspezifischen Besonderheiten berücksichtigenden Standortplanung fehlt.[256] Dies bedeutet, dass der im Verhältnis zu einer solchen Steuerung bessere Schutz von Wohngebieten gewährleistet werden kann. Daher könnte sich ein Stopp der Nutzung und des Ausbaus der Windenergie in siedlungsnahen Gebieten als Folge der 10H-Abstandsregel auf die Akzeptanz positiv auswirken.[257]

c) *Exkurs: Einfluss des BVerfG-Klimabeschlusses vom 24.03.2021 auf die bayerische 10H-Regelung zur Windkraft*

Das Bundesverfassungsgericht hat mit seinem Klima-Beschluss vom März 2021 klargestellt, dass Deutschland bis 2045 klimaneutral werden muss.[258] Dies bedeutet, dass das Gericht das Gewicht rechtzeitigen Klimaschutzes deutlich gestärkt hat.[259] Dieses Ergebnis betrifft verschiedene Bereiche unter anderem erneuerbare Energien, speziell auf das Thema Windkraft und die 10H-Regelung in Art. 82 BayBO. Denn angesichts des angestrebten Klimaneutralitätsziels ist festzustellen, dass die bayerische Abstandsregel den Windenergieausbau für den Klimaschutz in Deutschland insgesamt behindert und somit die Energiewende

253 *Scheidler*, NuR 2014, 673 (677 f.).
254 *Kindler*, Zur Steuerungskraft der Raumordnungsplanung, S. 208; *Scheidler*, NuR 2014, 673 (678).
255 *Kindler*, Zur Steuerungskraft der Raumordnungsplanung, S. 208.
256 *Albrecht/Zschiegner*, NVwZ 2015, 1254 (1256).
257 So auch *Kindler*, Zur Steuerungskraft der Raumordnungsplanung, S. 209.
258 Ausführlich dazu BVerfG, Beschl. v. 24.03.2021, NJW 2021, 1723 (1723 ff.).
259 Ähnlich nach *Ekardt/Heß*, ZUR 2021, 579 (579), betont die Entscheidung des Bundesverfassungsgerichts zum Klimaschutz, dass „*Deutschland bei den anstehenden EU-Klimapolitik-Reformen von der bisherigen Bremserin eine Antreiberrolle wechselt*“.

nicht geschafft werden kann. Während die 10H-Regelung in Bayern bereits seit einiger Zeit in der Kritik stand, wurde sie insbesondere nach dem zuvor genannten Urteil noch stärker kritisiert. Ein Rechtsgutachten kam letztlich zu dem Schluss, dass die umstrittene Vorschrift einer verfassungsrechtlichen Neubewertung bedarf.[260] Vor diesem Hintergrund wurden im selben Jahr Verfassungsbeschwerde und Popularklage gegen die bayerische 10H-Regelung eingereicht. Ihr Ziel ist, dass das Gericht diese Vorschrift als verfassungswidrig einstuft und somit für nichtig erklärt.[261]

Aber bereits 2016 hat der Bayerische Verfassungsgerichtshof die 10H-Regel für rechtens befunden, weil das Gericht insbesondere die Akzeptanz für die Windenergie steigern wollte. Die Bayerische Staatsregierung will bislang die umstrittene Abstandsvorschrift beibehalten. Es soll aber schon bald eine Reform mit mehr Ausnahmen beim Ausbau der Windkraft in Bayern geben: Grundsätzlich ist denkbar, von der 10H-Abstandsregelung zum Beispiel in bayerischen Waldflächen – egal ob Staats-, Körperschafts- oder Privatwald – abzuweichen, aber auch in von der Regionalplanung festgelegten Vorrangflächen für Windräder sowie an Truppenübungsplätzen.[262]

Doch um die Klimaziele erreichen zu können, braucht Deutschland bis 2030 pro Jahr rund 1.500 neue Windräder an Land;[263] insbesondere für ein klimaneutrales Bayern bis zum Jahr 2030 benötigt der Freistaat insgesamt rund 1.200 zusätzliche Windkraftanlagen.[264] Dies würde also bedeuten, dass für die 2030-Ziele der Energiewende ausreichend Flächen zur Verfügung stehen müssen. Aus diesem Grund forderten und fordern mehrere Experten und Politiker – wie oben erwähnt – die Abschaffung der 10H-Abstandsregelung in Bayern.[265]

---

260 *Faßbender*, NuR 2021, 793 (793).

261 Zur Verfassungsbeschwerde beim Bundesverfassungsgericht https://www.br.de/nachrichten/deutschland-welt/bundestags-kandidatinnen-der-spd-verfassungsbeschwerde-gegen-10-h-regel,SjktOxm; zur Popularklage beim Bayerischen Verfassungsgerichtshof https://bayernspd-landtag.de/workspace/media/static/popularklage-windkraftstopp-10-618cf6e4a7f7d.pdf (Aufruf am 17.03.2022).

262 https://www.sueddeutsche.de/bayern/bayern-windkraft-10h-lockerung-csu-1.5574062 (Aufruf am 01.05.2022).

263 https://www.faz.net/aktuell/wirtschaft/klima-nachhaltigkeit/fuer-klimaschutz-braucht-es-pro-jahr-1500-neue-windraeder-17425772.html (Aufruf am 27.03.2022).

264 https://www.sueddeutsche.de/bayern/energie-muenchen-verband-bayern-kann-windkraft-bis-2030-verdreifachen-dpa.urn-newsml-dpa-com-20090101-220323-99-633037 (Aufruf am 27.03.2022).

265 So *Bons/Döring/Klessmann/Knapp/Tiedemann/Pape/Horst/Reder/Stappel*, Analyse der Verfügbarkeit von Flächen für die Windenergienutzung an Land, S. 93 ff., fällt

IV. Zusammenfassung zu Teil D

Die Raumordnung ist für den Ausgleich zwischen den unterschiedlichen raumrelevanten Belangen, die sich gerade auf Teilräume beziehen, gut geeignet. Hier gelten die Regionalpläne als zentrale Instrumente zur Steuerung der konfligierenden Raumnutzungen, insbesondere in der Energiewende und im Bereich der Windenergie. Damit können sich die konkurrierenden Nutzungen nicht wechselseitig stören und Flächen für bestimmte Nutzungen vor störenden Nutzungen gesichert werden.

Die Sicherung der Windenergienutzung kann die Raumordnung zudem durch Festlegungen von den erstmals in § 7 Abs. 4 ROG 1998 genannten Gebietstypen Vorrang-, Vorbehalts- und Eignungsgebieten unterstützen. Diese Gebietsfestsetzungen tragen also zur effektiven Steuerung der Windvorhaben durch die Raumordnung bei. Jedoch ist der in § 7 Abs. 4 ROG 1998 enthaltene Katalog, der dem heutigen § 7 Abs. 3 ROG entspricht, nicht abschließend, so dass ein neuer Gebietstyp durch die Länder entwickelt werden kann, z. B. ein reines Ausschlussgebiet. Dies bedeutet, dass die raumordnungsrechtlich geregelten Möglichkeiten zur Festlegung von bestimmten Gebietsarten durch die Bundesländer eingeschränkt werden können. Dabei geht es auch um das Abweichungsrecht im Bereich der Raumordnung nach Art. 72 Abs. 3 S. 1 Nr. 4 GG – es wird hier nicht als abweichungsfester Kern angesehen. Davon haben einige Länder bereits Gebrauch gemacht: Insbesondere der Freistaat Bayern hat auf der Grundlage der Abweichungskompetenz noch weitere eigene Gebietsarten, nämlich Ausschlussgebiete, in seinem Landesplanungsgesetz in Art. 14 Abs. 2 S. 1 BayLplG geschaffen. Zur räumlichen Steuerung der Errichtung von Windrädern werden dort Vorrang-, Vorbehalts- und Ausschlussgebiete dargestellt. Nach Art. 14 Abs. 2 S. 2 BayLplG wird – abweichend vom Bundesrecht – die Festsetzungsmöglichkeit des Eignungsgebiets und des Vorranggebiets mit der Wirkung von Eignungsgebieten explizit ausgeschlossen. In Bayern ist vielmehr die Lösung zur differenzierten Windenergiesteuerung besonders bedeutsam, also die Steuerungswirkung durch die Kombination von Vorrang- und Ausschlussgebieten. Außerdem enthält Art. 14 Abs. 2 S. 3 BayLplG eine Grenzvorgabe für die Reichweite der Belange, die in Regionalplänen als Vorrang- oder Vorbehaltsbereiche festgesetzt werden können. Diese Belange werden hier ausdrücklich im

---

der verfügbare Flächenanteil auf Bundesebene bei Anwendung der Abstände von 1.000 Metern um Wohnbauflächen auf unter 80 Prozent ab. Bei pauschalen Abständen von 1.500 Metern beläuft sich dieser Anteil auf 39 Prozent.

Landesentwicklungsprogramm Bayern bestimmt: In Regionalplänen können damit insbesondere für den Bereich der Windenergie neben Vorrang- und Vorbehaltsgebieten auch Ausschlussgebiete festgelegt werden.

Darüber hinaus beinhaltet die Bayerische Bauordnung seit 2014 – auf Grundlage der Länderöffnungsklausel in § 249 Abs. 3 BauGB 2014 – die 10H-Abstandsregelung, d.h. Art. 82 Abs. 1 BayBO. Diese Vorschrift führt dazu, dass Windkraftanlagen nur noch dann errichtet werden dürfen, wenn der Mindestabstand von solchen Anlagen zur nächsten Wohnbebauung dem Zehnfachen ihrer jeweiligen Höhe entspricht. Allerdings wurde 2020 die bisher bestehende Öffnungsklausel geändert. Damit behalten die Länder noch die Gesetzgebungsbefugnis, die aber inhaltlich so eingeschränkt wird, dass sie Abstände von maximal 1.000 Metern festlegen können. In der Neufassung wird zudem die Regelung zur Fortgeltung der auf Grundlage des alten § 249 Abs. 3 BauGB bis zum 14.08.2020 beschlossenen Landesgesetze, aber auch zur bedingten Änderung dieser Gesetze, neu angefügt, nämlich in § 249 Abs. 3 S. 4 BauGB. Daraus ergibt sich sowohl eine Art Bestandsschutz für die Bayerische Bauordnung nach § 249 Abs. 3 BauGB a.F. als auch eine Veränderungsmöglichkeit. Demzufolge gilt die bayerische 10H-Regelung unverändert fort. Bei der Errichtung von Windkraftanlagen in Bayern ist ein Abstand von mindestens 10H einzuhalten, so dass der Anwendungsbereich des § 35 Abs. 1 Nr. 5 BauGB räumlich beschränkt wird.

Allerdings ist man sich darüber im Klaren, dass mit der 10H-Regelung der Ausbau der Windenergie in Bayern ganz erheblich erschwert bzw. gebremst wurde und wird, denn ein Abstand mit dieser Vorschrift führt zur Reduzierung von Flächen für die Errichtung von Windrädern. Trotzdem hat der bayerische Verfassungsgerichtshof die zuvor genannte Vorgabe – insbesondere unter Berücksichtigung der daraus folgenden Eingriffe in Art. 14, 28 Abs. 2 und Art. 3 GG – in seiner Entscheidung von 2016 gebilligt. Jedoch bleiben bei der bayerischen Abstandsflächenregelung noch erhebliche Bedenken hinsichtlich der Tabuzonenproblematik und der Einflüsse auf die Regionalpläne:

Bei der Einstufung der 10H-Abstandsflächen als harte oder weiche Tabuzonen müssten die davon betroffenen Flächen im rechtlichen Sinne als harte Tabuzonen, die im Rahmen der Konzentrationsplanung mit der Wirkung des § 35 Abs. 3 S. 3 BauGB ausgenommen werden, behandelt werden, weil innerhalb von 10H durch Wegfall der Privilegierung in § 35 Abs. 1 Nr. 5 BauGB die Errichtung von Windrädern nicht gesichert werden könnte. Demgegenüber bleibt im planerischen Sinne noch die Kritik an der Einordnung als harte Tabukriterien, da die bayerische Regelung in Gestalt von 10H keine festen Abstände vorschreibt, vielmehr die genaue Größe von der Höhe der jeweiligen Anlagen abhängt. Auch im Rahmen der Konzentrationsflächenplanung sind konkrete Faktoren wie

Arten und Standorte der Anlagen noch nicht bekannt – mit der Konsequenz, dass es schwierig ist, die Größe der Abstandsflächen konkret festzulegen. Darüber hinaus können die Gemeinden durch ihre Bauleitpläne unabhängig von der 10H-Regelung, also innerhalb der betroffenen Abstandszonen, Baurechte für die Windenergie schaffen und somit würden Schutzabstände zur Wohnbebauung im Rahmen der Bauleitpläne nicht zu harten Tabubereichen werden. Unabhängig von einer solchen Tabuzonenproblematik muss – angesichts der bayerischen Regelung eines 10H-Abstands – der Windenergie noch substanziell Raum gegeben werden. Ob die Flächen, die dieser Norm unterliegen, bei der Beurteilung des Substanzgebots in die Berechnung einzubeziehen sind, ist unklar.

Nach § 249 Abs. 3 S. 3 BauGB 2020 i.V.m. § 249 Abs. 3. S. 2 BauGB 2014 müssen die weiteren Einzelheiten zu Auswirkungen auf geltende Flächennutzungs- und Raumordnungspläne geregelt werden. Bei der landesrechtlichen 10H-Einführung wird der Bestandsschutz für bestehende Konzentrationsflächendarstellungen im Regionalplan jedoch nicht gewährleistet. Dieses Fehlen wird aber als unbeachtlich beurteilt, weil dies – gem. Grundsätzen des intertemporalen Verwaltungsrechts – aus dem Umkehrschluss der expliziten Regelung zum Bestandsschutz für zuvor vorhandene Flächennutzungspläne in Art. 82 Abs. 4 BayBO gefolgert werden kann. Die 10H-Regel gilt daher für bestehende Regionalpläne; dadurch können diese ihre Steuerungswirkung des § 35 Abs. 3 S. 3 BauGB verlieren. Daraus ergibt sich ggf. das Erfordernis der Anpassung solcher Regionalpläne.

Die bayerische Regelung für den Abstand von mindestens 10H kann die planungsrechtliche Absicherung von Windrädern im Außenbereich häufig verhindern. Demgegenüber kann damit der Schutz von Wohngebieten vor solchen Anlagen gewährleistet werden – mit der Folge der Steigerung der Akzeptanz vor Ort. Aber diese Korrelation ist nicht sicher, vielmehr könnte Druck auf solche Flächen entstehen, die aus anderen Gründen von Windkraftanlagen freigehalten wurden, um die Ausbauziele zu erreichen. Gleichzeitig kann die geplante 10H-Abstandsregel zwar zur Reduzierung des Spielraums für die planerische Standortsteuerung führen. Allerdings können innerhalb von 10H noch Baurechte für die Nutzung der Windkraft durch einen Bebauungsplan geschaffen werden. Aber die Mitglieder des Gemeinderats müssen mit ihrer Mehrheit dafür stimmen. Es ist daher zu konstatieren, dass die Abstimmung der Gemeinderatsmitglieder oft mit einer hohen Akzeptanz gegenüber lokalen Windrädern einhergeht. Mit der 10H-Regel kann außerdem, insbesondere wenn es an einer Standortsteuerung fehlt, die Wohnbebauung auch vor Belastungen durch Windenergieanlagen geschützt werden. Daher könnte diese Norm einen positiven Einfluss auf die lokale Akzeptanz haben.

E. Zusammenfassung der Ergebnisse

Neben den schon in jedem Kapitel formulierten Zusammenfassungen in Thesen sollen in diesem letzten Kapitel Schlussfolgerungen gezogen werden. Dafür wird zuerst – anhand der Erkenntnisse der vorliegenden Untersuchung – eine Bewertung der räumlichen Steuerungsinstrumente durchgeführt. Anschließend werden Ansatzpunkte zur Verbesserung der Steuerungsfähigkeit räumlicher Planung dargestellt:

I. Überblick und Abschätzung der Instrumente zur räumlichen Steuerung von Windenergieanlagen an Land

1. Steuerungsfähigkeit raumordnerischer Planung

a) Bewertung räumlicher Steuerungsfähigkeit auf Landes- und regionaler Ebene

Ausgangspunkt dieser Arbeit war die Frage, ob die 1996 in Deutschland eingeführte Steuerung der Windenergienutzung durch die Raumordnung – insbesondere im Hinblick auf Maßnahmen der Energiewende – als effizient angesehen werden kann.

Auf der Suche nach einer Lösung zur stärkeren Förderung der Energiewende, insbesondere der Windkraftnutzung hat der Gesetzgeber Windräder in den Katalog privilegierter Vorhaben aufgenommen. Zugleich hat er als Ausgleich zur Privilegierung solcher Anlagen den Planvorbehalt des § 35 Abs. 3 S. 3 BauGB ergänzt, so dass ein möglicher Wildwuchs dieser Nutzung verhindert werden kann.

Seit Mitte der 1990er Jahre, als die Stromerzeugung aus Windenergie erstmals staatlich gefördert wurde, hat sich die Technik von Windrädern entwickelt und damit ihre Größe und Leistungsfähigkeit.[1] Dadurch lässt sich – neben der gesetzlichen Vorgabe zur Privilegierung mit räumlicher Steuerung der Windkraftnutzung durch die Raumordnung – das enorme Windenergiepotenzial besser ausschöpfen und die Energiewende besser umsetzen. Doch zugleich entfalten heutige Anlagen zunehmend überörtliche Wirkungen – mit der Folge von

1 Siehe dazu B. Kapitel I 2.

erheblichem Zuwachs im Bereich raumbedeutsamer Windvorhaben. Somit ist das Steuerungsinstrument der Raumordnungsplanung wichtig und sollte unbedingt beibehalten und gestärkt werden.[2]

Für die Planung zur Steuerung der Windenergie durch die Raumordnung ist eine mehrstufige Prüfungsabfolge erforderlich, die von Plangebern zwingend einzuhalten ist. Diese Vorgehensweise ist allerdings wegen der hohen Anforderungen der Rechtsprechung aktuell sehr komplex und damit zu langsam, um ausreichende Flächenausweisungen für den Ausbau der Windkraft an Land zu gewährleisten.[3]

Die erforderliche Abgrenzung zwischen harten und weichen Tabuzonen als erster Arbeitsschritt bei der Erstellung eines schlüssigen gesamträumlichen Plankonzepts bereitet den Planträgern erhebliche Schwierigkeiten. Dadurch wird in der Praxis teilweise auch erhebliche Rechtsunsicherheit ausgelöst. Vor diesem Hintergrund ist die unklare Grenzziehung zwischen den beiden Tabuzonenarten teilweise in Diskussion. Dies gilt insbesondere für den planerischen Umgang mit den Themen Abstandsflächen und Raumordnungszielen:[4]

Nach der jüngsten Rechtsprechung ist der Planträger verpflichtet, zumindest bei Abstandsflächen zwischen den schutz- und vorsorgebezogenen Abständen, die auf § 5 Abs. 1 Nr. 1 und 2 BImSchG verweisen, also zwischen den harten und weichen Tabuzonen, zu unterscheiden.[5] Die Frage, inwieweit die Schutzabstände in § 5 Abs. 1 Nr. 1 BImSchG als harte Tabuflächen – zur Sicherung eines Lärmschutzes – exakt einzustufen sind, ist oft schwierig zu beantworten, weil im Planungsverfahren genaue Standorte und konkrete Anlagentypen noch nicht bekannt sind. Im Zweifelsfall sind solche Bereiche alternativ als weiche Tabuzonen zu behandeln.[6]

Den raumordnerischen Zielfestlegungen mit der Steuerungswirkung des § 35 Abs. 3 S. 3 BauGB kommt die Bindungswirkung gegenüber den Trägern der Bauleitpläne in Form einer Anpassungspflicht des § 1 Abs. 4 BauGB zu. Die konkrete Reichweite dieser Wirkung hängt also von den zuvor genannten Zielaussagen ab. Mit anderen Worten: Je weniger detailliert die zielförmigen Festlegungen sind, umso mehr Konkretisierungsmöglichkeiten verbleiben den Gemeinden.

---

2 Siehe dazu C. Kapitel I.
3 Siehe dazu C. Kapitel III. 3. b) aa).
4 Siehe dazu C. Kapitel III. 3. b) bb).
5 OVG Lüneburg, Urt. v. 05.03.2019, 12 KN 202.17 – juris Rn. 114.
6 Siehe dazu C. Kapitel III. 3. b) bb) (1) (a).

Daraus ergibt sich ein Konfliktfeld zwischen der überörtlichen und örtlichen Planungsebene.[7]

Im abschließenden Planungsschritt ist außerdem zu prüfen, ob der Windenergie in substanzieller Weise Raum gegeben wird. Ist dies nicht der Fall, ist die Ausschlusswirkung nach § 35 Abs. 3 S. 3 BauGB nicht gerechtfertigt. Doch aus dem Substanzgebot ergibt sich keine Verpflichtung, der Windkraft im Sinne einer speziellen Förderungspflicht bestmöglich Rechnung zu tragen, d.h. alle für eine derartige Nutzung geeigneten Flächen auszuweisen. Die Handhabung des Maßstabs für das substanzielle Raumgeben kommt oftmals in der Praxis zu dem Ergebnis, dass die Errichtung von Windrädern weiträumig ausgeschlossen wird.[8]

Damit ist als Gesamtergebnis festzuhalten, dass es durch das mehrstufige Verfahren zur Ermittlung von Konzentrationszonen für die Windenergie zu keinem zufriedenstellenden Ergebnis der Windausbauziele kommen kann. Doch soweit eine klarstellende Korrektur eines solchen komplexen und langwierigen Planungsprozesses noch nicht möglich ist, empfiehlt es sich in der Praxis, zunächst der skizzierten Methodik für die Ausweisung von Konzentrationsflächen zu folgen, um eine rechtssichere Planung zu erreichen.

b) Raumplanerische Steuerung und Akzeptanz

Für einen raschen Umstieg auf saubere Energien ist eine hohe Akzeptanz vor Ort nötig. Es bedarf also großer Anstrengungen zur Bewältigung von Konflikten zwischen lokalen und gesellschaftlichen Interessen. Die Raumordnungsplanung ist dabei jedoch kein Instrument zur Akzeptanzbeschaffung, da die Akzeptanz planungsrechtlich kein Abwägungsbelang ist und somit keine ausreichende Grundlage einer raumordnerischen Festlegung sein kann.

Dennoch: Zur Verbesserung der Akzeptanz von Windkraftprojekten vor Ort kann die Raumordnungsplanung beitragen, indem verschiedene typische Konflikte wie Lärm-, Natur- und Landschaftsschutz in der jeweiligen Planungsphase berücksichtigt und unterschiedliche Anforderungen an den Raum aufeinander abgestimmt werden. So können einzelne akzeptanzbezogene Konflikte – im Steuerungsbereich der Raumordnungsplanung – teilweise bewältigt werden. Bei der räumlichen Standortsteuerung durch die Raumplanung können außerdem besonders sensible Bereiche von Windrädern freigehalten und hinreichende Abstände zwischen schutzbedürftigen Gebieten geschaffen werden.[9]

---

7 Siehe dazu C. Kapitel III. 3. b) bb) (1) (b).

8 Siehe dazu C. Kapitel III. 3. b) bb) (2).

9 Siehe dazu B. Kapitel IV.

Darüber hinaus müssten – nach einer aktuellen Analyse – rund zwei Prozent der Fläche Deutschlands für die Windkraftnutzung planerisch reserviert werden, um den Klimaschutzplan bis 2030 zu erreichen. Dazu fehlen allerdings noch viele erforderliche Flächenausweisungen für Windräder – mit der Folge von zu wenig nutzbaren Flächen. So zeigte sich, dass der Anteil der anvisierten zwei Prozent bisher nur bei etwa 0,9 Prozent liegt. Diese Differenz ergibt folglich ein relevantes Problem beim Windkraftausbau. Vor diesem Hintergrund sind Bestrebungen zu quantitativen Mengenangaben für die Ausweisung von Windstandorten sicherlich sinnvoll. In den Bereichen, die das klug umsetzten, könnte diese Vorgabe auch zur positiven Akzeptanzwirkung auf den Ausbau der Windenergie dienen.[10]

2. 10H-Abstandsregel für die Windenergie in Bayern und aktuelle Bewertung

Die Einführung der bayerischen 10H-Regelung wurde mit dem Ziel begründet, den Schutz von Wohngebäuden vor Windkraftanlagen zu gewährleisten und somit die lokale Akzeptanz gegenüber solchen Anlagen zu erhöhen. Dies hat aber dafür gesorgt, dass der Windkraftausbau in Bayern praktisch zum Erliegen gekommen ist.[11]

Angesichts der Bedeutung des Ausbaus der Windenergie für den deutschen Klimaschutz forderten und fordern auch mehrere Experten und Politiker, dass es einer Änderung der bayerischen 10H-Regelung oder ihrer Abschaffung bedarf. Ebenso ist klar, dass für das Ziel der Klimaneutralität in Bayern bis 2030 etwa 1.200 zusätzliche Windkraftanlagen nötig sind. Dies wirkt sich stark auf die Flächenbedarfe für die Windenergie aus und könnte somit zu einer stärkeren Bedrohung für die Artenvielfalt, aber auch für die Anwohner vor Ort führen.[12] Zugleich ist aber offen, wie genau die zuvor genannte Vorgabe von zwei Prozent der Landesflächen für den Windrad-Bau in Bayern verankert werden. Daher ist es wichtiger denn je, ein ökologisches und ökonomisches Gleichgewicht zu finden.

Ferner ist auch klar, dass ein pauschaler Ausschluss von Windnutzungsflächen durch die 10H-Regel teilweise eine wichtige Rolle für den Schutz der Wohnbebauung vor Windrädern spielen kann, insbesondere wenn keine Stand-

10 Siehe dazu C. Kapitel III. 3. c) bb).
11 Siehe dazu D. Kapitel III. 4. b).
12 Siehe dazu D. Kapitel III 4. c).

ortplanung vorhanden ist. So könnte sich diese Regelung auf die Akzeptanz der Bevölkerung vor Ort positiv auswirken. Jedoch ist die Korrelation zwischen der 10H-Abstandsregel und der Akzeptanzsteigerung vor Ort bislang empirisch noch nicht nachgewiesen.[13]

II. Ansatzpunkte für die Verbesserung der räumlichen Steuerungsinstrumente

Windprojekte verzögern sich vielerorts immer wieder durch Proteste zwischen Anwohnern, Investoren und Naturschützern. Um lokale Konflikte zu vermeiden, aber auch um die Akzeptanz vor Ort zu erhöhen, gibt es daher die Möglichkeit der Windenergieprivilegierung mit der Steuerungsmöglichkeit durch die Raumordnung und eine strenge Vorgabe von Abständen. Dies hat aber dafür gesorgt, dass in den vergangenen Jahren ein Flächenmangel für den Bau von Windrädern entstanden ist. Dadurch wird der Ausbau der Windenergie empfindlich ausgebremst.

Vor diesem Hintergrund sind ausreichende Flächenbereitstellungen als wichtige Voraussetzung für die Ausbauziele unabdingbar. Hierfür sollte zunächst der Flächenbedarf für die Windenergie festgestellt werden. Ergänzend dazu sollte bundesweit eine Flächenmengenvorgabe als Grenze der Verhinderungsplanung verankert werden.[14] Dafür sollte das Instrument zur planerischen Steuerung der Windkraftnutzung nach § 35 Abs. 3 S. 3 BauGB verbessert werden. Mit anderen Worten sollte die Möglichkeit der Ausweisung von Windstandorten künftig an die Bedingung geknüpft werden, dass das Ausmaß der Konzentrationszonen einer prozentualen Flächenvorgabe, also dem Zwei-Prozent-Ziel entsprechen muss. Sofern die Plangeber ein solches Flächenziel nicht erreichen, sollte automatisch eine Privilegierung für die Windkraft im Außenbereich greifen.

Neben der quantitativ gefassten Vorgabe sollte ein Verteilungsschlüssel zwischen den Bundesländern ermittelt werden. Denn eine landesspezifische Flächenvorgabe kann letztlich vom jeweiligen Einzelfall in einem Plangebiet abhängen. Dies könnte in der Praxis bedeuten, dass die Plangeber im Ergebnis einen zu geringen oder zu hohen Anteil der Flächenziele ausweisen. Dafür wäre natürlich zu berücksichtigen, nach welchen Kriterien wie ausreichender Windhöffigkeit, natürlichen Verhältnissen oder bestehenden Raumwiderständen die Verteilung der notwendigen Flächenmengen auf die Länder und von ihnen auf

---

13 Siehe dazu D. Kapitel III 4. b).

14 Siehe dazu C. Kapitel III 3. c).

die einzelnen Plangebiete erfolgt. Dazu sollten Leitlinien für regionale Planungsgemeinschaften erstellt werden. Darin könnte zugleich eine vereinfachte Modifikation der bisherigen hohen Anforderung, den Gesamtraum als harte oder weiche Tabuzonen zu qualifizieren, angefügt werden.

Des Weiteren ist ungeachtet der Debatte über eine quantitative Vorgabe zur Flächensicherung nun eine Diskussion um eine strenge Abstandsregel wie in Bayern entbrannt, weil der Raum wegen solcher Abstände sehr begrenzt und somit die Ausweisung von Windflächen besonders schwer ist. Um den Ausbau in Bayern voranzutreiben, sollte das zuvor genannte Ziel von zwei Prozent der Flächen für die Windkraft gesetzlich verankert werden. Doch für den Fall, dass ein solches nicht erreicht werden würde, sollte – wie oben erwähnt – nur die Privilegierung für Windräder an Land greifen. Dies könnte beim Bau von privilegierten Windkraftanlagen in Bayern folglich dazu führen, dass solche Anlagen wenig gebaut werden, weil der Raum im Freistaat durch 10H-Mindetabstände sehr eingeschränkt ist. Aus diesem Grund sollte in diesem Fall die umstrittene 10H-Regel wegfallen.

Darüber hinaus bedarf es weiterer Bestrebungen mit verschiedenen Ansätzen, um deutlich mehr Windflächen auszuweisen. Dazu sollten bisherige Altstandorte für das Repowering von Windrädern möglichst weitergenutzt werden, indem noch relevante Hürden im Planungsrecht verringert werden. Hierfür ist eine Ergänzung der Vorgaben zur planerischen Steuerung der Windenergie, also eine Repowering-Strategie, nötig:

Das Repowering sollte als Abwägungsbelang bei einer standortsteuernden Planung im Planungsrecht aufgenommen werden. So wird sichergestellt, dass die Planungsgeber – hier: bei der Aufstellung von Raumordnungsplänen – die drohende Schließung bestehender Windenergieanlagen im Blick haben.[15] Zugleich sollte eine Sonderregelung für das Repowering ergänzt werden, also eine Überprüfungspflicht für bestehende Plankonzepte. Sie wäre in der Repowering-Strategie sinnvoll, insbesondere weil die Altstandorte schon lokal akzeptiert sind. Dadurch wäre es ggf. möglich, bisherige Standorte zu erhalten.[16]

Damit ist im Gesamtergebnis festzuhalten, dass bestehende Instrumente zur räumlichen Steuerung als Instrumente zur Konfliktlösung beim Bau von Anlagen für die Windenergie noch eine sehr wichtige Rolle spielen. Doch diese Instrumente sollten ergänzt werden und dabei mehr auf eine Balance zwischen

15 https://www.bdew.de/media/documents/BDEW_Erm%C3%B6glichungspapier2021_210831_final.pdf (Aufruf am 15.06.2022).

16 Siehe dazu C. Kapitel IV. 2.

Ökologie und Ökonomie achten, um die bisherige Verknappung von Flächen für die Windenergie zu überwinden und um somit die Energiewende effektiv zu erreichen. Dafür sollte nach Wegen gesucht werden, wie durch die Steuerungsinstrumente ein verträgliches Gleichgewicht zwischen dem Ausbauziel und dem Schutz von Betroffenen vor Ort unterstützt werden kann.

Literaturverzeichnis

Agatz, Monika, Windenergie-Handbuch, 15. Auflage 2018.
(zitiert: *Agatz*, Windenergie-Handbuch).

Albrecht, Eike/Zschiegner, André, Die Unterscheidung harter und weicher Tabukriterien als fortwährendes Problem der Windkonzentrationsflächenplanung, NVwZ 2019, S. 444–449.

Albrecht, Eike/Zschiegner, André, Landesgesetzliche Abstandsregelungen für Windkraftanlagen nach § 249 Abs. 3 BauGB auf dem rechtlichen Prüfstand, NVwZ 2015, S. 1093–1099.

Anlauf, Hans-Peter Philipp, Privilegiertes Bauen im Außenbereich am Beispiel des Betriebsleiterhauses, NL-BzAR 6/2007, S. 218–222.

Appel, Markus, Bundesfachplanung versus landesplanerische Ziele der Raumordnung: Was hat Vorrang?, NVwZ 2013, S. 457–462.

Appold, Wolfgang, Die historische Entwicklung des Rechts der Raumordnung, in: Erbguth, Wilfried u. a. (Hrsg.), Planung: Festschrift für Werner Hoppe zum 70. Geburtstag, München 2000, S. 21–38.
(zitiert: *Appold*, in: Festschrift Hoppe).

Bartram, Gesa, Die Ziele der Raumordnung: ein Planungsinstrument im Spannungsfeld zwischen gewachsenem Steuerungsanspruch und verfassungsrechtlichen Anforderungen, 1. Auflage Baden-Baden 2012.
(zitiert: *Bartram*, Ziele der Raumordnung).

Battis, Ulrich, Öffentliches Baurecht und Raumordnungsrecht, 7. Auflage Stuttgart 2017.
(zitiert: *Battis*, Baurecht und Raumordnungsrecht).

Battis, Ulrich/Kersten, Jens, Die Raumordnung nach der Föderalismusreform, DVBl. 2007, S. 152–159.

Battis, Ulrich/Mitschang, Stephan/Reidt, Olaf, Baugesetzbuch, 14. Auflage München 2019.
(zitiert: *Bearbeiter*, in: Battis/Krautzberger/Löhr, BauGB Kommentar).

Berendes, Dirk, Nachbarschutz gegen Windenergieanlage, ZfBR 1997, S. 21–24.

Bienek, Heinz G./Krautzberger, Michael, Aktuelle Fragen zum städtebaulichen Innenbereich nach § 34 BauGB und zum Außenbereich nach § 35 BauGB, UPR 2008, S. 81–93.

Blessing, Matthias, Planung und Genehmigung von Windenergieanlagen, 1. Auflage Stuttgart 2016.

(zitiert: *Blessing*, Windenergieanlagen).

Blotevogel, Hans Heinrich, Geschichte der Raumordnung, in: ALR – Akademie für Raumforschung und Landesplanung (Hrsg.), Handwörterbuch der Stadt- und Raumentwicklung, Hannover 2018, S. 793–803.

(zitiert: *Blotevogel*, in: ARL (Hrsg.), Handwörterbuch der Stadt- und Raumentwicklung).

Bons, Marian/Döring, Michael/Klessmann, Corinna/Knapp, Jonas/Tiedemann, Silvana/Pape, Carsten/Horst, Daniel/Reder, Klara/Stappel, Mirjam, Analyse der kurz- und mittelfristigen Verfügbarkeit von Flächen für die Windenergienutzung an Land, Abschlussbericht, Umweltbundesamt (Hrsg.), Dessau-Roßlau 2019.

(zitiert: *Bons/Döring/Klessmann/Knapp/Tiedemann/Pape/Horst/Reder/Stappel*, Analyse der Verfügbarkeit von Flächen für die Windenergienutzung an Land).

Bovet, Jana, Steuerung der Windenergie durch Raumordnung: Aktuelle Rechtsprechung als Herausforderung für die Planung, IzR 2015, S. 591–602.

Bovet, Jana, Ausgewählte Probleme bei der baulichen Errichtung von Kleinwindanlagen, ZUR 2010, S. 9–15.

Bovet, Jana/Dross, Miriam/Kindler, Lars, Bundesweite Flächenvorgabe für den Ausbau von Windenergie an Land – Eine erste Systematisierung und Einschätzung der Ausgestaltungsmöglichkeiten aus rechtlicher Sicht, NVwZ 2020, S. 754–759.

Bovet, Jana/Kindler, Lars, Wann und wie wird der Windenergie substanziell Raum verschafft? – Eine kritische Diskussion der aktuellen Rechtsprechung und praktische Lösungsansätze, DVBl. 2013, S. 488–496.

Bovet, Jana/Köck, Wolfgang, Windenergieanlagen und Freiraumschutz – Rechtliche Anforderungen an die räumliche Steuerung von Windenergieanlagen, NuR 2008, S. 529–534.

Bönker, Christian/Bischopink, Olaf, Baunutzungsverordnung: mit Immissionsschutzrecht, Plan-ZV, ergänzende Vorschriften mit Immissionsschutzrecht, PlanZV, ergänzende Vorschriften, 2. Auflage Baden-Baden 2018.

(zitiert: *Bearbeiter*, in: Bönker/Bischopink, BauNVO Kommentar).

Bunk, Oliver/Hoffmeier, Jörn, Tieffrequente Geräusche in der Windenergieanlagentechnik, Lärmbekämpfung 2007, S. 114–118.

Busse, Jürgen/Kraus, Stefan (Hrsg.), Bayerische Bauordnung, München, Stand: 01.05.2021.

(zitiert: *Bearbeiter*, in: Busse/Kraus (Hrsg.), BayBO Kommentar (Stand)).

C.A.R.M.E.N. e.V., Akzeptanz für Erneuerbare Energien, Ein Leitfaden, C.A.R.M.E.N. e.V. (Hrsg.), 4. Auflage Straubing 2017.

(zitiert: *C.A.R.M.E.N. e.V.*, Akzeptanz für Erneuerbare Energien).

Decker, Andreas, § 249 Abs. 3 BauGB reloaded, ZfBR 2021, S. 19–24.

Decker, Andreas, Vorgaben der Länderöffnungsklausel nach § 249 Abs. 3 BauGB für Windenergieanlagen und deren Planung – unter besonderer Berücksichtigung der Rechtslage in Bayern, ZfBR 2015, S. 322–329.

Degenhart, Christoph, Die Neuordnung der Gesetzgebungskompetenzen durch die Föderalismusreform, NVwZ 2006, S. 1209–1216.

Deutsche WindGuard, Status des Windenergieausbaus an Land in Deutschland – Jahr 2021, im Auftrag von BWE, VDMA, Varel 2021.

(zitiert: *Deutsche WindGuard*, Status des Windenergieausbaus an Land 2019).

Deutsche WindGuard, Status des Windenergieausbaus an Land in Deutschland – Jahr 2019, im Auftrag von BWE, VDMA, Varel 2019.

(zitiert: *Deutsche WindGuard*, Status des Windenergieausbaus an Land 2019).

Durner, Wolfgang, Das neue Raumordnungsgesetz, NuR 2009, S. 373–380.

Durner, Wolfgang, Konflikte räumlicher Planungen: verfassungs-, verwaltungs- und gemeinschaftsrechtliche Regeln für das Zusammentreffen konkurrierender planerischer Raumansprüche, 1. Auflage Tübingen 2005.

(zitiert: *Durner*, Konflikte räumlicher Planungen).

Einig, Klaus/Spiecker, Magarete, Die rechtliche Zulässigkeit regionalplanerischer Mengenziele zur Begrenzung des Siedlungs- und Verkehrsflächenwachstums, ZUR 2002, S. 150–157.

Ekardt, Felix/Heß, Franziska, Intertemporaler Freiheitsschutz, Existenzminimum und Gewaltenteilung nach dem BVerfG-Klima-Beschluss: Freiheitsgefährdung durch Klimawandel oder durch Klimapolitik?, ZUR 2021, S. 579–585.

Ender, Carsten, Wind Energy Use in Germany – Status 31.12.2010, Windenergienutzung in Deutschland – Stand 31.12.2010, in: DEWI-Magazin, Nr. 38, 02/2011, S. 36–48.

(zitiert: *Ender*, in: *DEWI*-Magazin).

Ender, Carsten, Windenergienutzung in der Bundesrepublik Deutschland – Stand 31.12.2003, Wind Energy Use in Germany – Status 31.12.2003, in: DEWI-Magazin, Nr. 24, 02/2004, S. 6–18.

(zitiert: *Ender*, in: DEWI-Magazin).

Ernst, Werner/Zinkahn, Willy/Bielenberg, Walter/Krautzberger, Michael (Hrsg.), Baugesetzbuch, München, Stand: 01.05.2021.

(zitiert: *Bearbeiter*, in: Ernst/Zinkahn/Bielenberg/Krautzberger (Hrsg.), BauGB Kommentar).

Ernst, Werner/Zinkahn, Willy/Bielenberg, Walter/Krautzberger, Michael (Hrsg.), Baugesetzbuch, München, Stand: 01.10.2019.

(zitiert: *Bearbeiter*, in: BauGB Kommentar (Stand)).

Erbguth, Wilfried, Abweichungsgesetzgebung: verfassungsrechtliche Grundlagen und allgemeine Rechtsfragen, ZUR 2019, S. 195–203.

Erbguth, Wilfried, Bindung und Abwägung bei der Planung von Konzentrationszonen: Verhältnis des § 35 Abs. 3 S. 3 BauGB, DVBl. 2015, S. 1346–1352.

Faßbender, Kurt, Die Verfassungsmäßigkeit der sog. 10-H-Regelung in Art. 82 BayBO: Eine Neubewertung nach dem Klima-Beschluss des BVerfG, NuR 2021, S. 793–803.

FA Wind, Umfrage zur Akzeptanz der Windenergie an Land - Herbst 2021, Ergebnisse einer repräsentativen Umfrage zur Akzeptanz der Nutzung und des Ausbaus der Windenergie an Land in Deutschland, Fachagentur Windenergie an Land (Hrsg.), Berlin 2021.

(zitiert: *FA Wind*, Umfrage zur Akzeptanz der Windenergie an Land - Herbst 2021).

FA Wind, Überblick Windenergie an Land: Wirkung von Höhenbegrenzungen auf den Flächenbedarf für Windenergieanlagen an Land, Fachagentur Windenergie an Land (Hrsg.), Berlin 2019.

(zitiert: *FA Wind*, Überblick Windenergie an Land).

FA Wind, Umfrage zur Akzeptanz der Windenergie an Land - Herbst 2019, Ergebnisse einer repräsentativen Umfrage zur Akzeptanz der Nutzung und des Ausbaus der Windenergie an Land in Deutschland, Fachagentur Windenergie an Land (Hrsg.), Berlin 2019.

(zitiert: *FA Wind*, Umfrage zur Akzeptanz der Windenergie an Land - Herbst 2019).

FA Wind, Umfrage zur Akzeptanz der Windenergie an Land - Herbst 2018, Ergebnisse einer repräsentativen Umfrage zur Akzeptanz der Nutzung und des Ausbaus der Windenergie an Land in Deutschland, Fachagentur Windenergie an Land (Hrsg.), Berlin 2018.

(zitiert: *FA Wind*, Umfrage zur Akzeptanz der Windenergie an Land - Herbst 2018).

FA Wind, 20 Jahre Erfahrungen mit der privilegierten Zulässigkeit von Windenergieanlagen im Außenbereich, Fachagentur Windenergie an Land (Hrsg.), Berlin 2018.

(zitiert: FA Wind, 20 Jahre Erfahrungen mit den privilegierten Windenergieanlagen).

FA Wind, Anforderungen der Rechtsprechung zur planerischen Steuerung der Windenergienutzung in der Regional- und Flächennutzungsplanung, Fachagentur Windenergie an Land (Hrsg.), Berlin 2016.

(zitiert: *FA Wind*, Anforderungen der Rechtsprechung zur Steuerung der Windenergie).

Feldhaus, Gerhard/Tegeder, Klaus, Technische Anleitung zum Schutz gegen Lärm, 1. Auflage 2014.

(zitiert: *Feldhaus/Tegeder*, TA Lärm Kommentar).

Fest, Philip/Fechler, Thorben, Neue Anforderungen an Planung und Genehmigung von Windenergieanlagen, NVwZ 2016, S. 1050–1056.

Fest, Phillip, Die Errichtung von Windenergieanlagen in Deutschland und seiner Ausschließlichen Wirtschaftszone: Genehmigungsverfahren, planerische Steuerung und Rechtsschutz an Land und auf See, 1. Auflage Berlin 2010.

(zitiert: *Fest*, Die Errichtung von Windenergieanlagen in Deutschland).

Finkelnburg, Klaus/Ortloff, Karsten Michael/Kment, Martin, Öffentliches Baurecht: Bauplanungsrecht, 7. Auflage München 2017.

Frisch, Eva/Sokic, Nikolina, Lokale Akzeptanz und Windenergie: Am Fallbeispiel des Windparks in der Gemeinde Munderfing, OÖ, JBZ-Arbeitspapiere 2018.

(zitiert: *Frisch/Sokic*, Lokale Akzeptanz und Windenergie).

Fritz, Martin/Frey, Michael, Die Berücksichtigung von Funk bei der Genehmigung und Planung von Windenergieanlagen, ZUR 2016, S. 144–153.

Fülbier, Viktoria/Wegner, Nils, Die 10-H-Abstandsregelung für Windenergieanlagen – zur Umsetzung der Länderöffnungsklausel in Bayern, ZUR 2015, S. 149–156.

Gardt, Manuel/Broekel, Tom/Gareis, Philipp/Litmeyer, Marie-Louise, Einfluss von Windenergieanlagen auf die Entwicklung des Tourismus in Hessen, Z. Wirtsch. 2018, S. 1–19.

Gatz, Stephan, Windenergieanlagen in der Verwaltungs- und Gerichtspraxis, 3. Auflage Bonn 2019.

(zitiert: *Gatz*, Windenergieanlagen 2019).

Gatz, Stephan, Windenergieanlagen in der Verwaltungs- und Gerichtspraxis, 2. Auflage Bonn 2013.

(zitiert: *Gatz*, Windenergieanlagen 2013).

Gatz, Stephan, Die planerische Steuerung der Windenergienutzung in der Regional- und Flächennutzungsplanung, DVBl. 2017, S. 461–468.

Gatz, Stephan, Rechtsfrage der Windenergienutzung, DVBl. 2009, S. 737–748.

Goppel, Konrad, Zum Entwurf des Bayerischen Landesplanungsgesetzes 2011, BayVBl. 2012, S. 225–232.

Goppel, Konrad, Ziele der Raumordnung, BayVBl. 1998, S. 289–292.

Geßner, Laura/Zeccola, Marc, Akzeptanzfaktoren in der Energiewende und ihre Übertragbarkeit in das Recht, in: Fraune, Cornelia/Knodt, Michèle/Gölz, Sebastian/Langer, Katharina (Hrsg.), Akzeptanz und politische Partizipation in der Energietransformation: Gesellschaftliche Herausforderungen jenseits von Technik und Ressourcenausstattung, 1. Online-Ressource 2019, S. 133–158.

(zitiert: *Geßner/Zeccola*, Akzeptanzfaktoren in der Energiewende).

Gnest, Holger, Entwicklung der überörtlichen Raumplanung in der Bundesrepublik von 1975 bis heute, in: Akademie für Raumforschung und Landesplanung, Arbeitsmaterial, Hannover 2008.

(zitiert: *Gnest*, Entwicklung der überörtlichen Raumplanung).

Grigoleit, Klaus Joachim, Planungsbezogene Änderung der ROG-Novelle 2017, in: Mitschang, Stephan (Hrsg.), Raumordnungs- und Bauleitplanung aktuell – Neue Rechtsgrundlagen, Planungspraxis und Rechtsprechung, 1. Auflage Baden-Baden 2018, S. 9–22.

(zitiert: *Grigoleit*, in: Mitschang (Hrsg.), Änderung der ROG-Novelle 2017).

Grigoleit, Klaus Joachim/Operhalsky, Benedikt/Strothe, Lena, Die neue Länderöffnungsklausel in § 249 Abs. 3 BauGB für Abstände zu Windenergieanlagen, UPR 2020, S. 321–325.

Grotefels, Susan, Integrative Steuerung in der Energie- und Verkehrswende durch Raumordnung, insbesondere Regionalplanung: Stand und Fortentwicklung, ZUR 2021, S. 25–32.

Grotefels, Susan/Petschulat, Alexander, Verfassungsrechtliche Grundlagen der Raumplanung, in: ARL – Akademie für Raumforschung und Landesplanung (Hrsg.), Handwörterbuch der Stadt- und Raumentwicklung, Hannover 2018, S. 2779–2790.

(zitiert: *Grotefels/Petschulat*, in: ARL (Hrsg.), Handwörterbuch der Stadt- und Raumentwicklung).

Grüner, Anna-Maria, Die Länderöffnungsklausel im BauGB: Weiter Spielraum der Länder bei der Entprivilegierung der Windenergie im Außenbereich, NVwZ 2015, S. 108–112.

Hammerl, Christian/Fichtner, Johann, Langzeit-Geräuschimmissionsmessung an der 1 MW-Windenergieanlage Nordes N54 in Wiggensbach bei Kempten, Bayerisches Landesamt für Umweltschutz 2000.

(zitiert: *Hammerl/Fichtner*, Langzeit-Geräuschimmissionsmessung an der 1 MW-Windenergieanlage).

Hangst, Matthias, Regionalplanung im Bundesstaat: Die Rechtsstellung der Träger der Regionalplanung seit der Föderalismusreform I und dem Raumordnungsgesetz 2009 unter besonderer Berücksichtigung Baden-Württembergs, 1. Auflage Berlin 2015.

(zitiert: *Hangst*, Regionalplanung im Bundesstaat).

Haselmann, Cosima, Zur bauplanungsrechtlichen Ausschlusswirkung der raumordnerischen Gebietsarten, ZfBR 2014, S. 529–534.

Hendler, Reinhard, Planerische Steuerung und Genehmigung der Errichtung von Windenergieanlagen in Deutschland, Korea Environmental Law Association 2018, S. 171–181.

(zitiert: *Hendler*, Planerische Steuerung und Genehmigung der Errichtung von Windenergieanlagen in Deutschland).

Hendler, Reinhard, Raumordnungsziele als landesplanerische Letztentscheidungen, UPR 2003, S. 256–262.

Hendler, Reinhard, Die bundesverwaltungsgerichtliche Rechtsprechung zur regionalplanerischen Steuerung der Windkraftnutzung, UPR 2003, S. 401–406.

Hendler, Reinhard/Kerkmann, Jochen, Harte und weiche Tabuzonen: Zur Misere der planerischen Steuerung der Windenergienutzung, DVBl. 2014, S. 1369–1376.

Hennemann, Sonja, Monetäre Bewertung von Eingriffen in Natur und Landschaft zur Ermittlung naturschutzrechtlicher Ausgleichs- und Ersatzmaßnahmen sowie von Ausgleichszahlungen, die Bewertung von Eingriffen in das Landschaftsbild am Beispiel on Windkraftanlagen, 1. Auflage Hamburg 2001.

(zitiert: *Hennemann*, Bewertung von Eingriffen in Natur und Landschaft zur Ermittlung).

Hentschel, Anja, Umweltschutz bei Errichtung und Betrieb von Windkraftanlagen, 1. Auflage Baden-Baden 2010.

(zitiert: *Hentschel*, Umweltschutz bei Errichtung und Betrieb von Windkraftanlagen).

Hinsch, Andreas, Schallimmissionsschutz bei der Zulassung von Windenergieanlagen, ZUR 2008, S. 567575.

Hinsch, Andreas/Meier-Evers, Blanke, Anmerkung zu OVG Lüneburg, Beschluss vom 15.03.2004, ZNER 2004, S. 311314.

Holz, Heinrich-Peter, Die bauplanungsrechtliche Privilegiertheit raumbedeutsamer Windkraftanlagen – räumliche Steuerung durch Regionalplanung?, NWVBl. 1998, S. 81–87.

Hoppe, Werner, Kompetenz-Debakel für die Raumordnung durch die Föderalismusreform infolge der uneingeschränkten Abweichungszuständigkeit der Länder?, DVBl. 2007, S. 144–152.

Hübler, Karl-Hermann, Ethik und Raumplanung in Deutschland, in: Lendi, Martin/Hübler, Karl-Hermann (Hrsg.), Ethik in der Raumplanung: Zugänge und Reflexionen, Forschungs- und Sitzungsberichte der Akademie für Raumforschung und Landesplanung, Hannover 2004, S. 68–104.

(zitiert: *Hübler*, in: Lendi/Hübler (Hrsg.), Ethik in der Raumplanung).

Hübner, Gundula/Löffler, Elisabeth, Wirkungen von Windkraftanlagen auf Anwohner in der Schweiz: Einflussfaktoren und Empfehlungen, AG Gesundheits- und Umweltpsychologie Institut für Psychologie (Hrsg.), Halle 2013.

(zitiert: *Hübner/Löffler*, Wirkungen von Windkraftanlagen auf Anwohner in der Schweiz).

Hübner, Gundula/Pohl, Johannes, Mehr Abstand – mehr Akzeptanz?, Ein umweltpsychologischer Studienvergleich, Fachagentur Windenergie an Land (Hrsg.) 2015.

(zitiert: *Hübner/Pohl*, Mehr Abstand – mehr Akzeptanz?).

Hübner, Gundula/Pohl, Johannes, Akzeptanz und Umweltverträglichkeit der Hinderniskennzeichnung von Windenergieanlagen, Abschlussbericht zum BMU-Forschungsvorhaben, Halle 2010.

(zitiert: *Hübner/Pohl*, Akzeptanz und Umweltverträglichkeit der Hinderniskennzeichnung von Windenergieanlagen).

IASS, Soziales Nachhaltigkeitsbarometer der Energie- und Verkehrswende 2021: Kernaussagen und Zusammenfassung der wesentlichen Ergebnisse, Kopernikus-Projekt Ariadne Potsdam-Institut für Klimafolgenforschung (Hrsg.) 2021.

(zitiert: *IASS*, Soziales Nachhaltigkeitsbarometer der Energie- und Verkehrswende 2021).

Jahnke, Benedikt, Liebe, Ulf, Dobers, Gessche, Energiewende in Deutschland: Not-In-My-Backyard oder eine Frage der Gerechtigkeit?: eine Gegenüberstellung von Experten- und Bevölkerungsmeinung, ZfU 4/2015, S. 367–384.

Just, Christoph, Der planungsrechtliche Rahmen für die gemeindliche Planung von Onshore-Windkraftanlagen, LKV 2016, S. 248–253.

Kaltenborn, Jens/Gerhard, Torsten, Ziele der Raumordnung – Maßstab für die bauplanungsrechtliche Zulässigkeit raumbedeutsamer Vorhaben im Geltungsbereich von Bebauungsplänen?, BauR 2008, S. 1996–2004.

Keuper, Armin, Windenergienutzung in der Bundesrepublik Deutschland Stand 31.12.1992, Wind energy use in Germany at 31.12.1992, in: DEWI-Magazin Nr. 2, S. 50–55.

(zitiert: *Keuper*, in: DEWI-Magazin).

Kindler, Lars, Zur Steuerungskraft der Raumordnungsplanung: am Beispiel akzeptanzrelevanter Konflikte der Windenergieplanung, 1. Auflage Baden-Baden 2018.

(zitiert: *Kindler*, Zur Steuerungskraft der Raumordnungsplanung).

Kindler, Lars/Lau, Marcus, Der Beitrag der Raumordnung zur Intensivierung der Windenergienutzung an Land, NVwZ 2011, S. 1414–1419.

Kiotek, Simone Maria, Windenergieanlagen in der Raumordnung, 1. Auflage Frankfurt am Main 2005.

Klein, Oliver/Schneider, Karsten, Art. 72 GG n.F. im Kompetenzgefüge der Föderalismusreform – Ein Überblick zur Erfindung des generellen Abweichungsrechts, zur Ersetzung der Rahmenvorschriften sowie zur Eröffnung einer neuen Antragsart im Verfassungsprozess, DVBl. 2006, S. 1549–1556.

Klug, Helmut, Infraschall von Windenergieanlagen: Realität oder Mythos?, Infrasound from wind turbines: A "German" Problem?, in: DEWI-Magazin Nr. 20, 02/2002, S. 6.

(zitiert: *Klug*, in: DEWI-Magazin).

Kment, Martin, Flächenverbrauchsobergrenzen, Flächenhandelssysteme und kommunale Planungshoheit – eine bayerische Perspektive, NuR 2018, S. 217–228.

Kment, Martin, Standortfestlegungen und Streckenverläufe: Neues zum Verhältnis von Raumordnung und Fachplanung, NuR 2010, S. 392–395.

Kment, Martin, Zur angestrebten Änderung der Gesetzgebungskompetenz im Bereich der Raumordnung, NuR 2006, S. 217–221.

Kment, Martin (Hrsg.)/Dietz, Andreas/Durner, Wolfgang/Faßbender, Kurt/Grigoleit, Klaus Joachim, Raumordnungsgesetz mit Landesplanungsrecht, 1. Auflage Baden-Baden 2019.

(zitiert: *Bearbeiter*, in: Kment (Hrsg.), ROG Kommentar).

Koch, Michael, Die Grundsätze des intertemporalen Rechts im Verwaltungsprozess: Vertrauensschutz im verwaltungsgerichtlichen Verfahren, 1. Auflage Berlin 2009.

(zitiert: *Koch*, Grundsätze des intertemporalen Verwaltungsprozessrechts).

Kollmann, Manuel, Die Behandlung von Anlagen der Außenwerbung im öffentlichen Baurecht: ein Referenzgebiet des Baugestaltungsrechts an der Schnittstelle zwischen Bauplanungs- und Bauordnungsrecht, 1. Auflage 2018.

(zitiert: *Kollmann*, Die Behandlung von Anlagen der Außenwerbung im öffentlichen Baurecht).

Krahé, Detlef/Schreckenberg, Dirk/Ebner, Fabian/Eulitz, Christian/Möhler, Ulrich, Machbarkeitsstudie zu Wirkungen von Infraschall, Umweltbundesamt (Hrsg.), Dessau-Roßlau 2014.

(zitiert: *Krahé/Schreckenberg/Ebner/Eulitz/Möhler*, Machbarkeitsstudie zu Wirkungen von Infraschall).

Krappel, Thomas/Freiherr von Süßkind-Schwendi, Benedict, Die planerische Steuerung von Windenergieanlagen – neue Entwicklungen im Planungsrecht der Bundesländer, ZfBR 2012, S. 65–71.

Krautzberger, Michael, Neuregelung der baurechtlichen Zulässigkeit von Windenergieanlagen zum 01.01.1997, NVwZ 1996, S. 847–849.

Kriste, Stephan, Das Zusammenwirken von Raum- und Bauleitplanungsrecht dargestellt am Beispiel der Zulässigkeit von Windenergieanlagen, DVBl. 2005, S. 993–1004.

Köck, Wolfgang, Planungsrechtliche Anforderungen an die räumliche Steuerung der Windenergienutzung: Unter besonderer Berücksichtigung des Repowering, ZUR 2010, S. 507–512.

Köck, Wolfgang/Bovet, Jana, Windenergieanlagen und Freiraumschutz – Rechtliche Anforderungen an die räumliche Steuerung von Windenergieanlagen, NuR 2008, S. 529–534.

Külpmann, Christoph, Von Feigenblättern und Tabuzonen: Entwicklungen des Bauplanungsrechts am Beispiel der Windenergie, DVBl. 2019, S. 608–613.

Kümper, Boas, Quantitative Vorgaben zur Reduzierung des kommunalen Flächenverbrauchs durch Raumordnungsziele, DÖV 2021, S. 155–166.

Kümper, Boas, Die raumbedeutsame Planungen und Maßnahmen, Schlüsselbegriff für den Steuerungsanspruch, nicht notwendig auch für die Steuerungswirkung der Raumordnung, UPR 2019, S. 161–170.

Kümper, Boas, Raumordnung und Bauleitplanung: Regelungsbefugnisse der Raumordnung und Bindungswirkungen raumordnerischer Festlegungen für die Bauleitplanung, ZfBR 2018, S. 119–127.

Kümper, Boas, Divergierende Konzentrationsflächen im Regionalplan und im Flächennutzungsplan – Überlegungen aus Anlass eines Beschlusses des Hessischen Verwaltungsgerichtshofs, ZfBR 2018, S. 646–653.

Kümper, Boas, Zur Rechtsgeschichte des § 35 BauGB: Ausgewählte Entwicklungsschritte der Gesetzgebung zum Bauen im Außenbereich, Nachrichten – ARL 2/2017, S. 9–12.

Kümper, Boas, Zur Privilegierung erneuerbarer Energien in § 35 Abs. 1 BauGB: Funktionswandel der Privilegierung und Perspektiven planerischer Steuerung, ZfBR 2015, S. 224–232.

Langhagen-Rohrbach, Christian, Raumordnung und Raumplanung, 2. Auflage Darmstadt 2010.

(zitiert: *Langhagen-Rohrbach*, Raumordnung und Raumplanung).

Lau, Marcus, Substanzieller Raum für Windenergienutzung – Abgrenzung zwischen Verhinderungsplanung und zulässiger Kontingentierung, LKV 2012, S. 163–167

Lehmann, Harry/Reetz, Torsten, Zukunftsenergien: Strategien einer neuen Energiepolitik, Berlin 1995.

(zitiert: *Lehmann/Reetz*, Zukunftsenergien: Strategien einer neuen Energiepolitik).

Ludwigs, Markus, Die 10-H-Regelung für Windenergieanlagen auf dem Prüfstand der Bayerischen Verfassung, NVwZ 2016, S. 986–990.

Luther, Katharina, Die Bayerische Abstandsflächenregelung für privilegierte Windenergieanlagen und ihre Konsequenzen nach der Entscheidung des Bayerischen Verfassungsgerichtshofes, NuR 2016, S. 809–813.

Lütkehus, Insa/Salecker, Hanno/Adlunger, Kirsten, Potenzial der Windenergie an Land, Umweltbundesamt (Hrsg.), Dessau-Roßlau 2013.

(zitiert: *Lütkehus/Salecker/Adlunger*, Potenzial der Windenergie an Land).

Manssen, Gerrit, Die Reform des Bayerischen Landesplanungsgesetzes, in: Geis, Max-Emanuel/Umbach, Dieter C. (Hrsg.), Planung – Steuerung – Kontrolle: Festschrift für Richard Bartlsperger zum 70. Geburtstag, Berlin 2006, S. 363–372.

(zitiert: *Manssen*, in: Festschrift Bartlsperger).

Manssen, Gerrit, Standortsteuerung für Windenergieanlagen in der bayerischen Regionalplanung – Reformbedarf und Reformperspektiven nach Erlass des neuen Bayerischen Landesplanungsgesetzes, BayVBl. 2005, S. 485–488.

Marquard, Lennart, Windenergieplanung ins Ungewiss: § 35 Abs. 3 S. 3 BauGB als Auslaufmodell?, ZUR 2020, S. 598–606.

Maunz, Theodor/Dürig, Günter, Grundgesetz Kommentar, München, Stand: 01.10.2020.

(zitiert: *Bearbeiter*, in: Maunz/Dürig, GG Kommentar).

Maunz, Theodor/Dürig, Günter, Grundgesetz Kommentar, München, Stand: 01.01.2021.

(zitiert: *Bearbeiter*, in: Maunz/Dürig, GG Kommentar).

Meier, Jan-Niklas/Bovet, Jana/Geiger, Charlotte/Lehmann, Paul/Tafarte, Philip, Fehlt im Klimapaket ein Flächenziel für die Windenergie an Land?, ZfWP 2019, S. 824–828.

Michl, Fabian, Die Festlegung von Flugrouten nach § 27a Abs. 2 S. 1 LuftVO, ThürVBl. 2011, S. 121–130.

Middeke, Andreas, Windenergieanlagen in der verwaltungsgerichtlichen Rechtsprechung, DVBl. 2008, S. 292–300.

Minning, Daniel, Rechtsfragen und Standortsteuerung von Windenergieanlagen an Land, 1. Auflage Hamburg 2007.

(zitiert: *Minning*, Rechtsfragen und Standortsteuerung von Windenergieanlagen an Land).

Mitschang, Stephan, Standortkonzeptionen für Windenergieanlagen auf örtlicher Ebene, ZfBR 2003, S. 431–442.

Münkler, Laura, Flexible Steuerung durch Konzentrationsflächenplanung, NVwZ 2014, S. 1482–1488.

Nagel, Paul Bastian/Schwarz, Tim/Köppel, Johann, Ausbau der Windenergie – Anforderungen aus der Rechtsprechung und fachliche Vorgaben für die planerische Steuerung, UPR 2014, S. 371–382.

Neddermann, Bernd/DEWI, Schallimmissionen von Windenergieanlagen, Hintergrundpapier, Repowering-InfoBörse Kommunale Umwelt-AktioN U.A.N. e.V. (Hrsg.), Stand: 2011, S. 1–11.

(zitiert: *Neddermann/DEWI*, Schallimmissionen von Windenergieanlagen).

Nohl, Werner, Beeinträchtigungen des Landschaftsbildes durch mastenartige Eingriffe: Materialien für die naturschutzfachliche Bewertung und Kompensationsermittlung, erstellt im Auftrag des Ministeriums für Umwelt, Raumordnung und Landwirtschaft des Landes Nordrhein-Westfalen, geänderte Fassung, Kirchheim bei München 1993.

(zitiert: *Nohl*, Beeinträchtigungen des Landschaftsbildes durch mastenartige Eingriffe).

Nonnenmacher, Carol, Die Windenergienovelle des Landesplanungsgesetzes: Chancen und Risiken für die Kommune (1. Teil), VBlBW 2012, S. 256–265.

Numberger, Ulrich, Die Abweichungsgesetzgebung im Raumordnungsrecht aus der Sicht eines Bundeslandes (Freistaat Bayern), ZUR 2019, S. 217–222.

Ohms, Martin J., Immissionsschutz bei Windkraftanlagen, DVBl. 2003, S. 958–966.

Piorr, Detlef, Gesetzliche Grundlagen und Beurteilungskriterien der Geräuschimmissionen von Windenergieanlagen, Zeitschrift für Lärmbekämpfung 1999, S. 117–122.

Plappert, Marie-Luise/Rudolph, Manuel/Vollmer, Carla, Auswirkungen von Mindestabständen zwischen Windenergieanlagen und Siedlungen, Auswertung im Rahmen der UBA-Studie „Flächenanalyse Windenergie an Land“, Umweltbundesamt (Hrsg.) 2019.

(zitiert: *Plappert/Rudolph/Vollmer*, Auswirkungen von Mindestabständen zwischen Windenergieanlagen und Siedlungen).

Pohl, Johannes/Faul, Franz/Mausfeld, Rainer, Belästigung durch periodischen Schattenwurf von Windenergieanlagen, Untersuchung im Auftrag des Landes Schleswig-Holstein, Kiel 1999.

(zitiert: *Pohl/Faul/Mausfeld*, Belästigung durch periodischen Schattenwurf von Windenergieanlagen).

Pohl, Johannes/Gabriel, Joachim/Hübner, Gundula, Untersuchung der Beeinträchtigung von Anwohnern durch Geräuschemissionen von Windenergieanlagen und Ableitung übertragbarer Interventionsstrategien zur Vermeidung, Abschlussbericht, Halle 2014.

(zitiert: *Pohl/Gabriel/Hübner*, Untersuchung der Beeinträchtigung von Anwohnern durch Geräuschemissionen von Windenergieanlagen).

Quambusch, Erwin, Die Zerstörung der Landschaft durch Windkraftanlagen, Verbliebene Chancen zur größtmöglichen Schonung des Außenbereichs, BauR 2003, S. 635–646.

Ramtke, Sebastian, Die Rechtsprobleme des Ausbaus der Windenergienutzung in Deutschland, 1. Auflage Baden-Baden 2010.

(zitiert: *Ramtke*, Die Rechtsprobleme des Ausbaus der Windenergienutzung in Deutschland).

Raschke, Marcel, Abstände zu Windenergieanlagen – pauschal Schutz der Anwohner?, ZfBR 2013, S. 632–638.

Ratzbor, Günter, Windenergie in Landschaft und Natur – Ergebnisse der DNR-Studie „Windkraft im Visier“, „Der Wind – das himmlische Kind“ Seminar des BN Bayern 2009.

(zitiert: *Ratzbor*, Windenergie in Landschaft und Natur).

Rehfeldt, Kund/Stand, Christian, Windenergienutzung in der Bundesrepublik Deutschland – Stand 31.12.2000, Wind Energy Use in Germany – Status 31.12.2000, in: DEWI-Magazin, Nr. 18, 02/2001, S. 53–63.

(zitiert: *Rehfeldt/Stand*, in: DEWI-Magazin).

Reidt, Olaf, Die Bedeutung von in Aufstellung befindlichen Zielen der Raumordnung bei der Genehmigung von Bauvorhaben Privater, ZfBR 2004, S. 430–439.

Rieger, Wolfgang, Zurückstellung und Flächennutzungsplanung, ZfBR 2012, S. 430–436.

Ritter, Ernst-Hasso, Das Gesetz zur Neufassung des Raumordnungsgesetzes (ROG 2009): Weiterentwicklung oder beginnendes Siechtum?, DÖV 2009, S. 425–434.

Robert Koch-Instituts, Infraschall und tieffrequenter Schall – ein Thema für den umweltbezogenen Gesundheitsschutz in Deutschland?, Mitteilung der Kommission „Methoden und Qualitätssicherung in der Umweltmedizin" 2007.

(zitiert: *Robert Koch-Instituts*, Infraschall und tieffrequenter Schall – ein Thema für den umweltbezogenen Gesundheitsschutz in Deutschland?).

Rodi, Michael, Das Recht der Windkraftnutzung zu Lande unter Reformdruck: Zwingen Planungs- und Akzeptanzdefizite zu einer Neujustierung der Rechte von Staat, Kommunen, Anlagenbetreibern, Landeigentümern und betroffenen Bürgern?, ZUR 2017, S. 658–666.

Runkel, Peter, Die Landesplanungsgesetze und das ROG-Änderungsgesetz 2017 als das spätere Gesetz nach Art. 72 Abs. 3 S. 3 GG, ZUR 2019, S. 210–217.

Runkel, Peter, Zur geplanten Neuregelung des Rechts der Raumordnung, UPR 1997, S. 1–9.

Runkel, Peter, Steuerung von Vorhaben der Windenergienutzung im Außenbereich durch Raumordnungspläne, DVBl. 1997, S. 275–281.

Scheidler, Alfred, Bedeutung der bayerischen 10-H-Regelung bei der Ausweisung von Konzentrationszonen für die Windenergienutzung, NuR 2018, S. 361–364.

Scheidler, Alfred, Die Windkraft-Länderöffnungsklausel im neuen § 249 Abs. 3 BauGB, NuR 2014, S. 673–678.

Scheidler, Alfred, Die Tabuzonenproblematik bei der Ausweisung von Konzentrationsflächen für die Windenergienutzung, NuR 2013, S. 869–873.

Scheidler, Alfred, Die Sicherung gemeindlicher Planungen für Windkraftanlagen durch die Zurückstellung von Baugesuchen nach § 15 Abs. 3 BauGB, ZfBR 2012, S. 123–129.

Scheidler, Alfred, Windräder in Deutschland – zur Diskussion in Rechtsprechung und Literatur, NWVBl. 2009, S. 409–418.

Scheidler, Alfred, Die Steuerung von Windkraftanlagen durch die Raumordnung, ZfBR 2009, S. 750–753.

Schidlowski, Frank, Standortsteuerung von Windenergieanlagen durch Flächennutzungspläne, NVwZ 2001, S. 388–391.

Schink, Alexander, Die planerische Steuerung von Windenergieanlagen und Abgrabungen – Harte und weiche Tabuzonen, UPR 2016, S. 366–376.

Schmalz, Inkeri Märgen, Akzeptanz von Großprojekten: eine Betrachtung von Konflikten, Kosten- und Nutzenaspekte und Kommunikation, Wiesbaden 2019.

(zitiert: *Schmalz*, Akzeptanz von Großprojekten).

Schmidtchen, Marcus, Klimagerechte Energieversorgung im Raumordnungsrecht, 1. Auflage Tübingen 2014.

(zitiert: *Schmidtchen*, Klimagerechte Energieversorgung im Raumordnungsrecht).

Schmidt-Eichstaedt, Gerd, Die harten und weichen Tabuzonen bei der Windenergieplanung und die Beachtlichkeit etwaiger Fehlzuordnungen, ZfBR 2019, S. 434–443.

Schmidt-Eichstaedt, Gerd, Zur Methodik und Wirkung der Festlegung von Eignungsgebieten für die Windkraftnutzung durch die Regionalplanung, LKV 2012, S. 481–488.

Schmidt, Ingo, Die Raumordnungsklauseln in § 35 BauGB und ihre Bedeutung für Windkraftvorhaben, DVBl. 1998, S. 669–677.

Schmitz, Holger, Raumordnerische Gesetzgebung der Länder: ergänzendes, abweichendes und wiederholendes Recht, ZUR 2019, S. 203–210.

Schmitz, Holger/Haselmann, Cosima, Das raumordnerische Wegplanen von Konzentrationszonen für Windenergieanlagen und seine entschädigungsrechtlichen Folgen, NVwZ 2015, S. 846–851.

Schmitz, Holger/Jornitz, Philipp, Die Türken der Abweichungsgesetzgebung – Dargestellt am Beispiel des neuen Bayerischen Landesplanungsgesetzes, DVBl. 2013, S. 741–746.

Schmitz, Holger/Müller, Christian, Das Raumordnungsrecht nach der Föderalismusreform, RuR 2007, S. 456–466.

Schreiber, Robert, Das neue Bayerische Landesplanungsgesetz – der Auftakt zur Reform der bayerischen Landesplanung, BayVBl. 2012, S. 741–746.

Schrödter, Wolfgang (Hrsg.)/Schrödter, Hans, Baugesetzbuch, 9. Auflage Baden-Baden 2019.

(zitiert: *Bearbeiter*, in: Schrödter (Hrsg.), BauGB Kommentar).

Schrödter, Wolfgang (Hrsg.)/Schrödter, Hans, Baugesetzbuch, 8. Auflage Baden-Baden 2015.

(zitiert: *Bearbeiter*, in: Schrödter (Hrsg.), BauGB Kommentar).

Schröter, Patrick, Die bauplanungsrechtliche Zulässigkeit von Bauvorhaben im Außenbereich, 1. Auflage Baden-Baden 2013.

(zitiert: *Schröter*, die Zulässigkeit von Bauvorhaben im Außenbereich).

Schulze-Fielitz, Helmuth, Umweltschutz im Föderalismus – Europa, Bund und Länder, NVwZ 2007, S. 249–259.

Schweizer-Ries, Petra/Rau, Irina/Zoellner, Jan, Akzeptanz Erneuerbarer Energien und sozialwissenschaftliche Fragen: Forschungsprojekt der Forschungsgruppe; Projektlaufzeit: 01.07.2005–30.09.2008, Projektabschlussbericht, Magdeburg 2008.

(zitiert: *Schweizer-Ries/Rau/Zoellner*, Akzeptanz Erneuerbarer Energien).

Snowadsky, Michael, Ziele und Grundsätze der Raumordnung: eine rechtstheoretische Untersuchung zur Abgrenzung und Abgrenzbarkeit, 1. Auflage Baden-Baden 2016.

(zitiert: *Snowadsky*, Ziele und Grundsätze der Raumordnung).

Spannowsky, Willy, Umfang und Grenzen des Anpassungsgebots nach § 1 Abs. 4 BauGB, ZfBR 2015, S. 445–454.

Spannowsky, Willy, Die Grenzen der Länderabweichungsbefugnis gem. Art. 72 Abs. 3 Nr. 4 GG im Bereich der Raumordnung, UPR 2007, S. 41–53.

Spannowsky, Willy, Die Zuständigkeitsverteilung zwischen Bund und Ländern im Bereich der Raumordnung nach der Föderalismusreform, ZfBR 2007, S. 221–223.

Spannowsky, Willy/Manssen, Gerrit (Hrsg.), BeckOK Bauordnungsrecht Bayern, München, Stand: 01.04.2021.

(zitiert: *Bearbeiter*, in: Spannowsky/Manssen (Hrsg.), BayBO Kommentar (Stand)).

Spannowsky, Willy/Runkel, Peter/Goppel, Konrad, Raumordnungsgesetz, 2. Auflage 2018.

(zitiert: *Bearbeiter*, in: Spannowsky/Runkel/Goppel, ROG Kommentar).

Sparwasser, Reinhard/von Komorowski, Alexis, Die neue TA Lärm in der Anwendung, VBlBW 2000, S. 348–355.

Spiecker, Margarete, Die raumordnerische Steuerung von Kiesabgrabungen durch Eignungsgebiete i.S. des § 7 Abs. 4 Satz 1 Nr. 3 ROG, BayVBl. 2001, S. 673–682.

Spiecker, Margarete, Raumordnung und Private: die Bindungswirkungen der Ziele und Grundsätze der Raumordnung bei Zulassungsentscheidungen über private Vorhaben; zugleich ein Beitrag zur raumordnerischen Steuerung von Kiesabgrabungen, 1. Auflage Berlin 1999.

(zitiert: *Spiecker*, Raumordnung und Private).

Spitz, Matthias, Planung von Standorten für Windkraftanlagen – Unter Berücksichtigung des Repowering von Windkraftanlagen und der BauGB-Klimanovelle 2011, 1. Auflage Berlin 2016.

(zitiert: *Spitz*, Planung von Standorten für Windkraftanlagen).

Spoerr, Wolfgang, Raumordnungsziele zum Außenbereich in der Vorhabenzulassung nach § 35 BauGB, DVBl. 2001, S. 90–95.

Strohmaier, Heike, Lokale Akzeptanz von europarechtlichen Vorgaben im Bereich der Erneuerbaren Energien, Das Beispiel Feldheim unter besonderer Berücksichtigung der Windkraft, Berlin 2012.

(zitiert: Strohmaier, Lokale Akzeptanz von europarechtlichen Vorgaben im Bereich der Erneuerbaren Energien).

Sturm, Roland, Der deutsche Föderalismus: Grundlagen - Reformen - Perspektiven, 1. Auflage Baden-Baden 2015.

(zitiert: *Sturm*, Der deutsche Föderalismus).

Stüer, Bernhard/Stüer, Eva, Planerische Steuerung von privilegierten Vorhaben im Außenbereich: Werden Flächennutzungspläne und Raumordnungspläne zu Rechtssätzen?, NuR 2004, S. 341–348.

Stüer, Bernhard/Vildomec, Arthur, Planungsrechtliche Zulässigkeit von Windenergieanlagen, BauR 1998, S. 427–440.

Tigges, Franz-Josef/Berghaus, Jann/Niedersberg, Jörg, Windenergie und „Windiges" - Ein Plädoyer für wissenschaftliche Ehrlichkeit, NVwZ 1999, S. 1317–1319.

Tyczewski, Thomas, Konzentrationszonen für Windenergieanlagen rechtssicher planen – Illusion oder Wirklichkeit?, BauR 2014, S. 934–947.

Voigt, Tina, Das Raumordnungsgesetz 2009 und das Bayerische Landesplanungsgesetz 2012: Eine Untersuchung zur Abweichungsgesetzgebung im Bereich der Raumordnung, 1. Auflage Frankfurt am Main 2013.

(zitiert: *Voigt*, Das Raumordnungsgesetz 2009 und das Bayerische Landesplanungsgesetz 2012).

von Mutius, Albert, Rechtliche Voraussetzungen und Grenzen der Erteilung von Baugenehmigungen für Windenergieanlagen, DVBl. 1992, S. 1469–1479.

von Nicolai, Helmuth, Konsequenzen aus den neuen Urteilen des Bundesverwaltungsgerichts zur raumordnerischen Steuerung von Windenergieanlagen – oder: was ist der Unterschied zwischen einem Ziel?, ZUR 2004, S. 74–80.

von Seht, Hauke, Raumordnung für die Windkraftnutzung an Land, DÖV 2011, S. 915–921.

von Seht, Hauke, Windkraftnutzung im Aufwind, Steigende Aufstellungszahlen als Herausforderung für die räumliche Planung, RuR 1-2/2003, S. 43–57.

Wagner, Jörg, Privilegierung von Windkraftanlagen im Außenbereich und ihre planerische Steuerung durch die Gemeinde, UPR 1996, S. 370–376.

Wagner, Stephan, Raumordnerische Mengenvorgaben für den Ausbau erneuerbarer Energien, ZfBR 2021, S. 385–393.

Wagner, Stephan, Das Gebot substanzieller Flächenausweisungen zugunsten der Windenergie als abwägungsrechtliche Wirkung des Klimaschutzbelangs, ZfBR 2020, S. 20–29.

Wegner, Nils/Kahles, Markus/Bauknecht, Dierk/Ritter, David/Heinemann, Christoph/Seidl, Roman, Bundesrechtliche Mengenvorgaben bei gleichzeitiger Stärkung der kommunalen Steuerung für einen klimagerechten Windenergieausbau, Kurzgutachten, Umweltbundesamt (Hrsg.), Dessau-Roßlau 2020.

(zitiert: *Wegner/Kahles/Bauknecht/Ritter/Heinemann/Seidl*, Bundesrechtliche Mengenvorgaben für den Windenergieausbau).

Wegner, Nils, Fehlerquellen von Windkonzentrationszonenplanungen: Ein Update, ZfBR 2019, S. 230–238.

Wegner, Nils, Fehlerquellen von Windkonzentrationszonenplanungen: Analyse aktueller Gerichtsentscheidungen, ZfBR 2016, S. 548–555.

Weidemann, Clemens/Krappel, Thomas, Rechtsfragen der Zulassung von Windkraftanlagen im Spannungsfeld zwischen Klima- und Umweltschutz, DÖV 2011, S. 19–26.

Weise, Ralf/Allendorf, Marcus/Koch, Susanne, Windenergieanlagen im Landschaftsbild – Analyse einer Bevölkerungsumfrage in Thüringen, Naturschutz und Landschaftsplanung 2002, S. 242–246.

Wunderlich, Clemens, Akzeptanz und Bürgerbeteiligung für Erneuerbare Energien: Erkenntnisse aus Akzeptanz- und Partizipationsforschung, Agentur für Erneuerbare Energie e.V. (Hrsg.) 2012.

(zitiert: *Wunderlich*, Akzeptanz und Bürgerbeteiligung für Erneuerbare Energien).

Wustlich, Guido, Das Recht der Windenergie im Wandel – Teil 1: Windenergie an Land, ZUR 2007, S. 16–24.

Wüstenhagen, Rolf/Wolsink, Maarten/Bürer, Mary Jean, Social acceptance of renewable energy innovation: An introduction to the concept, Energy Policy 2007, S. 2683–2691.

Zirwick, Alexander, Der Begriff des raumbedeutsamen Vorhabens im Raumordnungs- und Bauplanungsrecht unter besonderer Berücksichtigung der Steuerung der Windenergie und des Einzelhandels, 1. Auflage Bremen 2018.

(zitiert: *Zirwick*, Der Begriff des raumbedeutsamen Vorhabens im Raumordnungs- und Bauplanungsrecht)

Zsinka, Enikö, Das Zitiergebot für die Abweichungsgesetzgebung: rechtsstaatliche und demokratische Grundlagen sowie Anforderungen einer Kennzeichnungspflicht in Art. 72 Abs. 3 GG, 1. Auflage Berlin 2017
(zitiert: *Zsinka*, Das Zitiergebot für die Abweichungsgesetzgebung).

www.ingramcontent.com/pod-product-compliance
Ingram Content Group UK Ltd.
Pitfield, Milton Keynes, MK11 3LW, UK
UKHW021852290926
8980IPUK00005B/798

9 783631 897539